HISTOIRE

DE

L'INQUISITION

PAR

ARTHUR ARNOULD

PARIS

DÉCEMBRE-ALONNIER, LIBRAIRE-ÉDITEUR

20, RUE SUGER, 20

PRÈS DE LA PLACE SAINT-ANDRÉ-DES-ARTS

1869

HISTOIRE

DE

L'INQUISITION

10440. — IMPRIMERIE GÉNÉRALE DE CH. LAHURE

Rue de Fleurus, 9, à Paris

HISTOIRE

DE

L'INQUISITION

PAR

ARTHUR ARNOULD

PARIS

DÉCEMBRE-ALONNIER, LIBRAIRE-ÉDITEUR

20, RUE SUGER, 20

PRÈS DE LA PLACE SAINT-ANDRÉ-DES-ARTS

—

1869

HISTOIRE

DE L'INQUISITION.

Tantum Relligio potuit suadere malorum.

CHAPITRE I.

Considérations générales. — La persécution chez les païens.

Ceci est un chapitre détaché de l'histoire des persécutions religieuses.

Pour la retracer tout entière, — cette histoire lugubre et sanglante, — vingt volumes ne suffiraient pas.

Dans tous les siècles, chez tous les peuples, le fanatisme religieux a enfanté des maux cruels, mis les armes aux mains des hommes, brisé les liens de race et de famille, vicié les consciences, corrompu les intelligences, abâtardi ou poussé les mœurs jusqu'au dernier degré de la férocité la plus implacable.

.... Regarde plutôt quels crimes odieux
A produits autrefois ce vain culte des dieux.

On égorge en Aulide une jeune princesse :
Et qui sont les bourreaux?— Tous les chefs de la Grèce !
Son père! — Mais Diane a soif de ce beau sang ;
Agamemnon le livre, et Calchas le répand.
La belle Iphigénie au temple est amenée,
Et d'un voile aussitôt la victime est ornée.
Tout un grand peuple en pleurs s'empresse pour la voir ;
Son père est auprès d'elle, outré de désespoir :
Un prêtre auprès de lui couvre un fer d'une étole.
A ce spectacle affreux, elle perd la parole,
S'agenouille en tremblant, se soumet à son sort,
Et s'abandonne toute aux horreurs de la mort.
Il ne lui sert de rien, à cette heure fatale,
D'être le premier fruit de la couche royale.
On l'enlève de terre, on la porte à l'autel,
Et bien loin d'accomplir un hymen solennel,
Au lieu de cet hymen, sous les yeux de son père,
On l'égorge, on l'immole à Diane en colère,
Pour la rendre propice au départ des vaisseaux,
Tant la religion peut enfanter de maux[1].

Oui, certes, toutes les religions ont eu leurs jours de fureurs, tous les autels ont été ensanglantés par des sacrifices humains, et nous savons quels mystères homicides s'accomplissaient dans les forêts druidiques de la Gaule, dans les temples de Carthage et de la Grèce, comme par delà l'Océan, au bord du Gange, et chez les Indiens du nouveau monde.

Cependant, il faut le reconnaître, aucune religion ne poussa aussi loin l'esprit de persécution et d'intolérance que la religion chrétienne, et le catholicisme, en particulier, a érigé en un système légal, fonctionnant d'une

---

1. *Invocation à Vénus*, traduite de Lucrèce par Hesnault, poëte français du dix-septième siècle.

façon permanente, à l'aide de tribunaux constitués, la répression par la force, — avec le fer et le feu, — de toutes les opinions religieuses, philosophiques ou morales contraires au dogme catholique.

Si nous laissons de côté l'Asie et l'Amérique, pour nous occuper exclusivement de l'Europe, nous constaterons, en effet, que jamais ni le paganisme, ni le mahométisme, longtemps établi parmi nous, — soit, hier, en Espagne, soit aujourd'hui encore, en Turquie, — n'ont déployé contre les dissidents la même férocité froide et raisonnée que le catholicisme ancien et moderne, tant que la puissance matérielle a résidé entre ses mains.

Le paganisme eut, au début, des sacrifices humains, mais il faut constater, à la gloire du paganisme, que presque jamais, — pour ne pas dire jamais, — ces sacrifices ne furent le châtiment d'un *délit d'opinion*.

On sacrifiait des victimes humaines aux dieux, pour les apaiser, quand on les supposait irrités, ou lorsqu'on voulait obtenir d'eux une faveur inespérée.

Tel fut le cas d'Iphigénie, fille d'Agamemnon, chef de l'armée grecque.

Des vents contraires retenaient la flotte dans le port, et compromettaient le sort d'une expédition pour laquelle la Grèce entière s'était levée.

On chercha la victime la plus belle, la plus pure, la plus innocente, celle qui occupait le plus haut rang, espérant, par la valeur de l'holocauste, toucher plus sûrement le cœur de la déesse qu'on voulait rendre favorable à l'entreprise.

Ce fut un attentat contre l'humanité, mais non contre

la conscience et les droits imprescriptibles de la liberté de penser.

On ne frappait point Iphigénie, parce qu'elle était hérétique, on ne la jugeait point coupable.

Elle servait de rançon entre les Grecs et les dieux, voilà tout.

On croyait la Divinité avide de sang humain, on lui offrait ce sang.

C'était, si l'on veut, une conception barbare de la Divinité, — mais rien là ne portait atteinte, encore une fois, à l'inviolabilité de la conscience individuelle.

Ni le sacrificateur, ni les fidèles, ne prétendaient venger la vérité, ni punir dans la victime le crime d'une foi différente de la leur.

Il n'en était pas autrement lorsque les Carthaginois, dans les désastres de la patrie, ordonnaient le sacrifice d'un certain nombre d'enfants.

Le martyre de ces enfants, pris parmi les plus nobles familles de la cité, assurait, pensait-on, le salut de la cité entière. C'était une sorte d'impôt en nature que les mortels acquittaient envers les habitants du ciel.

Ils se rachetaient par le plus précieux et le plus pur de leur sang, comme l'esclave se rachète à prix d'argent.

La société antique reposant sur la force brutale regardait ses dieux comme des maîtres capricieux, et, quand elle leur avait offert de l'encens et des prières, quand elle leur avait donné les prémices de la récolte et du troupeau, — elle leur offrait la vie de ses membres les plus intéressants et les plus illustres.

D'autres fois, des vaincus, des prisonniers, faisaient les frais de ces sacrifices, mais ce n'était encore, dans ces circonstances, que l'application rigoureuse, avec un appareil religieux, du droit de la guerre, de ce fameux : *Væ victis,* — malheur aux vaincus! — qui fut la règle de tous les peuples barbares, qui est encore la règle de presque toutes les nations modernes[1].

Le vaincu devenait la propriété, la chose du vainqueur, qui le réduisait en esclavage, ou l'égorgeait sur les autels de son dieu, comme il eût fait d'un bétail quelconque.

Il ne s'inquiétait point de savoir quelle était sa foi religieuse, et s'il versait son sang, ce n'était point parce qu'il adorait de telle ou telle façon telle ou telle puissance infernale ou céleste.

Il tuait un ennemi, il ne châtiait pas un hérétique : il l'offrait à sa divinité, pour la remercier d'avoir béni ses armes, pour partager avec elle une partie de son butin.

Dans tout cela, rien qui rappelle, à proprement parler, la persécution religieuse, telle qu'il a été donné au monde de la connaître depuis l'avénement du Christianisme.

Dans toute l'antiquité, combien citerait-on de procès pour crime d'hérésie, de peuples anéantis pour cause de religion pure et simple?

Les Romains se hâtaient d'adopter les dieux des peuples vaincus, et de les placer dans leur panthéon.

Chaque nation, chaque province, chaque ville, chaque famille, chaque individu avait ses dieux préférés : — per-

---

1. Voyez les Russes en Pologne, les Autrichiens en Italie, les Anglais en Irlande et dans l'Inde, etc.

sonne ne songeait à combattre, à renverser les dieux de
son voisin.

Le fanatisme païen, — bien différent du fanatisme chrétien, — pouvait conduire aux pratiques les plus barbares, les plus odieuses, les plus immorales ou les plus
grotesques, mais, exempt de tout esprit de prosélytisme,
il ne songeait point à surprendre le secret des consciences, à violenter les intelligences, à s'introduire dans le
for intérieur, pour y faire la police, au nom de Dieu, —
à décréter, sous peine de mort ici-bas et de damnation
éternelle dans l'autre monde, une discipline religieuse et
un certain nombre d'articles de foi.

Il y avait, alors, des conceptions très-erronées de la
force motrice de l'univers, une grande ignorance des lois
de la création, mais le plus monstrueux des attentats, —
l'attentat contre la conscience — était à peu près sans
exemple; mais l'idée révoltante, insensée, de séparer l'humanité en deux camps, celui des orthodoxes, des fidèles,
des agréables à Dieu, des *sauvés*, et celui des hérétiques,
des infidèles, des maudits de Dieu, n'existait dans aucune cervelle.

Socrate, il est vrai, fut condamné à boire la ciguë,
mais pendant de longues années, il avait pu prêcher
publiquement, en toute liberté, ses doctrines; mais aucun
de ceux qui avaient suivi ses leçons, adopté ses opinions,
ne fut inquiété; mais, Socrate mort, ses disciples purent
en paix publier des écrits à la louange du maître, exposer sa philosophie, la répandre, la développer.

Ni Xénophon, ni Platon, ni Antisthène, ni Aristippe,
ni Phédon, ni Euclide, ni Criton, ni aucun autre ne fut
poursuivi.

Après sa condamnation, dans sa prison, il put recevoir ses amis, causer avec eux, les enseigner jusqu'au
dernier moment.

La religion ne fut qu'un prétexte.

Socrate succomba sous l'inimitié de puissants adversaires qu'il avait blessés, et la liberté de penser, frappée
accidentellement dans sa personne, ne devint l'objet
d'aucun mesure répressive, d'aucune persécution suivie.

Lorsque le Christianisme parut, vers la fin de l'empire romain, la plus grande liberté régnait dans le vaste
domaine de la philosophie et des spéculations intellectuelles.

Tous les grands problèmes étaient agités, discutés,
résolus, sans qu'aucun pouvoir religieux s'en mêlât, y
trouvât à redire.

Poëtes et rhéteurs s'en donnaient à cœur joie, niant
ou affirmant à leur aise l'immortalité de l'âme et l'existence de Dieu, sans que les empereurs eux-mêmes — ces
farouches Césars devant qui le monde tremblait, auxquels
la populace et le sénat décernaient au besoin les honneurs divins, — songeassent à intervenir dans ces paci-
fiques et féconds débats.

Depuis longtemps, du reste, les sacrifices humains
avaient disparu des pratiques païennes.

Rome les interdisait dans toute l'étendue de son vaste
empire.

Le sang coulait dans le cirque, et, sur un signe de César, les citoyens s'ouvraient les veines dans le bain, le
despotisme politique était à son comble, à son comble
aussi le relâchement des mœurs, mais nul, du haut d'une
chaire quelconque, ne prêchait l'abdication du libre ar-

bitre, et ne prétendait décréter des articles de foi, auxquels chacun dût soumettre sa raison et sa conscience.

On pouvait avec Lucrèce croire aux atomes d'Épicure, ou nier la douleur, et ramener la religion à la morale avec les stoïciens, ou se retrancher dans un scepticisme indifférent avec Pyrrhon, ou s'occuper exclusivement de l'observation et de l'étude des phénomènes de la nature avec Aristote, ou se plonger dans l'idéalisme, à la suite de Platon.

L'homme extérieur, le citoyen, courbé, enchaîné, appartenait à César : — l'homme intérieur, le penseur, intact, ne relevait que de lui-même, et libre dans son for intérieur, en pleine et exclusive possession de sa conscience, ignorait encore le plus insupportable, le plus avilissant des jougs, — LE JOUG MORAL.

Ni l'empereur, ni le prêtre païen n'étaient venus lui dire :

Tu croiras ceci et tu adoreras cela, sous peine des supplices les plus horribles dans ce monde et dans l'autre.

Si tu découvres une nouvelle loi de la physique ou de la chimie, une nouvelle propriété de la matière, avant de croire aux faits, tu nous soumettras ces faits, et nous te dirons ce qu'il en faut penser.

Tu cesseras d'user de ta raison, et d'écouter ses conseils; — car nous sommes la raison, et la vérité, et nous exigeons ta mort, si cette raison, qui est la nôtre, et cette vérité, qui est nôtre également, cessent de satisfaire ton intelligence, et de rassurer ta conscience.

En résumé, dans toute l'antiquité, — avant la venue du Christianisme, — il y a des crimes de lèse-humanité commis au nom de la religion, dont les pratiques, — au début surtout, — furent souvent barbares et sanguinaires : — il n'y a pas, à proprement parler, de crimes de lèse-conscience. On est fréquemment féroce, — on n'est point persécuteur : — l'esprit reste libre, l'intelligence ne relève que d'elle·même, la conscience est un abri immaculé, où personne, — prêtre, ni despote, — ne porte une main sacrilége.

Il y eut à la vérité des massacres ordonnés à plusieurs reprises contre les chrétiens, — mais ce furent des actes de violence isolés, sans suite, nullement systématiques, commandés par le caprice d'un tyran furieux, ou motivés par des raisons politiques. Nous ne voyons point que ces persécutions fussent considérées comme un devoir absolu, ou la conséquence d'un corps de doctrines.

Un César persécutait, un autre César tolérait.

Il n'y avait pas derrière eux une Église, un pape, pour prêcher la guerre sainte contre l'hérétique, pour déclarer que quiconque ne répéterait par tel *credo*, serait à jamais retranché de la société.

La persécution religieuse avec son caractère odieux, établie en théorie, devenue le premier devoir et le premier article de foi du croyant;

La prétention d'assujettir toutes les consciences à la même foi, de courber toutes les intelligences sous la même loi;

L'audace de s'introduire violemment dans le for intérieur de l'individu, pour y régenter ce qu'il y a de plus indépendant, de plus personnel chez l'homme, pour lui dicter ses pensées, lui mâcher ses idées, lui imposer ses croyances :

Tout cela était inconnu des païens, — tout cela date de la conversion de Constantin.

Depuis, pendant de longs siècles, le monde a été couvert de ruines, inondé de sang.

Des peuples entiers ont disparu.

La conscience a perdu l'habitude, le besoin, et la faculté de se diriger elle-même.

Le sens moral de l'humanité a chancelé.

La civilisation frappée au cœur a reculé, ou tourné sur elle-même, affolée.

La liberté, chassée des esprits, n'a pu s'implanter dans les mœurs, dans les lois, fonder des institutions stables.

Comment eût-il pu créer une société morale et libre, celui qui n'avait plus la propriété de sa propre conscience, ni la libre disposition de ses propres facultés ?

CHAPITRE II.

Caractère spécial du Christianisme.

Le Christianisme amena, certes, une grande révolution dans le monde.

Il n'abolit point l'esclavage antique ;

Il n'améliora point le sort des classes populaires ;

Il ne fonda point l'égalité entre les hommes, et ne nivela nullement les castes ;

Il ne porta pas un seul coup au despotisme césarien, qui fut, après le Christianisme, ce qu'il avait été auparavant, et même pire, le plus souvent.

Il laissa les peuples sans défense entre les mains de leurs maîtres, — nobles et rois;

Son action sur la politique consista exclusivement à sanctifier le pouvoir, en le faisant découler de Dieu lui-même, à transformer les potentats en oints du Seigneur, — à prêcher aux sujets l'obéissance et la résignation, à mandire l'esprit de révolte.

« Rendez à César ce qui appartient à César, » avait dit Jésus-Christ.

La révolution amenée dans le monde par le Christianisme ne fut donc point politique, et ne changea en rien la situation des hommes, qui restèrent tels qu'ils étaient au moment où l'Évangile triompha.

Les maîtres restèrent les maîtres;

Les nobles et les riches restèrent nobles et riches;

Les esclaves restèrent esclaves.

Il n'y eut qu'une différence sensible, — c'est que, dans le monde païen, le despotisme et l'esclavage étaient deux faits brutaux, deux accidents purement humains, passagers, transitoires, sans sanction morale et religieuse, tandis que, sous l'empire de la loi chrétienne, ces faits furent déclarés d'institution divine.

Les maîtres tinrent leur pouvoir de Dieu, et l'obéissance devint un devoir, la résistance un sacrilége.

L'Évangile proclamait la fraternité des hommes, — vérité banale, connue depuis longtemps, et qu'un poëte latin lui-même avait exprimée en des vers magnifiques[1], — mais la fraternité de l'Évangile n'était qu'une fraternité

---

1. « Homo sum, et nil humani a me alienum puto. »
Je suis homme, et rien de ce qui touche l'humanité ne m'est étranger.

idéale, dans le sein de Dieu, et ne portait atteinte à aucun des priviléges des grands de la terre. Cette fraternité était une promesse pour un avenir lointain, extra-terrestre.

Elle pouvait inspirer la résignation aux malheureux, aux déshérités : — elle ne leur apportait rien d'immédiat. — Loin de là, la résignation rivait encore leurs chaînes.

On a beaucoup parlé de la transformation de l'esclavage antique en servage, et l'on a reporté au Christianisme l'honneur de cette transformation.

C'est une erreur.

Le Christianisme ne fut point ennemi de l'esclavage.

Il ne l'abolit nulle part.

Pas un Pape, pas un concile ne l'a condamné.

L'esclavage antique persista longtemps à travers le moyen âge.

Les évêques eux-mêmes eurent des esclaves.

Le servage fut une importation des Barbares qui envahirent l'Empire romain. La religion chrétienne n'exerça aucune influence sur son accroissement, et sur la diminution, puis sur la disparition finale de l'esclavage proprement dit.

Quand les chrétiens découvrirent le nouveau monde, et s'y installèrent, ils y établirent aussitôt l'esclavage, — sans que Rome s'y opposât, sans que l'Église songeât à protester, ou seulement à blâmer cette monstrueuse institution.

Il lui eût été facile pourtant, alors, d'empêcher cette infamie, d'éviter cette honte aux peuples modernes.

Il s'agissait là d'une terre vierge ; — il n'y avait point de droits acquis à ménager.

Un mot de l'Église, et tout était dit.

Ce mot, l'Église ne le prononça pas, et dans le nouveau monde, comme jadis dans le monde ancien, l'Église ne sut prêcher aux esclaves que la résignation et l'obéissance passive.

Encore, aujourd'hui, les deux seuls peuples, qui aient conservé des esclaves, sont deux peuples catholiques par excellence : le peuple Espagnol, à Cuba, et les Portugais établis au Brésil.

Le Christianisme ne fit donc rien, je le répète, pour la réforme des abus sociaux et politiques du monde ancien. Le premier César qui voulut recevoir le baptême, Constantin, se trouva, le lendemain de sa conversion, dans la même situation que la veille, muni du même pouvoir absolu, immoral et sans contrôle, — au-dessus du même troupeau humain sans droits et sans recours contre la tyrannie, troupeau livré aux mêmes misères matérielles, dans une société où régnaient toujours les mêmes inégalités, la même répartition inique de la richesse et de la puissance.

Il y eut seulement cette différence en plus, — je le répète, — au détriment des exploités, que César, — assassin de son fils et de sa femme [1], — était devenu l'élu du Seigneur, et commandait par *la grâce de Dieu.*

Et cependant le Christianisme amena une grande révolution dans le monde, — si grande que nous en subissons encore, à l'heure où j'écris ces lignes, la lourde conséquence, le contre-coup terrible.

---

1. Constantin fit périr son fils Crispus, accusé par sa belle-mère Fausta, qui ne tarda pas à périr à son tour par les ordres de l'empereur.

Cette révolution — fut toute morale.

Le Christianisme, — non content de respecter et de consacrer le césarisme romain, d'apporter au despotisme politique son appui sans restriction, et de bénir les liens qui enchaînaient le citoyen, l'homme social, — le Christianisme, en regard de ce césarisme, institua un second césarisme, — LE CÉSARISME DES AMES.

A côté de l'Empereur, il éleva l'Église, représentée par les Conciles et la Papauté, — l'Église qui, laissant les corps à la merci des empereurs, s'empara des intelligences et des consciences, et [1], pour la première fois dans l'histoire du monde, étendit aux âmes [2] le régime du pouvoir absolu.

Jusque-là, il y avait eu des religions, des croyances, des pratiques superstitieuses, — mais, comme je l'ai indiqué dans le chapitre précédent, l'être moral n'avait pas subi une discipline absolue, immuable, uniforme.

Chaque individu restait en possession exclusive de sa raison, et la plus grande liberté d'esprit régnait pour toutes les questions philosophiques et morales.

Depuis de longs siècles, pas un homme distingué de Rome ou de la Grèce ne croyait aux dieux païens, et les Tibère, ni les Néron, ni les Caligula, ni les Domitien, ne songeaient à décréter une foi, à réprimer la licence des philosophes qui traitaient dans les Écoles tous les

---

1. Je ne parle que de l'Europe.

2. Quand j'emploie l'expression *âme*, je n'entends nullement préjuger la question des deux principes — matériel et immatériel — qui, dit-on, composeraient l'homme : — je veux seulement désigner tout ce qui concerne les facultés intellectuelles et morales, *le cerveau*, en un mot.

grands problèmes de la vie future, et de l'essence de l'homme.

Avec le Christianisme, tout changea.

Le Christianisme n'était plus une religion, — mais LA RELIGION, — une foi, — mais LA FOI, — une loi, — mais LA LOI.

Cette loi était la vérité même, absolue, complète. Le monde moral et le monde intellectuel avaient leurs frontières nettement circonscrites.

Il ne s'agissait plus de chercher : — TOUT ÉTAIT TROUVÉ.

Il ne s'agissait plus de discuter : — IL FALLAIT CROIRE.

Le règne de l'homme était fini : — celui de Dieu commençait.

La nuit vint, et le silence se fit.

Telle est la grande révolution chrétienne :

L'esclavage extérieur, matériel, social, étendu aux esprits.

Deux Césars, — l'Empereur, qui gouvernait les hommes, décrétait les lois ; — le Pape, qui pensait pour eux, et décrétait les idées.

Jusqu'alors, à travers les barreaux de sa cage, l'esclave pouvait jeter un coup d'œil sur l'espace, contempler le ciel, humer un peu d'air libre, se perdre en imagination dans l'immensité sans bornes.

La cage fut murée. — Plus de ciel, plus d'espace, plus d'air libre :

La foi !

Au point de vue de la liberté, du libre développement de ses facultés, et de la dignité, — voilà ce que l'homme gagna au Christianisme.

Cette révolution est immense, — on le comprend. C'est

la plus radicale que l'humanité pût subir. Elle changea
l'histoire entière, et la marche de toutes les civilisations.

Quelle était donc cette loi qui allait se substituer au
jeu de la raison, — cette vérité, qui supprimait la recherche de toutes les vérités ?

Puisqu'elle devait rester seule et immuable, — qu'ap-
portait-elle au monde ?

Elle lui apportait le dogme de la chute originelle, la
malédiction de la chair, et le rachat de l'humanité par
le bon plaisir du Créateur, — LA GRÂCE !

Elle disait aux hommes :

Vous êtes tous coupables, tous voués de naissance à la
damnation éternelle, tous incapables de vous sauver par
vos propres vertus.

Dieu, votre Créateur, vous a maudits, dans le premier
homme.

Ce que vous appelez la vie est la mort, et la terre est
un cachot, où vous expiez le plus grand des crimes : —
avoir voulu savoir, car le crime d'Adam fut d'avoir
goûté aux fruits de l'arbre de la science du bien et du
mal.

Votre raison n'est que ténèbre, et ne peut que vous in-
duire en erreur.

Vos vertus ne sont qu'apparence, votre esprit est
frappé de vertige et d'incapacité.

Dans sa bonté Dieu consent pourtant à vous pardonner,
et il a envoyé son Fils dont le sang a payé votre rançon[1].

---

1. C'est tout à fait ici l'ancienne idée païenne, que pour apaiser les
dieux, il faut leur offrir du sang, et qu'une victime innocente peut
assurer le salut d'une cité, d'un peuple. — C'est la théorie du sacrifice d'Iphigénie, etc.

Vous pourrez donc échapper au châtiment, mais à condition de croire en Jésus, qui a fondé l'Église et l'a rendue dépositaire de toute vérité.

Le Pape, représentant visible de Dieu sur la terre, tient dans ses mains les clefs du ciel.

Croyez ce qu'il enseigne par ses prêtres, et vous serez sauvés.

Mais, en dehors de l'Église, point de salut.

Ceux qui s'en séparent, comme ceux qui ne l'ont point connue, sont voués aux flammes éternelles, et torturés sans fin dans l'enfer.

Votre corps périssable n'est que honte et péché.

Il faut le dompter, le mortifier, au profit de l'âme immortelle, que vous a donnée le Créateur, et qui débarrassée, par la mort, de son enveloppe grossière, ne connaîtra plus que la béatitude, au pied du trône de Dieu, — si vous vous êtes rachetés par la foi.

Ceci bien établi, il en résultait que l'homme, — coupable de naissance et voué à la perdition, — ne pouvait *mériter* aux yeux de Dieu que par sa soumission, son abdication, sa foi complète, absolue, inébranlable, dans la vérité enseignée par l'Église, devenue l'unique dépositaire de toute vérité : — il commettait le plus grand des crimes, le plus abominable des forfaits, le seul qui ne se pût pardonner, puisque Dieu lui-même le punissait de l'éternité des supplices, — le jour où il cessait d'avoir la foi.

En effet, en perdant la foi, il ne tombait pas seulement dans l'erreur, mais il devenait criminel, et se plaçait immédiatement sous le coup de la justice impitoyable de Dieu.

Non-seulement il devenait criminel, mais encore il devenait sacrilége, et entrait en révolte directe contre Dieu lui-même.

Ne niait-il pas ses promesses? — Ne mettait-il pas en doute ses paroles? — C'était le crime pur et simple de lèse-divinité.

Des tourments effroyables, des tourments que rien ne devait finir l'attendaient dans l'autre monde, et il était séparé pour l'éternité de la société des fidèles appelés à contempler le Seigneur, à vivre à ses côtés.

Pourquoi n'en eût-il pas été séparé, dès cette terre?

Il le fallait, d'abord, pour imiter, autant que possible, les décrets de la justice divine, ensuite pour empêcher qu'il ne répandît autour de lui la contagion du mal, qu'il n'empêchât le salut des malheureux qui auraient pu suivre son exemple.

De cet ensemble d'idées naquit cette fureur de prosélytisme qui a toujours distingué le Christianisme.

Dans ces conditions l'humanité seule aurait suffi pour y conduire.

Des hommes qui possédaient la vérité, et qui ne pouvaient en douter, car ils la tenaient de la bouche de Dieu même, devaient s'efforcer de la répandre, de la faire triompher.

Comment, tous les hommes étaient condamnés, sans ressource; un moyen, un seul, restait de les sauver, et ceux qui possédaient ce moyen ne se fussent pas empressés de le faire connaître à leurs frères plongés dans les ténèbres de l'ignorance, menacés de la colère céleste!

Mais si le premier devoir du fidèle était de répandre

la parole de vie, *la bonne nouvelle*, de convertir l'hérétique, un devoir non moins sacré pour lui était d'empêcher que l'hérétique endurci pût répandre l'erreur, et arracher les âmes au salut par ses perfides sophismes ou
ses erreurs empoisonnées.´

Il ne pouvait pas être question de respecter la liberté
de penser, de plaindre l'erreur, de la supporter, de la
pardonner, d'admirer les vertus de l'hérétique.

Devant la vérité absolue, devant la parole même de
Dieu, il n'y a plus de liberté possible : — celui qui
résiste n'use pas d'un droit, c'est un rebelle, un in-
sensé.

Ses vertus ne comptent pas, puisque l'homme ne peut
se sauver par lui-même. Elles le rendent seulement plus
dangereux, en prêtant un attrait trompeur à l'erreur
damnable.

Quant à lui pardonner, à le plaindre, comment y penser même, alors que Dieu, -- la justice et la bonté dans
la toute-puissance, — a déclaré qu'il serait sans pitié, et
ne pardonnerait jamais ?

Du moins, l'Église—, qui le sait,— l'assure.

Dès lors, la tolérance et la liberté de conscience disparurent du monde.

Le droit de penser, de raisonner, d'écouter la voix
intérieure, de conclure suivant ses propres lumières, de
croire à sa guise, fut supprimé.

Il y eut un code de l'intelligence, une jurisprudence
de l'âme, une discipline des esprits.

Le *délit d'opinion* devint le premier et le plus abominable des délits, et l'humanité fut prise, comme dans un
étau, entre le despotisme politique, — image du despo-

tisme moral, et le despotisme moral, — image du despotisme divin.

D'un semblable système la persécution religieuse devait naître fatalement, impitoyable et raffinée, régulière
et sans merci.

La bonté ou la cruauté des individus ne pouvait en
retrancher, ou y ajouter que peu de chose.

L'humanité même, je le répète, l'amour du prochain
y poussait le fanatique et l'ignorant.

Qu'était-ce que cette vie, en regard de l'autre vie?

Qu'était-ce que quelques souffrances dans notre chair
périssable, en échange du salut éternel?

Si la torture, si le bûcher, pouvaient amener l'aveu
du crime, son repentir, la conversion du pécheur, — Vive
la torture! vive le bûcher!

Si le pécheur ne se rétractait point, il fallait, en tout
cas, le supprimer pour arrêter la contagion du mal, et
les supplices horribles qu'on lui infligeait étaient une bien
faible image de ceux qui l'attendaient par delà la tombe,
« dans la Géhenne de feu. «

L'hérétique était hors la loi, de même qu'il était hors
de la miséricorde divine.

Contre lui tous les moyens étaient bons, toutes les ré-
pressions étaient de droit, — que dis-je, — de devoir.

La logique gouverne le monde, et, une fois un principe
posé, rien ne saurait en empêcher les conséquences.

Du moment où l'humanité, coupable par origine, sauvée par la seule grâce de Dieu, mise en possession de la
vérité absolue par l'Église, se trouvait divisée en deux
camps : — les élus et les réprouvés, — il devenait évident que les élus s'efforceraient un jour ou l'autre de

supprimer les réprouvés, et les poursuivraient d'une haine
impitoyable, qui ne serait que justice et mansuétude bien
entendue.

Voilà pourquoi la religion chrétienne a été la plus
persécutrice, la plus intolérante de toutes les religions;
voilà pourquoi l'Inquisition, sous une forme ou sous une
autre, a dominé dans tous les pays catholiques, jusqu'à la
Révolution de 1789.

CHAPITRE III.

La persécution religieuse est-elle contraire à l'esprit même du Christianisme?

Sans doute la prédication du Christ est empreinte d'un
certain esprit de douceur, dans plusieurs passages de
l'Évangile; mais d'autres passages ouvrent la voie à l'application des moyens rigoureux contre les hérétiques,
et, d'ailleurs, l'Ancien Testament, dont le caractère
divin n'est pas plus contestable aux yeux du chrétien, est
rempli d'un bout à l'autre des invectives les plus violentes, des menaces les plus cruelles contre les ennemis
de la foi.

Il y a donc, au sein de la tradition chrétienne, un
double courant : — le fidèle, suivant son tempérament,
peut y choisir, en toute tranquillité de conscience, et sans
cesser une minute d'être orthodoxe, soit des leçons de

douceur et de pardon, soit des exemples de vengeance et
de barbarie.

Du reste, à côté du texte même de la Bible et de l'É-
vangile, — sujet à toutes les interprétations, — il y a la
tradition constante de l'Église, qui, par la voix de ses
Pères, des Conciles et des Papes, a commenté la parole
évangélique, et déclaré à l'humanité quel sens exact il
convenait de lui donner.

Je ne m'occuperai de cette tradition, de cette interprétation, qu'au point de vue particulier de la conduite qu'il
était obligatoire de tenir à l'égard des hérétiques; — les
discussions théologiques et les questions de dogmes étant
complétement étrangères au sujet que je désire traiter
dans ce livre.

Or, en consultant l'histoire, on voit qu'à de rares
exceptions près, et à part quelques hésitations durant les
trois premiers siècles de l'Église, l'Église n'a cessé de
regarder comme son premier devoir la poursuite et la
répression de l'hérésie.

En réalité, elle avait raison. — Jésus-Christ, en char-
geant ses disciples d'aller prêcher les hommes et de convertir l'univers, avait créé le premier cette stricte obligation.

De cette loi du prosélytisme, de cette recommandation
expresse de faire connaître la parole de vie aux infidèles,
aux païens, de cette affirmation que c'était la volonté positive du Seigneur, — il résultait logiquement que l'É-
glise,—unique dépositaire de cette parole de vie,—devait
employer tous ses efforts à la faire triompher, à combattre l'esprit du mal, d'abord par la prédication, puis par
les moyens matériels, si la prédication ne suffisait pas.

Jésus-Christ, d'après le Nouveau Testament, n'indique pas clairement qu'il faille poursuivre l'hérétique par le fer et le feu, et recommande même de lui pardonner chaque fois qu'il se repentira.

Cependant il est bien évident qu'en face d'hérétiques endurcis que rien ne pouvait amener à récipiscence, — qui prêchaient l'erreur, — qui entraînaient à leur suite de nombreux prosélytes, — qui menaçaient de rendre à peu près inutile la connaissance de la vérité révélée, en attirant à leur foi hétérodoxe des peuples entiers, — l'Église dut se croire autorisée à recourir aux moyens de rigueur pour conserver intact, pour sauver d'un naufrage imminent, le trésor divin confié à sa garde.

L'intolérance est le fonds même du Christianisme : or de l'intolérance à la persécution la pente est si rapide, qu'il était impossible que l'Église ne descendît pas cette pente fatale. Après tout la persécution n'est que le *moyen*, la sanction de l'intolérance : — un peu de fanatisme dans les esprits, un peu de barbarie dans les mœurs, et aussitôt les bûchers s'allumeront.

Après avoir essayé des peines purement morales, telles que l'excommunication, l'Église dut logiquement, je le répète, employer les peines physiques contre ceux qui s'entêtaient dans l'erreur, et levaient contre Dieu même l'étendard de la révolte.

Ces malheureux n'étaient plus seulement des infidèles, c'étaient encore des ennemis de l'*autorité constituée*, des *révolutionnaires*, — coupables suivant la loi divine et la loi humaine. — Les nécessités du salut public faisaient une étroite obligation de les réduire au silence, à l'impuissance, par tous les moyens, particulièrement par les moyens de nature à imposer une terreur salutaire à ceux qui eussent été tentés de les imiter.

D'ailleurs, pourquoi les eût-on ménagés?

Il eût fallu, pour cela, que Jésus eût proclamé le droit de la raison individuelle, le respect de la conscience personnelle, tandis qu'il était venu apporter, non pas des droits à l'individu, mais une loi qui, en réalité, niait tous les droits : — elle proclamait la déchéance de l'homme, la malfaisance native, l'incapacité et la corruption de sa nature, laquelle livrée à elle-même ne pouvait enfanter que le mal.

Ce que nous appelons, aujourd'hui, le droit imprescriptible de la libre pensée, est la négation même du principe fondamental du Christianisme, et, aux yeux du chrétien *logique*, ce droit n'est et ne peut être que la liberté du mal.

D'autre part, puisqu'il s'agissait de réprouvés, voués à la damnation éternelle, destinés à subir dans l'autre monde des supplices raffinés et aussi durables que Dieu lui-même, on ne comprend pas pourquoi l'Église eût hésité à les martyriser un peu, dès ce bas monde, à l'imitation de ce qui les attendait au delà de la tombe.

Jésus avait bien dit : Je ne veux point la mort du pécheur, — et l'on pouvait espérer jusqu'au dernier moment que la grâce agirait sur les âmes les plus endurcies; mais, d'autre part, il s'agissait d'arrêter la contagion du vice, et, en terrifiant, peut-être un peu prématurément, quelques coupables, de sauver un grand nombre de fidèles.

Par les supplices, l'Église ramenait les faibles et les hésitants, ou elle obtenait des aveux précieux.

Quant au pardon, recommandé par l'Évangile, elle ne le refusait jamais.

Qu'on se repentît, qu'on abjurât l'erreur, et son absolution était prête.

En ce qui touchait le corps, — cette guenille coupable, dont la macération est agréable à Dieu, — sa mort servait de rançon, d'expiation, et prédisposait merveilleusement le Seigneur à l'indulgence.

Du reste, comme je l'ai déjà dit, l'hérétique n'était pas seulement coupable d'une erreur de l'esprit, mais encore d'un mauvais exemple de révolte contre le principe d'autorité.

On pouvait réconcilier l'hérétique, — le révolté devait subir sa peine, — et le pouvoir laïque s'en chargeait.

En effet, l'Église n'exécutait point personnellement les coupables, et ne rendait point d'arrêts de mort.

Elle remettait le réprouvé entre les mains du pouvoir civil, à qui ne s'appliquait point la recommandation du Christ de pardonner au pécheur.

A tous les points de vue l'Église était donc logique, et c'est une injustice d'accuser l'Église d'avoir dénaturé l'esprit de l'Évangile. Elle a tiré des conséquences — horribles, mais inévitables, — d'un premier principe, dont l'exposé — plein de mansuétude dans l'Évangile, — nous paraît débordant de charité, et ennemi de toute violence.

Mise en face d'un grand devoir, — qui était sa raison d'être, — le triomphe de la foi, elle ne pouvait pas ne pas combattre, ne pas poursuivre l'hérésie et les fauteurs d'hérésie.

Devant leur résistance, elle ne pouvait pas se résigner à de vaines objurgations, à d'inutiles protestations.

Il fallait sauver la cause de Dieu : — c'est pour cela qu'elle était instituée, et il eût été étrange que la vérité restât désarmée devant le mensonge, que l'esprit de Dieu respectât l'esprit du mal.

Elle pardonnait, — quand il y avait repentir, — mais elle pardonnait à l'âme seulement, qui seule dépendait de sa juridiction.

Pour le corps soumis à César, elle le livrait à César, qui, lui, sous sa responsabilité privée, punissait dans ce corps le délit, le crime épouvantable, d'avoir méconnu la première loi de l'État, — l'unité de la foi.

La persécution découle donc tout naturellement de l'essence du Christianisme, et l'Église, aujourd'hui, comme hier, en plein dix-neuvième siècle, comme au douzième siècle, persécuterait ses adversaires, si elle en avait encore le pouvoir matériel.

Pie IX, comme Innocent III, repousse avec horreur le principe « damnable » de la liberté de conscience, l'erreur « maudite » de la tolérance.

Peut-être, aujourd'hui, les supplices seraient-ils moins affreux qu'au moyen âge, mais cela tiendrait exclusivement à un certain adoucissement général des mœurs.

Les inquisiteurs ne manqueraient pas : — ce seraient les bourreaux qui feraient défaut.

Soyons donc justes, rendons à César ce qui appartient à César, et au Christianisme ce qui appartient au Christianisme.

Les moines et les prêtres furent souvent des bêtes féroces, souvent aussi la soif des richesses, l'appât des confiscations, l'amour de la domination, les poussèrent aux plus effroyables excès, mais ils n'en étaient pas moins chrétiens, dans le sens absolu du mot. S'ils déployaient un zèle excessif, barbare, peu éclairé, ils ne faisaient que tirer, avec les lumières qu'ils possédaient, la conséquence, quelquefois poussée à l'extrême, d'un principe premier, certain, indiscutable, — ou se servir, quand l'avarice et l'ambition les guidaient, des moyens nombreux mis à leur disposition par l'esprit même de leur religion.

On objectera que le protestantisme, fils aussi de l'Évangile, et qui a la prétention justifiée de ne suivre aucune autre loi que celle qui s'y trouve clairement exprimée, n'a jamais été persécuteur au même point que le catholicisme.

Cela est vrai.

Cependant, Élisabeth a persécuté, Calvin a persécuté.

En Suède, de nos jours mêmes, le luthéranisme se montre fort intolérant, et, à Paris, les orthodoxes, M. Guizot en tête, persécutent les dissidents, dans la mesure du possible, en leur interdisant la chaire, en les réduisant au silence, en les privant de leurs bénéfices.

Il faut donc croire que, de quelque côté qu'on envisage l'Évangile et l'Ancien Testament, la tolérance n'en sort ni directement, ni facilement.

Si le protestantisme, néanmoins, a révélé et révèle de plus en plus un esprit de liberté et de douceur, incompatible avec le catholicisme, cela tient donc à diverses causes étrangères à la foi chrétienne elle-même.

Le protestantisme, divisé en un grand nombre de sectes, ne possède point cette organisation uniforme et vigoureusement centralisée qui permet à l'Église de Rome d'exercer une action régulière, de fonctionner à la façon d'un véritable gouvernement dont les lois établies sont universellement reconnues de chacun de ses membres.

Le protestantisme a été avant tout l'affirmation du *droit individuel*, et le réveil de la conscience humaine dans le domaine religieux.

Il permet la libre interprétation des Saintes Écritures ; il ne vous demande que de croire à la mission du Christ, et encore n'est-il pas absolument nécessaire de croire à la divinité de Jésus.

Plus il marche, plus il en vient à ne plus voir dans l'Évangile qu'une sorte de code de morale, plus il se dégage de toute forme religieuse nettement définie.

Ici, comme dans le catholicisme, la logique domine les faits.

Le protestantisme a cru revenir à la religion primitive, à la religion des apôtres, à la prédication immédiate du Christ, et le voilà sur la grande route du libre examen, en train de devenir une simple école philosophique, et d'aboutir au déisme pur et simple.

Il a cessé d'être persécuteur, mais il cesse d'être une religion, à proprement parler, et son exemple confirme, par les contraires, tout ce que j'ai dit jusqu'à présent des tendances logiques du Christianisme à dogme, père d'une Église constituée.

CHAPITRE IV.

De la conduite de l'Église envers les hérétiques,
avant Constantin.

Les faits vont maintenant se charger de démontrer à leur tour que le Christianisme, — intolérant par essence, et dès le premier jour, — ne tarda pas à franchir, — aussitôt que les circonstances le lui prescrivirent, — la faible barrière qui sépare la persécution de l'intolérance.

Ne n'oublions pas : — l'intolérance, c'est la persécution appliquée aux idées ; — la persécution, c'est l'intolérance appliquée aux individus.

Aux époques et dans les pays où le Christianisme ne dispose point du pouvoir matériel, — il s'en tient à l'intolérance, se contentant de prêcher les hérétiques et de condamner les hérésies, d'enseigner qu'il est la vérité absolue, que la vérité ne doit point pactiser avec l'erreur, et que s'il endure le mal à ses côtés, c'est que les circonstances l'empêchent de l'extirper.

Telle est la conduite du catholicisme actuel dans presque toute l'Europe contemporaine ; mais le Pape, afin d'interrompre la prescription, et de ne laisser aucune illusion aux peuples, publie des *Syllabus*, des *Encycliques*, où il proteste énergiquement contre cette tolérance imposée que l'Église subit avec impatience, avec désespoir.

Telle fut à peu près la conduite du Christianisme pendant les trois premiers siècles, jusqu'à la paix de Constantin.

Saint Paul veut qu'on avertisse *deux fois* l'hérétique, avant de l'excommunier.

Jésus, dans l'Évangile, avait déclaré qu'il fallait engager le pécheur *trois fois* à se convertir, avant de cesser tout commerce avec lui.

L'excommunication était alors la seule peine employée, et encore ne l'employait-on qu'après avoir inutilement usé des représentations.

D'après saint Denis, évêque de Corinthe, si l'hérétique se montrait docile et disposé à revenir à la foi de l'Église, on devait le traiter avec douceur, en évitant de lui donner aucun sujet de peine, « *dans la crainte de l'irriter et de le rendre obstiné.* »

Avant de lancer l'anathème contre les hérétiques, on essayait de les éclairer, soit par des discussions particulières, soit dans des colloques publics.

Cependant, dès cette époque, il se trouvait déjà des évêques disposés à user de rigueur, à employer les moyens de coercition matérielle, puisque l'évêque Archélaüs voulut faire arrêter Manès, le chef de la secte des manichéens.

Il n'y renonça que sur l'insistance de Marcel, qui ménagea une dernière entrevue entre l'évêque et l'hérétique.

Archélaüs étant venu à bout de convaincre l'hérésiarque, « n'insista plus pour qu'on s'emparât de sa personne, » et prit même Manès sous sa protection.

En 272, le concile d'Antioche voyant que Paul de Samosate, évêque d'Antioche, était retombé dans l'hérésie, après une première abjuration faite en 266, le déposa, et Paul ayant refusé d'obéir, les évêques réunis en concile s'adressèrent à l'empereur Aurélien, pour réclamer l'intervention de la puissance civile.

L'empereur répondit que ne sachant point lequel des deux partis avait raison, il convenait de se conformer à ce que décideraient l'évêque de Rome et son Église.

Félix Iᵉʳ ayant confirmé la décision du concile, l'empereur la fit exécuter.

Un autre concile, tenu en 303, décréta que si un hérétique demandait à rentrer dans le sein de l'Église, « il serait admis à la réconciliation, et qu'on ne lui imposerait d'autre peine qu'une pénitence canonique de dix ans. »

Ainsi, jusqu'à l'avénement de Constantin, suivi de sa conversion, l'Église se contenta d'employer la persuasion pour convertir les hérétiques, et, lorsque la persuasion restait impuissante, elle les excommuniait, sans avoir recours à d'autres moyens de rigueur, — c'est-à-dire sans les frapper de peines matérielles.

C'est là l'époque de charité, de mansuétude et de douceur de l'Église.

Cette époque dura environ trois siècles, pendant lesquels l'Église soumise à des empereurs païens, exposée elle-même à de fréquentes persécutions, n'exerçant aucune influence sur les agents de l'autorité constituée, ne disposant d'aucun moyen de se faire justice, ne pouvait guère agir autrement, quand bien même elle l'eût voulu.

Cependant, à cet instant même de son histoire, pendant

ces trois siècles d'une existence précaire, où toute chaude encore de la prédication évangélique, elle devait être imprégnée de l'esprit des premiers apôtres et purement chrétienne, dans l'acception la plus stricte du mot, sans aucun de ces mélanges d'idées que le temps apporte nécessairement avec lui ; — à cet instant unique, nous voyons s'affirmer sans hésitations tous les principes d'où la persécution va sortir pour dévaster le monde, et décapiter l'humanité pendant quinze siècles.

L'Église tâtonne encore, elle hésite sur les meilleurs moyens à employer pour ramener l'hérétique et le réduire à l'impuissance, mais il est bien admis qu'il faut le convertir ou l'excommunier s'il persiste dans l'hérésie, c'est-à-dire le retrancher *moralement* de la société des fidèles.

Il est admis que les fidèles doivent le fuir, cesser tout commerce avec lui, le regarder, non pas seulement comme un ennemi, et le pire de tous, mais encore comme s'il avait déjà cessé de vivre.

On voit les évêques discuter entre eux pour savoir s'il convient d'employer les peines corporelles.

Archélaüs veut faire arrêter Manès. — Il n'y renonce que sur l'insistance d'un autre évêque, qui l'engage à tenter un *dernier* effort, une *dernière* entrevue.

Manès se convertit. — Que fût-il arrivé s'il avait persisté dans ses opinions ?

Nous voyons aussi un concile recourir au pouvoir laïque, et par conséquent provoquer, dès les premiers jours, l'intervention de la puissance civile dans les démêlés religieux. Or, la puissance civile, c'est la force, la force matérielle.

L'Église reconnaît si bien la légitimité de cette intervention, la désire si unanimement, — pourvu qu'elle soit à son service, — qu'elle s'adresse même à un empereur païen, qui la persécutera demain, pour faire exécuter ses décrets.

Paul de Samosate fut simplement déposé avec l'aide des sbires impériaux, et il n'y eut pas de sang versé, cette fois, — qu'importe?

Le principe est posé.

Ainsi donc, en résumé, dans les premiers agissements des premiers évêques et des premiers conciles, — à cet âge d'or de la charité évangélique, de la mansuétude chrétienne, on distingue déjà, en ébauche, tous les procédés, tous les germes constitutifs de la persécution.

Elle y est comme l'oiseau dans l'œuf.

L'Église, désarmée, ne pouvant, sous des princes païens, employer contre les hérétiques les moyens coërcitifs de la puissance temporelle, emploie les moyens moraux à sa disposition : — elle prie, elle prêche, elle objurgue, elle excommunie.

Vienne un prince chrétien, prêt à lui fournir les gendarmes et les bourreaux qui lui manquent, elle passera sans hésitation, tout naturellement, des peines morales aux peines physiques, de l'intolérance à la persécution.

CHAPITRE V.

Conduite de l'Église envers les hérétiques, depuis Constantin
jusqu'au huitième siècle.

Le changement, je l'ai dit, fut immédiat.

Pour s'en rendre compte, il suffit d'écouter ce que
dit à cet égard Llorente[1], ancien secrétaire de l'Inquisition d'Espagne, très-fidèle à la foi catholique, mais honnête homme, partisan de la tolérance et historien con-
sciencieux.

Son témoignage n'est donc point contestable, ni em-
preint de malveillance, et j'aurai occasion souvent de le
citer avec quelques développements.

Je lui emprute le résumé succinct et concluant des progrès de l'esprit de persécution dans l'Église, pendant les
quatre siècles qui suivirent l'avénement de Constantin.

« Les papes et les évêques du quatrième siècle, profi-
tant de ce que les empereurs avaient embrassé le Christianisme, commencèrent à imiter, jusqu'à un certain point,
la conduite qu'ils avaient reprochée aux prêtres païens.
Ces pontifes, respectables par la sainteté de leur vie,
poussèrent quelquefois trop loin le zèle dont ils étaient

---

1. *Histoire critique de l'Inquisition d'Espagne*, 4 vol. in-8°.

animés pour le triomphe de la foi catholique et l'extirpation des hérésies, et s'imaginèrent que pour réussir il fallait engager Constantin et ses successeurs à établir des lois civiles contre ceux qui avaient embrassé ces hérésies.

« Ce premier pas, que les papes et les évêques avaient fait contre la doctrine de saint Paul, fut le principe et l'origine de l'Inquisition, parce que la coutume s'étant une fois établie de punir l'hérétique par des peines corporelles, *quoiqu'il fût sujet fidèle et soumis aux lois*, on se vit obligé de les varier, d'en augmenter le nombre, de les rendre plus ou moins sévères, suivant le caractère plus ou moins violent de chaque souverain, et de régler la manière dont il convenait de poursuivre les coupables d'après les circonstances où l'on se trouvait. Ce qu'on voulait surtout établir, c'était de faire envisager l'hérésie comme un crime contre les lois civiles, qu'il fallait soumettre à des peines afflictives établies par le prince : le reste n'était plus qu'un accessoire et une conséquence naturelle de cette mesure.

« Je ne m'arrêterai point à rappeler les lois des empereurs d'Orient et d'Occident contre les hérétiques; on peut les consulter dans les codes de Théodose et de Justinien, où elles sont accompagnées des suppléments de Jacques Godefroy, et du travail de quelques autres compilateurs : je dirai seulement qu'elles établissaient, entre autres peines, la *note d'infamie*, la *privation des emplois* et *des honneurs*, la *confiscation des biens*, la *défense de tester*, de *succéder par privilége de donation*, la *condamnation à l'exil*, et quelquefois la *déportation*, mais jamais la peine de mort, si ce n'est à l'égard des

Manichéens, et seulement dans quelques cas particuliers.

« La politique fit croire plusieurs fois aux empereurs que la tranquillité de l'empire serait troublée, si l'on n'éloignait le danger par des mesures capables d'imposer une terreur salutaire.

« L'empereur Théodose fit publier, en 382, une loi contre les Manichéens ; elle ordonnait de les punir du *dernier supplice*, de *confisquer leurs biens* au profit de l'État, et chargeait le préfet du prétoire de créer des *inquisiteurs* et des *délateurs*, pour découvrir ceux qui se seraient cachés.

« C'est ici, dit avec raison Godefroy, qu'il est question pour la première fois d'Inquisition et de délation en matière d'hérésie ; car, jusqu'alors, elles n'avaient été ordonnées que pour les plus grands crimes, qu'il était permis de dénoncer publiquement, comme attaquant la sûreté de l'empire.

« Les successeurs de Théodose modifièrent ces lois répressives, suivant les circonstances de temps et de personnes.

« Il y avait des édits qui engageaient les hérétiques à se convertir, et qui les menaçaient des poursuites des juges impériaux s'ils n'abjuraient volontairement l'hérésie.

« Quant à ceux que l'on connaissait pour hérétiques, et qui ne faisaient point une *abjuration spontanée*, malgré les dispositions des édits, on les mettait en jugement ; mais, avant d'en venir à cette extrémité, on les avertissait que, si dans un délai déterminé ils voulaient se convertir, ils seraient admis à la réconciliation, et ne subiraient qu'une pénitence canonique.

« D'après la réponse de ces hérétiques, on établissait avec eux des conférences réglées, dans la vue de les instruire et de les ramener à la saine doctrine.

« Lorsque ces moyens conciliatoires étaient insuffisants, on avait recours à la voie des châtiments, qui variaient beaucoup.

« Les docteurs qui, au mépris des lois, enseignaient leurs fausses doctrines, étaient quelquefois soumis à des amendes considérables, bannis des villes, et même déportés. Dans certains cas, on les condamnait à perdre leurs biens; dans d'autres, ils étaient obligés de payer au fisc une somme de dix livres d'or, ou ils étaient fouettés avec des lanières de cuir, et transportés dans des îles d'où ils ne pouvaient revenir.

« Outre ces peines, il leur était défendu de former des assemblées, et les lois prononçaient contre les infracteurs la proscription, le bannissement, la déportation, et même la *peine de mort*, suivant les circonstances qui étaient déterminées par les lois. »

Ainsi, pas de doute, pas de discussion possible.

Dès que César devient chrétien, — c'est-à-dire dès que l'Église possède des soldats, des gendarmes, des bourreaux, — sa conduite change aussitôt : — la rigueur remplace la douceur; l'amende, la prison, l'exil, la confiscation des biens, la privation des droits civiques, — même du droit de tester, — la peine de mort enfin, accompagnent les pieuses objurgations, les peines canoniques et l'excommunication.

Mais est-il bien vrai qu'à ce moment la conduite de l'Église ait changé?

Non, car ses principes depuis le premier jour sont restés les mêmes.

Sa puissance a augmenté, ses moyens d'action se sont élargis, voilà tout.

Ce qu'elle fait aujourd'hui, elle l'eût fait hier, — si les circonstances extérieures s'y étaient prêtées; — elle le ferait demain, si l'opinion publique, le progrès des idées et des mœurs ne l'avaient condamnée, de nos jours, à cette heureuse impuissance où elle était avant l'avénement de Constantin.

Partout où elle s'établit, partout où elle domine, ses errements sont les mêmes, ses façons d'agir identiques.

Partout elle poursuit un même but, partout elle y apporte le même esprit, le même acharnement.

Religion révélée, représentant la vérité absolue et Dieu lui-même, elle peut composer avec les événements, elle ne transige pas avec les principes.

Si elle se montre plus barbare dans tel ou tel pays, dans tel ou tel siècle, c'est une erreur de croire, — comme le prétendent ses avocats d'office, — qu'elle a subi l'influence d'un milieu plus barbare lui-même dans les siècles d'ignorance, chez les peuples de tempérament sanguinaire.

Non, il n'en est rien, et je le démontrerai victorieusement par des faits incontestables.

La férocité particulière de l'Inquisition ne tint nullement au caractère du peuple espagnol.

Cette férocité tint exclusivement à ce que, — en Espagne, — le pouvoir civil s'étant soumis au pouvoir religieux et lui ayant mis la bride sur le cou, — l'inquisition put appliquer en paix, sans entraves, ses principes, et créer, pour de longs siècles, *le régime idéal de la persécution.*

Partout ailleurs l'Inquisition eût été la même.

Partout ailleurs le fanatisme religieux eût revêtu les mêmes formes atroces, poursuivi son œuvre avec la même persévérance impassible.

Ce ne sont point les Torquemada qui manquèrent en France, en Italie, en Allemagne, ce sont les Philippe II, et quand Louis XIV, en plein dix-septième siècle, chez le peuple le plus doux de l'Europe, à la veille de l'Encyclopédie, au moment où Voltaire naissait, voulut révoquer l'édit de Nantes, la France fut le théâtre des mêmes persécutions que l'Espagne, et la dépassa peut-être par le nombre et le raffinement de ses supplices.

Il en avait été de même sous les Valois, à l'époque des guerres religieuses; il en fut de même en Allemagne, aux débuts de la Réforme, ou contre les Hussites.

En effet, l'Église d'Espagne, sous les empereurs romains comme sous les empereurs chrétiens, pendant l'époque qui nous occupe, suivit en tout la discipline générale.

« Dans le quatrième concile de Tolède, assemblé en 6 3, et auquel assista saint Isidore, archevêque de Tolède, on s'occupa des hérétiques judaïsants; il fut décrété, avec le consentement du roi Sisenand, qu'ils seraient mis à la disposition des évêques pour être châtiés et contraints, au moins par la crainte, d'abandonner une seconde fois le judaïsme : on devait leur ôter *leurs enfants* et *rendre là liberté à leurs esclaves.* »

Tout le monde se rappelle l'histoire du petit Mortara, arrivée sous le pontificat de Pie IX, en plein dix-neuvième siècle.

Quant à la mesure relative à l'affranchissement des esclaves, elle confirme ce que j'ai dit au second chapitre : que le Christianisme n'avait pas aboli l'esclavage, n'avait rien changé à la situation matérielle des membres de la société antique, ni relevé les misérables du monde païen.

Dans ce cas particulier, l'affranchissement des esclaves n'est point la reconnaissance d'un droit, mais une confiscation. On prive l'hérétique de ses esclaves, comme on s'empare de sa maison et de ses autres biens.

« En 655, le neuvième concile de Tolède établit plus particulièrement la manière dont il convenait de punir les hérétiques. Il décréta que les Juifs baptisés seraient obligés de célébrer les fêtes chrétiennes avec leurs évêques, et que ceux qui ne se conformeraient pas à cette discipline seraient condamnés à la peine du fouet ou à celle de l'abstinence, suivant l'âge des coupables.

« On se montra beaucoup plus sévère contre ceux qui étaient retournés du Christianisme à l'idolâtrie, puisque nous voyons que le roi Bécarède Ier proposa dans le troisième concile de Tolède de l'année 589, de charger les prêtres et les juges ordinaires de rechercher et d'extirper cette espèce d'hérésie, en punissant les coupables d'une manière proportionnée au délit, sans faire usage cependant de la peine capitale.

« La mesure de rigueur dont je viens de parler ne parut

même pas suffisante, et le douzième concile de Tolède de 681, auquel assistait le roi Erbigius, décida que si le coupable était noble, il subirait la peine de l'excommunication et de l'exil; que s'*il était esclave*, il serait fouetté et livré à son maître, chargé de chaînes, et que si le seigneur ne pouvait répondre de lui, *il deviendrait la propriété du roi*, pour recevoir la destination qui serait jugée convenable.

« En 693, le seizième concile de Tolède, assemblé en présence du roi Egica, ajouta aux mesures déjà établies une loi par laquelle, si quelqu'un s'opposait aux efforts des évêques et des juges pour anéantir l'idolâtrie et châtier les idolâtres, il devait être excommunié et puni d'*une amende de trois livres d'or, s'il était noble, de cent coups de fouet, s'il était d'une condition vile, rasé et dépouillé de la moitié de ses biens.* »

On voit toujours en quoi consiste la fraternité chrétienne, et l'égalité des hommes aux yeux de l'Église.

Qu'avaient gagné les classes deshéritées, à la venue du Christ ?

Recesuinte, qui régna depuis 663 jusqu'en 672, établit une loi particulière contre les hérétiques; elle les privait indistinctement des honneurs, des dignités et des biens dont ils jouissaient, s'ils étaient prêtres, et ajoutait à ces peines celle du bannissement perpétuel pour les laïques, s'ils refusaient de renoncer à l'hérésie.

CHAPITRE VI.

Conduite de l'Église envers les hérétiques depuis le huitième siècle,
jusqu'à l'avénement d'Innocent III.

L'impulsion était donnée, les principes posés, la jurisprudence établie, — rien ne devait plus arrêter l'Église sur la pente de la persécution.

Les peuples accoutumés, depuis quatre siècles déjà, à voir les rois combler les ecclésiastiques de priviléges, et même, en certains cas, leur confier directement le pouvoir judiciaire, qui devint plusieurs fois un droit de l'épiscopat, finirent peu à peu par admettre que l'autorité du Pape devait être sans bornes.

Les fausses décrétales qui parurent au huitième siècle achevèrent d'enraciner cette idée dans l'esprit des populations ignorantes, et bientôt il fut admis que le Vicaire de Jésus-Christ avait le droit de commander en tout, partout, à tous, — non-seulement dans les questions religieuses, mais encore dans les questions purement temporelles.

Lorsque les papes se virent en état d'exercer une si grande influence sur l'opinion publique, ils employèrent naturellement cette influence à conserver, puis à étendre leur domination, et la doctrine admise que les papes avaient le pouvoir de délier les sujets du serment de fidélité ne tarda pas à mettre les rois, pour un temps, sous la dépendance absolue des chefs de l'Église romaine.

C'est grâce à cette doctrine que l'Inquisition approuvée, encouragée, préconisée par les papes, put enfin s'implanter sous une forme régulière dans la plupart des pays d'Europe, malgré la résistance des peuples, et les craintes que ce tribunal tout-puissant inspirait même aux rois, pour peu qu'ils fussent jaloux de leur autorité.

A Innocent III revient l'honneur d'avoir le premier introduit l'Inquisition dans le monde, c'est-à-dire régularisé, centralisé, codifié la persécution.

On ne saurait trop le répéter, l'Inquisition ne fut une nouveauté dans l'Église qu'en ce sens qu'elle organisait un corps particulier chargé de la recherche, de la poursuite, de la répression de l'hérésie.

L'Inquisition ne créa pas cette persécution, ainsi qu'on l'a déjà vu, ainsi qu'on va le voir encore ; seulement la persécution confiée aux mains des évêques, et pour ainsi dire à l'Église entière, d'une façon anonyme, avait ce caractère d'irrégularité et d'intermittence que devait lui donner nécessairement l'action d'un grand corps disséminé dans l'Europe entière.

Chaque évêque l'entendait, l'appliquait un peu suivant son tempérament.

Dans chaque pays elle variait aussi suivant le caractère du prince régnant, et les décrets qu'on avait arrachés à sa docilité.

Elle n'était pas plus fixée dans sa procédure et ses moyens que les lois civiles au moyen âge, où mille cou-

tumes diverses, le caprice et l'ignorance du juge ame-
naient dans leur application, d'une province à l'autre,
des différences considérables, des contradictions incessantes.

Cependant partout on poursuivait les malfaiteurs et les
criminels, partout on les condamnait.

Innocent III, en fondant l'Inquisition, ne fit donc
autre chose que ce que fit la Convention lorsqu'elle décréta le Code criminel, et organisa sur un plan uniforme
un corps de magistrats chargés de réprimer tous les délits, tous les crimes, d'après un ensemble de lois nettement définies.

Il serait donc aussi absurde de prétendre que l'Inquisition créa la persécution religieuse, ou aggrava son
principe, que de prétendre que le code criminel et la ma-
gistrature ont créé ou aggravé le principe de la répression en matière civile.

Le Code de la persécution religieuse précéda le Code
civil de six cents ans environ, voilà tout, et les Inquisiteurs furent simplement les magistrats de l'ordre religieux.

Ils centralisèrent entre leurs mains tout ce qui avait
rapport à la recherche de l'hérésie et à la punition
des hérétiques, ils organisèrent d'une manière fixe et
uniforme les moyens d'action contre les ennemis de
la foi.

Qu'il en soit résulté peut-être dans la répression un
caractère particulier d'atrocité, due surtout à ce que cette
répression devint régulière, permanente, sans répit,
comme sans imprévu, — cela n'est pas douteux.

Mais ici l'apparence ne doit pas nous égarer sur le

fond. Jusqu'à cet instant les persécutions, par leur intermittence, grâce aux hésitations des persécuteurs — ne sachant pas toujours très-bien, en l'absence d'un Code établi, comment ils devaient procéder, — sans être moins odieuses, ont quelque chose de plus spontané, qui révolte moins la conscience que la froide impassibilité d'un tribunal sans entrailles, fonctionnant avec le calme et la régularité d'un mécanisme sanglant.

Le fanatisme populaire y prend part.

Il y a des répits, de la confusion, c'est une guerre de partisans, les choses se passent au grand jour, l'hérétique peut fuir, ou, tout au moins, s'il est pris, se défendre, plaider sa cause.

Avec l'Inquisition, tout cela disparaîtra, — mais, je le répète, ce n'est qu'une question de forme : — le principe reste le même, la procédure seule change, ou plutôt se perfectionne, et prend son caractère définitif.

En effet, jusqu'à l'avénement d'Innocent III, nous voyons la persécution poursuivre son œuvre, avec l'*outillage* imparfait que l'état de la société et l'organisation de l'Église mettaient à sa disposition, mais avec un zèle toujours croissant.

Quelques exemples pris au hasard suffiront à le démontrer.

« L'empereur Michel étant monté en 811 sur le trône d'Orient, renouvela, la première année de son règne, toutes les lois qui condamnaient à la peine de mort les hérétiques manichéens. Le patriarche Nicéphore lui représenta qu'il serait plus convenable d'entreprendre de les ramener par la douceur. L'empereur suivit le conseil de Nicéphore ; « *mais l'esprit qui régnait alors dans l'Église était si opposé au système de modération préconisé par le patriarche, que l'abbé Théophane, que sa piété et sa doctrine ont rendu célèbre, rendant compte de cette circonstance dans son histoire grecque, n'hésite pas à traiter d'ignorants et de mal intentionnés Nicéphore et les autres conseillers du prince; il ajoute qu'il est conforme aux maximes de l'Évangile de brûler les hérétiques, parce qu'on ne doit pas espérer qu'ils soient jamais portés à se repentir et à faire pénitence.* »

« Dans le neuvième siècle, Gotteschalk publia une doctrine sur la prédestination. Hincmar, archevêque de Reims, Raban Maure et plusieurs autres, entreprirent de lui faire connaître son erreur, et n'ayant pu y réussir, il fut condamné, comme hérétique obstiné, dans un concile de treize évêques, de deux chorévêques et de trois abbés, qui fut tenu en France, à Quiercy-sur-Oise, dans l'année 849. Gotteschalk y fut dégradé du sacerdoce, et, d'après les statuts de l'ordre de Saint-Benoît et les canons du concile d'Agde, condamné à la prison et à recevoir cent coups de fouet; il subit cette peine devant le roi de France, Charles le Chauve. On brûla ses livres, et il fut enfermé dans l'abbaye de Hautvilliers, au diocèse de Reims.

« En 1022, on découvrit à Orléans et dans quelques autres villes de France des hérétiques qui semblaient professer la doctrine des manichéens; on les regarda comme tels. De ce nombre était Étienne, confesseur de la reine Constance, femme de Robert. Ce prince fit assembler à Orléans un concile, présidé par l'archevêque de Sens : Étienne y fut mandé, on tâcha de le ramener aux véritables sentiments de l'Église. Mais inutilement. En conséquence, on résolut de punir ces hérétiques; ceux qui étaient revêtus du sacerdoce furent dégradés, et on les excommunia avec les autres.

« Le roi, s'étant rendu à Orléans, voulut qu'on leur fît subir immédiatement la peine du feu, et cette même reine qui avait confessé ses faiblesses aux pieds du prêtre Étienne, ne craignit point de porter la main sur lui et de le frapper rudement à la tête avec un bâton, au moment où il sortait de la cathédrale pour aller au supplice. Déjà les condamnés étaient atteints par les flammes, lorsque plusieurs s'écrièrent qu'ils se soumettaient à l'Église; mais il n'était plus temps; tous les cœurs étaient fermés à la pitié, et ils durent subir jusqu'au bout leur affreux supplice. »

Du reste, la soif du sang, la fureur de sévir, la passion de remettre entre les mains du prêtre tous les droits et tous les pouvoirs, d'annihiler entièrement la société civile devant la société religieuse, étaient devenues si générales dans l'Église, que cette dernière avait peu à peu, et fort logiquement à mon sens, proclamé une certaine quantité de maximes, dont le résultat devait être d'augmenter, dans une proportion considérable, le nombre de ses justiciables, c'est-à-dire de ses victimes.

Cela devait être.

Le monde matériel étant maudit, cette terre étant considérée comme une vallée de larmes, l'homme étant, d'essence, corrompu et coupable, la *cité de Dieu*, la *cité des élus* était tout, l'autre cité, la *cité terrestre* n'était rien.

Il devenait donc naturel que l'Église, représentation de la cité divine, et chargée d'y conduire les hommes, fût non-seulement la première puissance du monde, mais encore l'unique, et ceux qui s'opposaient à l'accroissement naissant de sa juridiction ne pouvaient agir ainsi que sous l'inspiration directe du démon.

Aussi les verrons-nous bientôt considérés comme ennemis de la religion, par conséquent entachés d'hérésie, et menacés des mêmes peines que l'hérétique avéré.

A l'époque où nous sommes rendus, au neuvième siècle, il était donc admis déjà, comme vérités incontestables :

: 1° Qu'on devait frapper d'excommunication, non-seulement les hérétiques obstinés, mais encore *quiconque se rendait coupable d'un délit grave aux yeux des Évêques ou des Papes ;*

2° Que quiconque, après avoir été excommunié, persistait *plus d'un an* dans le refus de s'humilier et de demander l'absolution, après s'être soumis à la pénitence canonique, était considéré *comme hérétique;*

3° Qu'il était méritoire de poursuivre les hérétiques; que c'était un devoir pour *tous les fidèles sans exception.*

En conséquence, des indulgences étaient accordées aux délateurs.

La première maxime livrait à peu près l'universalité des citoyens à la merci de l'Église.

La deuxième maxime permettait de traiter *en hérétique,* *au bout d'un an,* tout citoyen qui, frappé d'excommunication, sous un prétexte quelconque, n'aurait pas reconnu la justice de l'excommunication dont il était atteint.

La troisième maxime érigeait la délation et l'espionnage en devoir chrétien, — c'est-à-dire ouvrait la voie à toutes les vengeances personnelles, remettait l'honneur, la fortune, la vie de chaque individu entre les mains du premier fanatique ignorant qui voudrait assurer son salut, et installait au foyer de la famille de pieux mouchards dans la personne du frère, de la sœur, des enfants, des époux.

On verra, du reste, bientôt, la délation n'être plus seulement *méritoire,* et devenir *obligatoire.*

On verra, bientôt, celui qui n'a pas *dénoncé l'hérétique assimilé à l'hérétique,* puni comme lui, menacé du même bûcher.

L'Inquisition est là tout entière, comme je le disais plus haut.

Elle n'a rien à trouver, rien à ajouter : elle n'a plus qu'à appliquer.

Sous Grégoire VII et ses successeurs, la situation acheva de se dessiner.

Les papes, à ce moment de l'histoire, étaient arrivés à la plénitude de leur toute-puissance, et parvenus presque à transformer l'Europe en une vaste République chrétienne, où les rois, courbés sous la suprématie de Rome, devaient se contenter de n'être plus que des agents au service de sa politique, et des bourreaux aux ordres de son fanatisme.

Les Évêques de Rome en profitèrent aussitôt pour appliquer en grand, et pousser jusqu'à leurs dernières conséquences, les principes d'intolérance, qui sont comme l'âme de la religion chrétienne.

A ces rois vassaux, ils défendirent de souffrir des hérétiques dans leurs États, et ils ordonnèrent d'expulser impitoyablement tous les dissidents, tous les malheureux dont les doctrines ou les tendances pouvaient sembler une menace pour le pouvoir de la papauté et l'unité toujours rêvée de la foi catholique.

La différence, certes, était grande entre les humbles prières que les papes adressaient jadis aux empereurs romains, et ces bulles impératives du douzième siècle qui infligeaient la peine de l'excommunication aux monarques de la terre, les privaient de leur trône, et les réduisaient à venir implorer, pieds nus, au Vatican, la faveur d'une audience longtemps refusée, et la remise des peines canoniques prononcées contre eux.

Mais quelque grande que parût cette différence, elle ne consistait que dans le déplacement de la puissance, qui avait passé, grâce aux efforts persévérants de l'Église, des mains des laïques aux mains des prêtres.

Dans leurs humbles suppliques des premiers siècles, les papes imploraient le concours du pouvoir civil pour la répression de l'hérésie ; — sous Grégoire VII et ses successeurs, ils ordonnaient au pouvoir civil d'accomplir cette répression.

L'esprit n'était point changé, et le but était toujours le même.

Quant à cette sujétion des princes, à cette prétention du Saint-Siége de se placer au-dessus de tous les trônes de la terre, — prétention qui a tant excité l'indignation des historiens, — elle était, en réalité, fort logique, et sortait de la nature même des choses.

Du moment où l'on admettait l'existence d'une religion *révélée*, du moment où l'on admettait la morale de l'Évangile, — la chute de l'homme, et son rachat par le sang de Jésus, — il était évident que l'Église qui représentait la volonté divine sur la terre, qui parlait au nom de

Dieu, qui seule pouvait ouvrir les portes du ciel, était le premier pouvoir, le pouvoir sacré, le pouvoir suprême par excellence.

N'eût-il pas été étrange que ce qui *venait de l'homme* —c'est-à-dire le *pouvoir civil*—fût supérieur, égal, ou seulement indépendant en face de ce qui *venait de Dieu*, c'est-à-dire en face du *pouvoir sacerdotal?*

Si l'on croit, si l'on est chrétien, catholique, il n'y a, il ne peut y avoir qu'un roi, ici-bas : — le Pape, représentant l'Église, représentant Jésus, représentant Dieu.

Tout pouvoir doit émaner de lui, de même que toute grâce, et tout salut.

Les autres rois ne sont quelque chose, ne jouissent de quelque autorité, *au temporel*, que par délégation spéciale, et avec la consécration du *pouvoir spirituel.* — Il y a la même différence entre le monarque temporel et le monarque spirituel, qu'entre le corps périssable, corrompu, et l'âme immortelle, rachetée par la foi.

Telle est la moelle de la doctrine chrétienne.

Quand l'Église n'a pas la force, elle se plie aux circonstances, et endure ce qu'elle ne peut empêcher, mais croire que ses principes se modifient est un enfantillage, une absurdité.

Pie IX parle aujourd'hui le même langage que Grégoire VII, et le successeur de Pie IX ne parlera, ne pensera pas autrement :

« Sint ut sunt, aut non sint. »

On peut vaincre, on peut détruire le catholicisme, — on ne le changera pas. Au fond, les princes qui se disent chrétiens, catholiques, et qui élèvent la prétention de ne

point subir le joug de Rome, — luttant contre le triomphe absolu de sa suprématie, c'est-à-dire d'une institution décrétée par Dieu, — sont des ennemis aussi dangereux que les hérétiques, et des hérétiques mêmes.

Ils méritent l'excommunication, toutes les peines canoniques en ce monde, toutes les vengeances célestes dans
l'autre.

C'est au fruit qu'on juge l'arbre : voyons donc ce qui
sortit de la toute-puissance de l'Église, ce que cette
toute-puissance apporta au monde pour le bonheur des
hommes et les progrès de la civilisation ; ainsi nous ju-
gerons la valeur intrinsèque de la religion chrétienne,
et, pour ainsi dire, la *moralité de sa morale*.

Voilà la papauté maîtresse, voilà les rois soumis à ses
ordres, les peuples imbus des idées qu'elle avait mission
de répandre, nourris exclusivement de son enseignement
infaillible.

En résulte-t-il une amélioration sociale quelconque?

Les peuples en sont-ils plus heureux?

Les mœurs en sont-elles moins barbares, moins dis-
solues?

Voit-on régner la paix, la justice?

Les inégalités révoltantes qui séparent les castes dispa-
raissent-elles?

L'esclave est-il affranchi?

Le serf est-il soulagé?

Le seigneur féodal est-il ramené au respect des droits
imprescriptibles de l'homme, quel que soit son rang,
quelle que soit sa fortune?

Le bon plaisir du plus fort cesse-t-il de gouverner le
monde?

Les rois sont-ils moins despotes?

Les sujets sont-ils moins pressurés?

L'aurore de l'Égalité et de la Fraternité, —à défaut de la Liberté, dont l'Évangile ne parle pas, — se lève-t-elle sur l'Europe rassérénée?

Non.

Les papes, du moins, font-ils quelques efforts dans ce sens, et profitent-ils de ce que leur parole écoutée, suivie, retentit seule au milieu du silence et de l'ignorance universels, pour faire entendre au maître et à l'esclave, au pauvre et au riche, au fort et au faible, des enseignements qui seront l'expression de la justice éternelle, et qui conduiront les peuples, par la vérité, au bonheur?

Non !

Ce n'est point contre la barbarie des mœurs, contre l'inégalité des conditions, contre le despotisme des monarques et des seigneurs, en faveur de l'affranchissement du serf et de l'esclave, que les papes usent dè leur toute-puissance.

Ils ne prononcent aucun de ces mots libérateurs que prononcera la Révolution six cents ans plus tard.

Ils laissent le monde matériel, le monde social, en proie à toutes ses plaies, à tous ses hideux abus.

Qu'importe ce bas monde !

N'est-ce pas une vallée de larmes?

Qu'importe cette vie !

N'est-ce pas une expiation?

Le vrai monde, c'est l'autre monde, et la vie ne commence qu'après la mort, par delà la tombe.

L'Église ne sait rien, ne veut rien pour l'amélioration de la société.

L'Église maudit la Liberté, — qui serait la reconnaissance du droit individuel et de la raison humaine, — car l'Église est venue prêcher la soumission, l'abdication, la foi.

Quant à l'Égalité, à la Fraternité, elles n'existent, elles ne peuvent exister que dans le sein de Dieu, qui est tout.

Mériter son pardon, obtenir sa grâce, — voilà le seul but de l'homme ici-bas, sa seule raison d'être.

Mais comment y parvenir?

En obéissant à l'Église qui ouvre les portes du ciel.

L'église n'a donc qu'un devoir à remplir, — assurer sa propre prépondérance, — et, pourvu qu'elle domine, qu'elle amène le triomphe définitif, universel, absolu de la foi, le monde sera sauvé : — elle aura accompli sa mission.

Pour réformer le monde, pour améliorer la société, pour épurer le sens moral de l'humanité, il faudrait que l'Église apportât LA JUSTICE : — elle apporte LA GRACE, — qui est son contraire.

Il n'est donc pas étonnant que partout où l'Église passe et commande, l'humanité se sente diminuée dans sa valeur morale et intellectuelle, et que la société sans principe tutélaire, sans point d'appui, s'écroule au milieu du chaos et de la corruption.

Jésus a prêché sa doctrine en vue de la fin prochaine du monde. — Mais le monde a duré.

Est-il étonnant que ce qui devait consoler une agonie, n'ait pu servir à la vie?

Comme je l'ai écrit ailleurs[1] :

----

1. *Béranger, ses amis, ses ennemis, ses critiques*, t. II, p. 215.

« Le monde en durant, les sociétés en s'organisant, ont fait de cette morale de l'agonie, une morale insuffisante et dangereuse. Ne s'appliquant pas à la vie, mais à la mort, la conception de Jésus a gêné l'expansion de la vie. »

La papauté triomphante ne put et ne sut donc rien faire pour l'humanité.

Armée de son principe : *Hors l'Église point de salut*, elle tenta d'englober l'univers dans l'Église, pensant que, pourvu qu'on ait le salut, le reste importe peu.

Pour y atteindre, elle ne trouva que deux moyens : LES CROISADES ET L'INQUISITION.

Mais l'homme est toujours l'homme, même sous la tiare, l'étole et le cilice. A côté des considérations religieuses, l'Église suivit aussi les incitations de la vulgaire ambition temporelle.

Si j'ai évité d'y insister jusqu'à présent, c'est qu'en dehors de toute considération des faiblesses humaines, je tenais à démontrer l'action des idées chrétiennes dans le monde, et leur conséquence inévitable, alors même que tous les prêtres eussent été des saints, tous les papes d'honnêtes gens, sans passions misérables ou désirs mesquins.

Il n'en fut pas, il n'en pouvait être ainsi.

Écoutons à ce sujet ce que dit des *Croisades* l'historien Llorente.

Il s'agit de la première croisade, en 1095, sous le pape Urbain II :

« Cette guerre et les autres expéditions du même genre qui la suivirent, auraient révolté toute l'Europe par leur injustice, puisque les conquérants n'avaient aucun juste motif de les entreprendre, si déjà les peuples n'avaient été imbus de l'idée absurde que, pour l'exaltation et la gloire du christianisme, il était permis de faire la guerre; qu'elle était même si méritoire, que ceux qui y prendraient part obtiendraient le pardon de tous leurs péchés, et que la palme du martyre était réservée aux chrétiens qui y perdraient la vie; déclaration qui n'aurait pas manqué d'avoir son effet, si les papes eux-mêmes n'avaient eu honte de tenir leur promesse, en voyant cette multitude énorme de crimes monstrueux de toute espèce que les croisés ne cessaient de commettre.

« Mais si les papes n'osèrent canoniser les croisés, ils n'en prodiguèrent pas moins les indulgences à tous ceux qui s'enrôlaient pour la Terre-Sainte, ces entreprises ayant pour résultat de mettre à leur disposition des armées formidables dont ils pouvaient disposer contre les souverains mêmes qui les avaient formées, s'ils refusaient d'exécuter les ordres du Saint-Siége. En excommuniant le monarque rebelle, en le qualifiant d'hérétique, en publiant qu'il refusait de reconnaître la puissance du vicaire de Jésus-Christ, en promettant ses États à qui voudrait entreprendre une guerre contre lui, les souverains pontifes obtenaient tout, sans toucher à leur trésor et sans perdre un homme de leurs États. »

On comprend facilement, du reste, que s'il était permis, méritoire, conforme aux enseignements de l'Église, et par conséquent à l'esprit chrétien, de faire la guerre aux infidèles, d'aller porter chez eux le fer et le feu, la dévastation et le massacre, il était évidemment encore plus méritoire, plus utile, plus nécessaire de poursuivre les hérétiques répandus parmi les fidèles, et dont la contagion était infiniment plus redoutable.

Aussi voyons-nous dans le concile de Latran, tenu en 1179, les Pères déclarer que, « quoique l'Église réprouve, comme le dit saint Léon, l'usage des peines qui font verser le sang des hérétiques, elle ne refuse pas les secours qui lui sont offerts par les princes chrétiens, pour les punir, *parce que la crainte des supplices est quelquefois un remède utile pour l'âme.* »

L'Église, on le voit, réunie en concile infaillible, reste tout à la fois dans la lettre et dans l'esprit de son code divin; — dans la lettre, qui dit : « Ne versez pas le sang ! » — dans l'esprit, qui dit : « Sauvez les âmes, faites de la propagande, l'hérétique n'appartient point à la famille des fidèles, et doit en être retranché; » c'est-à-dire : — « Persécutez. »

Aussi, Alexandre III ne se contente pas d'excommunier les hérétiques, leurs adhérents et leurs défenseurs, « il dégage de leurs engagements ceux qui en auraient contracté avec eux; les exhorte à détruire les hérétiques, et leur accorde l'absolution de leurs péchés. Il veut que les seigneurs réduisent à *la condition d'esclaves* [1] les hérétiques s'ils persistent dans l'hérésie, qu'ils s'emparent de leurs biens. Il promet à ceux qui mourront dans cette guerre [2] la récompense éternelle : il offre des indulgences pour deux ans à ceux qui prendront les armes; les évêques en accorderont de plus amples; enfin les croisés sont considérés comme placés sous la protection de l'Église. »

---

1. Encore une preuve que le christianisme, loin d'abolir l'esclavage, comme on l'a tant répété, l'a toujours admis, consacré.

2. Contre les *catharins* et les *patarins*.

Deux ans plus tard, en 1181, le cardinal Henri, évêque d'Albe, qui avait été abbé de Clairvaux, « fut envoyé en France par Alexandre III, avec la qualité de légat, afin de poursuivre les hérétiques albigeois. Le prélat se mit à la tête d'une armée considérable, s'empara du château de Lavaur, et obligea Roger de Béziers et d'autres seigneurs d'abjurer l'hérésie. Cette expédition ne détruisit pas entièrement le parti, et le pape Luce III assembla en 1184, à Vérone, un concile, auquel l'empereur Frédéric voulut assister. »

On y décréta qu'on livrerait à *la justice séculière* ceux qui seraient déclarés hérétiques par les évêques, et qui ne confesseraient pas leur crime. Le concile recommandait en même temps aux évêques de visiter une ou deux fois par an leurs diocèses, et de s'assurer de tous les lieux où l'on supposait qu'il existait des hérétiques, *d'obliger les habitants les plus connus, et même tous, s'il le fallait, à faire serment de dénoncer quiconque serait soupçonné d'hérésie*, afin que les hérétiques fussent punis suivant la coutume du pays.

« On devait *dénoncer* aussi ceux qui y seraient retombés; *et si les habitants s'y refusaient, les traiter eux-mêmes en hérétiques.* »

Le concile régla aussi que « les comtes, les barons et les autres seigneurs jureraient de prêter main-forte à l'Église pour punir les hérétiques, *sous peine d'être excommuniés et de perdre leurs terres et leurs emplois;* que les villes épiscopales qui ne se conformeraient point à cette mesure, cesseraient d'être la résidence de l'évêque, et que les autres villes seraient privées des priviléges que leur commerce avait obtenus; que les fauteurs de l'hérésie seraient déclarés infâmes, pour toujours dépouillés des emplois publics ; qu'ils ne pourraient être ni témoins ni avocats. »

Il ne manque plus à l'Inquisition que son nom, et l'organisation d'un ordre spécial, chargé de la représenter au lieu et place des évêques, qui jusqu'alors avaient été exclusivement chargés de la poursuite et de la répression de l'hérésie.

Cette question de forme fut tranchée par Innocent III.

CHAPITRE VII.

Innocent III. — Honorius III. — Grégoire IX. — Fondation de l'Inquisition générale ; son établissement en France et en Italie.

Suivant la poétique expression du père Lacordaire, dans son *Histoire de saint Dominique*, « le douzième siècle n'acheva pas sa course, comme il l'avait commencée, et quand, le soir venu, il pencha vers l'horizon, pour se coucher dans l'éternité, l'Église parut s'incliner avec lui, le front chargé d'un pesant avenir. »

En effet, les peuples après s'être livrés, corps et âme, au pouvoir tout-puissant, à la direction exclusive de l'Église, avaient constaté, malgré leur ignorance, que l'Église ne pouvait rien pour leur bonheur.

En proie à un malaise inexprimable, arrivés au dernier degré de la misère et de la souffrance, ils échappaient de toutes parts à l'étreinte du clergé, et s'apprêtaient à chercher, dans une réforme de la discipline religieuse et des dogmes établis, un remède à tant de maux insupportables.

D'après Lacordaire lui-même, dont le témoignage ne saurait être suspect en cette circonstance, « le schisme et l'hérésie, favorisés par *le mauvais état de la discipline ecclésiastique*, et par la *résurrection des sciences païennes*, ébranlaient en Occident l'œuvre du Christ, pendant que la mauvaise issue des Croisades achevait sa ruine en Orient. »

La haine du clergé était arrivée à un tel point, chez certaines populations, dans le midi de la France, par exemple, que « le nom d'ecclésiastique était devenu une injure. »

« Les prêtres en public avaient soin de cacher leur tonsure. »

Les nobles n'alimentaient plus le clergé, tombé dans un complet mépris, et recruté exclusivement parmi les serfs.

Du reste, la simonie, le faste et l'avarice rongeaient l'Église corrompue par ses immenses richesses.

L'Europe présentait le même mouvement des esprits, ressentait le même désir d'échapper au joug de Rome, qu'elle devait présenter, qu'elle devait ressentir, trois siècles plus tard, au moment où éclata enfin la *Renaissance*.

La fin du douzième siècle fut une Renaissance manquée, noyée dans le sang, étouffée dans la fumée des bûchers.

A Innocent III revient la responsabilité de ce crime.

Il avait tout ce qu'il fallait pour appliquer sans pitié

les principes de persécution qu'il avait reçus en héritage de ses prédécesseurs au Saint-Siége, et leur donner le caractère de perfection, de régularité, qui leur manquait encore.

Ce fut contre les Albigeois, dont l'hérésie s'était fortement établie dans le midi de la France, qu'il dirigea ses premiers efforts.

Voyant que cette hérésie résistait à toutes les exhortations, et bravait les bulles apostoliques, mécontent, d'ailleurs, de la manière dont les évêques la combattaient, il prit la résolution d'envoyer sur les lieux des commissaires spéciaux chargés de réparer le mal que les évêques avaient été impuissants à empêcher.

C'était là une grave innovation, en ce sens que les évêques avaient toujours été, de tout temps, chargés seuls de la répression de l'hérésie.

Aussi le Pape n'osa-t-il pas, de prime abord et sans transition, priver l'épiscopat de la connaissance des affaires relatives à la foi, mais il s'arrangea pour rendre son autorité presque nulle, et pour se passer de son intervention.

Il établit donc, en fait, l'Inquisition, sans lui donner encore la forme apparente et l'organisation stable d'un corps permanent et perpétuel, et se contenta de nommer une *commission particulière*, bien persuadé, avec raison, que le temps achèverait et consoliderait cette œuvre nouvelle.

Dans ce but, en 1203, il chargea Pierre de Castelnau et Raoul, moine de Cîteaux, dans la Gaule Narbonnaise, de prêcher contre l'hérésie des Albigeois, — ce qu'ils firent avec quelque succès.

Fort alors de cette première victoire, il résolut enfin de mettre à exécution le projet qu'il avait formé d'introduire dans l'Église catholique des Inquisiteurs indépendants des évêques, et qui auraient la mission de poursuivre les hérétiques, comme délégués du Saint-Siége.

« Le 4 juin de la septième année de son pontificat (29 mai 1204) il nomma, pour légats apostoliques, l'abbé de Cîteaux et les deux moines Pierre et Raoul. Après avoir exposé dans sa bulle d'institution, sous les traits d'une allégorie, les malheurs qu'avait causés la négligence des évêques, et avoir reconnu qu'il existait dans l'ordre de Cîteaux plusieurs religieux instruits et pleins de zèle, il annonçait à l'abbé qu'après en avoir conféré avec les cardinaux, il avait résolu de le charger de travailler à la destruction de l'hérésie; lui ordonnait de ramener à la foi les hérétiques, et de livrer à la puissance séculière, après les avoir excommuniés, ceux qui refuseraient de se soumettre; de saisir leurs biens et de proscrire leurs personnes. Les commissaires devaient engager, au nom du Pape, Philippe II, roi de France, et son fils aîné, Louis, les comtes, les vicomtes et les barons du royaume, à poursuivre les hérétiques, et leur donner pour récompense de leur zèle des indulgences plénières. Afin de mettre les trois moines en état de remplir avec succès la mission dont il les chargeait, le pape les investissait de tous les pouvoirs nécessaires dans les provinces ecclésiastiques d'Aix, Arles, Narbonne, et dans les autres évêchés où il se trouvait des hérétiques. Il leur recommandait seulement de procéder au moins deux ensemble, quand il leur serait impossible de le faire en commun. »

Le roi de France reçut cette invitation avec une grande

froideur, et s'abstint de prendre part à cette croisade, tandis que, de leur côté, les comtes de Toulouse, de Foix, de Béziers, de Carcassonne et de Comminges refusaient de chasser de leur États une masse aussi considérable de sujets tranquilles et soumis, dont la proscription eût été une véritable ruine pour tous ces pays.

D'autre part, les évêques, jaloux de voir leur influence diminuée, suscitaient le plus d'entraves possibles à ces nouveaux concurrents qui avaient la prétention de les déposséder de leur principale prérogative : — le maintien de la foi.

Mais des moines fanatiques, agissant dans l'intérêt même du ciel, ne se découragent pas facilement.

L'abbé de Cîteaux et Pierre et Raoul s'adjoignirent douze autres moines, puis deux Espagnols, qui devinrent plus tard célèbres, l'évêque d'Osma et saint Dominique de Gusman, fondateur de l'ordre des dominicains.

Sur ces entrefaites, le légat du Pape, Pierre de Castelnau ayant été assassiné, le Pape organisa une seconde croisade contre les hérétiques, et particulièrement contre Raymond VI, comte de Toulouse, protecteur résolu des Albigeois.

C'est durant cette guerre, dont la férocité épouvanta le monde, que naquit définitivement l'Inquisition, à laquelle préludait Innocent III, depuis quelques années, par l'envoi de ses *missionnaires*.

En effet, à ce moment, ces missionnaires auxquels s'étaient adjoints saint Dominique et quelques autres prêtres, reçurent du nouveau légat, Arnault, non-seule-mement l'autorisation de prêcher la croisade, mais encore de *noter ceux qui se refuseraient à exterminer les héré-*

tiques ; de s'informer de la croyance des particuliers ; de réconcilier les hérétiques qui se convertiraient, et de faire mettre les obstinés entre les mains de Simon de Montfort, qui commandait l'armée, — c'est-à-dire de les envoyer à la mort, par les tourments les plus horribles.

Ainsi, c'est en France, l'an 1208, sous le règne de Philippe II, et sous le Pontificat d'Innocent III, que l'Inquisition fut constituée dans ses éléments essentiels.

La supériorité de cette nouvelle organisation se fit bien vite sentir ; le nombre des victimes centupla immédiatement, et c'est par *plusieurs millions* qu'il faut compter les malheureux Albigeois qui périrent dans les flammes des bûchers, ou au milieu des supplices les plus effroyables.

Les historiens du temps en furent eux-mêmes épouvantés.

Comme on le voit, cette fameuse Inquisition, sur laquelle se sont concentrées à tort les malédictions de l'humanité entière, ne fut point l'intronisation d'un principe nouveau, je le répète, mais bien, tout simplement, la *substitution d'un corps spécial* à la juridiction antique des évêques.

Les Inquisiteurs n'ayant pas d'autre devoir, ni d'autre occupation que de poursuivre les hérétiques et d'espionner incessamment l'état des consciences, s'acquittèrent de cette besogne avec plus de zèle et plus d'efficacité que les évêques, absorbés par d'autres devoirs multiples.

Ils purent perfectionner, comme je l'ai dit, l'*outillage* de la persécution, établir des règles fixes, une procédure, une jurisprudence.

Mais s'ils augmentèrent, dans une proportion prodigieuse, le nombre des victimes, et si, à ce point de vue, il convient de les exécrer particulièrement, — c'est contre le *principe* lui-même que nous devons protester, c'est à ce principe qu'il faut faire remonter la juste responsabilité de ces flots de sang versés, de ces peuples détruits, de la marche de l'esprit humain suspendue, entravée pendant près de quinze siècles.

Il est donc absurde et historiquement faux de prétendre, comme le prétendent presque tous les historiens, que l'Inquisition fut une institution anti-chrétienne.

Quoi! une institution fondée, préconisée, approuvée de tout temps par les Papes, les conciles, l'Église entière, serait anti-chrétienne!

Quoi! lorsque, les faits en mains, nous venons de démontrer que le Christianisme fut persécuteur, dès le premier jour, et que l'intolérance est le fonds même et l'essence de son esprit, on viendra nous soutenir que la persécution et l'Inquisition sont contraires à la doctrine chrétienne!

Quoi! l'Église chargée d'enseigner la parole du Christ, n'aura pas varié une fois, depuis saint Pierre jusqu'à Pie IX, dans sa conduite envers l'hérétique, et on prétendra que cette conduite est en désaccord avec la religion prêchée par Jésus!

Quoi! une religion de mansuétude, de charité, de miséricorde, de tolérance, n'aurait produit, pendant dix-huit siècles, que des Papes, des conciles, des Évêques, des moines persécuteurs! — aurait enfanté l'Inquisition, couvert le monde de cachots, de bourreaux, de victimes et de bûchers!

Où est donc votre prétendu christianisme, où se cache-t-il, — si c'est en vain qu'on le cherche dans l'histoire, dans l'Église, chez les chrétiens ?

Vous plaisantez.

L'Inquisition, c'est le fruit de la persécution arrivé à maturité.

La persécution est fille de l'intolérance, et l'intolérance sort des entrailles mêmes du Christianisme.

Écoutez donc encore une fois comment un pape infaillible, dans un concile infaillible, entendait le Christianisme :

« En 1215, Innocent III célébra le dixième concile général qui fut le quatrième de Latran, et il y fit décréter, à l'égard des hérétiques du Languedoc : 1° que ceux qui auraient été condamnés par les évêques comme hérétiques impénitents, seraient livrés à la justice séculaire pour subir le châtiment qu'ils mériteraient après avoir été dégradés du sacerdoce, s'ils étaient prêtres ; 2° que les biens des laïques condamnés seraient confisqués, et ceux des prêtres appliqués à l'usage de leurs églises ; 3° que les habitants suspects d'hérésie seraient sommés de se purger par la voie canonique ; que ceux qui ne voudraient pas se soumettre, seraient frappés d'excommunication, et que s'ils restaient plus d'un an sous l'anathème, sans avoir recours au pardon de l'Église, ils seraient traités comme hérétiques ; 4° que les seigneurs seraient avertis et même contraints, par la voie des censures ecclésiastiques, de s'engager par serment à chasser de leurs domaines tous les habitants notés comme hérétiques ; 5° que tous les seigneurs convaincus de négligence seraient excommuniés ; et que si, au bout d'un an, ils n'avaient pas satisfait au devoir qui leur était imposé, il en serait donné avis au pape, afin que Sa Sainteté pût déclarer leurs sujets déliés du serment de fidélité, et offrir leurs terres aux catholiques qui voudraient s'en emparer; 6° que les catholiques qui se croiseraient pour exterminer les hérétiques, auraient part aux indulgences accordées à ceux qui faisaient le voyage de la Terre-Sainte; 7° que l'excommunication décrétée par le concile regardait non-seulement les hérétiques, mais encore *tous ceux qui les auraient favorisés ou accueillis dans leurs maisons*; qu'ils seraient déclarés infâmes si, au bout d'un an, ils n'avaient pas satisfait à leurs devoirs, et, comme tels, exclus de tous les emplois publics, privés du droit d'élire leurs magistra's, déclarés inhabiles à déposer devant les tribunaux, à faire des dispositions testamentaires, à recueillir aucune succession, à assigner personne en justice; les prêtres seraient condamnés à la dégradation et à la perte de leurs bénéfices; tous ceux qui communiqueraient avec ces excommuniés, lorsqu'ils auraient été notés comme tels par l'Église, seraient sous l'anathème; ils ne pourraient participer aux sacrements de l'Église, même à l'article de la mort, etc., etc.; 8° que personne ne pourrait prêcher sans être autorisé du pape; 9° que tous les ans chaque évêque visiterait lui-même, ou ferait visiter par un homme habile, son diocèse s'il croyait qu'il y eût des hérétiques, qu'*après avoir appelé trois habitants des plus estimés il les obligerait à lui découvrir les hérétiques du canton, les personnes qui se réunissaient en sociétés secrètes*, qu'il se ferait amener tous ceux qui lui seraient dénoncés, et les punirait canoniquement s'ils ne prouvaient leur innocence, ou s'ils retombaient dans l'hérésie ; si quelqu'un refusait d'obéir à l'évêque, il devait être déclaré hérétique ; et enfin les évêques convaincus de négligence seraient traités comme coupables et déposés de leurs siéges. »

Ce fut à cette époque également que saint Dominique obtint du pape la faveur de fonder ce fameux ordre des Dominicains qui fournit la plupart de ses juges au Saint-Office de l'Inquisition, et bientôt après cette *Milice du Christ*, dont les membres devinrent si redoutables, en remplissant les fonctions de *familiers* de l'Inquisition.

Le successeur d'Innocent, Honorius III, s'appliqua également à propager cet ordre précieux, et, en peu de temps, on le vit s'établir dans tous les États de la chrétienté, notamment en Italie, car il faut noter que l'Espagne ne reçut l'Inquisition que plusieurs années après, vers 1232, quoique les Dominicains s'y fussent installés antérieurement à cette date.

En 1224, elle fonctionnait déjà à Rome, où l'hérésie avait pénétré, et l'empereur Frédéric II, sur les insistances du pape, proclamait à Padoue une constitution, dont les articles diffèrent peu de ceux décrétés par le quatrième concile de Latran, sous la présidence d'Innocent III.

J'y releverai seulement cet article que :

« Le crime de lèse-majesté divine étant plus grand que celui de lèse-majesté humaine, et Dieu punissant les crimes des pères sur les enfants, pour leur apprendre à ne pas les imiter, les enfants des hérétiques, jusqu'à la seconde génération, seront déclarés incapables de remplir aucun emploi public, et de jouir d'aucun honneur, EXCEPTÉ LES ENFANTS QUI DÉNONCERAIENT LEUR PÈRE. »

Il n'y a rien de plus conforme à la lettre et à l'esprit de l'*Ancien* et du *Nouveau Testament.*

Le pape et l'empereur se montrent même ici plus indulgents que la justice divine, car Dieu a puni l'humanité entière jusqu'à la fin du monde, pour la faute du premier homme.

Cependant, l'Inquisition fondée en principe, et fonctionnant déjà avec un si heureux succès, n'avait pas encore acquis la forme d'un tribunal permanent, lorsque Grégoire IX parvint au trône pontifical.

Ce fut lui qui le premier lui donna ce caractère définitif.

Il conserva aux moines Dominicains les fonctions d'Inquisiteurs, et leur adjoignit les Franciscains.

Pendant ce temps de nouveaux conciles assemblés à Toulouse, à Melun, à Béziers, s'occupaient d'armer les juges de toutes les lois dont ils pouvaient avoir besoin, et de leur fournir tous les moyens d'accomplir efficacement leur saint ministère.

D'autres mesures de rigueur s'ajoutaient à toutes celles que j'ai déjà citées.

Ces mesures portaient en substance :

« Que tous les habitants, — depuis l'âge de quatorze ans, pour les hommes, et celui de douze pour les femmes, — promettraient avec serment de poursuivre les hérétiques; et que, s'ils s'y refusaient, ils seraient traités eux-mêmes comme suspects d'hérésie;

« Que ceux qui ne se présenteraient pas régulièrement trois fois par an au tribunal de la pénitence, seraient également traités comme suspects d'hérésie;

« Que toutes les maisons qui auraient servi d'asile aux hérétiques seraient rasées;

« Que toutes les propriétés des hérétiques et de leurs complices seraient saisies, sans que leurs enfants pussent avoir le droit d'en réclamer la moindre partie;

« Que les hérétiques, convertis volontairement, ne pourraient continuer d'habiter le même pays ;

« Qu'ils seraient tenus de porter sur leurs habits deux croix jaunes, une sur la poitrine, l'autre sur le dos, afin qu'on pût toujours les distinguer des autres catholiques;

« Enfin qu'aucun laïque ne pourrait lire l'Écriture sainte, en langue vulgaire. »

Ces monstrueux décrets, renouvelés de concile en concile, aggravés d'année en année, depuis l'établissement du Christianisme, ne furent donc point l'œuvre d'un mouvement de colère, ou de la barbarie des mœurs.

C'est l'œuvre raisonnée, persévérante, chaque jour perfectionnée, de l'Église entière.

Ces décrets infaillibles existent encore, et ont force de loi aux yeux du catholique, car aucun concile, aucun pape ne les a depuis ni rapportés, ni blâmés, ni modifiés.

C'est une doctrine constante, absolue[1].

Soutenir le contraire serait impossible.

Toutes ces dispositions, exécutées sous la protection de saint Louis, canonisé par l'Église comme un modèle des rois chrétiens, et de l'empereur Frédéric II, achevèrent de donner à l'Inquisition sa forme et son caractère particuliers.

---

1. Il y a deux ans, Pie IX béatifiait Pierre d'Arbues, inquisiteur, qui a fait périr dans les tortures les plus horribles de 10 à 12 000 hérétiques.

Elle pouvait désormais agir en toute sécurité et de la façon la plus efficace.

Établie en France, en Italie, il lui restait à pénétrer en Espagne, et Grégoire IX ne tarda pas à l'y introduire.

CHAPITRE VIII.

Établissement de l'Inquisition ancienne en Espagne, sous le pontificat de Grégoire IX.

En 1231, l'Espagne était divisée en quatre États *chrétiens*, — *Castille*, *Aragon*, *Navarre* et *Portugal*, et en trois royaumes *musulmans*, — *Séville*, *Cordoue* et *Jaen*.

La Castille absorba bientôt ces trois derniers États, tandis que l'Aragon comprenait Valence et Mayorque.

C'est à cette époque, 1232, que le pape ayant adressé un bref à l'archevêque de Taragone, pour lui signaler la présence d'un certain nombre d'hérétiques dans divers diocèses espagnols, — c'est à cette époque seulement que l'Inquisition commença à se constituer régulièrement, et à fonctionner au delà des Pyrénées.

Dans les chapitres suivants, nous nous occuperons exclusivement de l'Inquisition d'Espagne.

En effet, comme je l'ai déjà dit, mon intention n'est pas d'écrire l'histoire de la persécution religieuse dans le monde : — ce sujet trop vaste demanderait des développements considérables.

Ce que je veux, c'est montrer l'esprit persécuteur du Christianisme, et, par quelques exemples frappants, indiscutables, faire connaître les conséquences de cet esprit, ainsi que l'idéal du gouvernement des consciences rêvé par l'Église.

Après avoir tenté de réaliser cet idéal partout où elle a pénétré, l'Église n'y est guère parvenue, en dehors de Rome, qu'en Espagne.

Là, elle a régné, commandé, agi, avec tout pouvoir pendant des siècles.

Ce qu'elle y a fait, ce qu'elle y a produit, suffira donc à nous permettre de conclure en toute connaissance de cause.

Du reste, quand il en sera besoin, nous ferons une rapide excursion hors d'Espagne, en France, pour démontrer par quelques faits que la persécution, du moment où le clergé exerça une influence prépondérante, revêtit le même caractère, en tous pays, dans tous les siècles.

L'Espagne qui devait subir ce joug jusqu'en 1820, s'y montra d'abord profondément hostile.

Dès que l'Inquisition se révéla, les peuples se révoltèrent, et tout ce qu'il y avait d'honnêtes gens et d'hommes énergiques protesta, puis résista avec violence.

C'est à Lérida que fut établi le premier tribunal de l'Inquisition, puis dans le diocèse d'Urgel.

Aussitôt commença la lutte.

Le moine dominicain, Pierre de Planedis, est assassiné, comme l'abbé de Citeaux l'avait été par les Albigeois.

Plus d'une fois, dans la suite, les Espagnols exaspérés lapidèrent des Inquisiteurs ou allèrent les poignarder jusqu'aux pieds même des autels.

Dès que l'Inquisition fut fixée en Catalogne et en Aragon, un concile provincial, réuni à cet effet, détermina la manière de procéder contre les hérétiques, et les pénitences canoniques que les *réconciliés* auraient à subir.

En résumé, le concile décréta que les *impénitents* seraient livrés à la justice séculière pour subir le dernier supplice; — et que les *réconciliés* devraient, *pendant dix ans*, se tenir, chaque dimanche de carême, à la porte de l'église, avec le costume de pénitent, sur lequel étaient attachées deux croix d'une couleur différente de l'habit.

C'est à cette même époque que le pape Innocent IV, désireux d'encourager une institution si conforme aux traditions constantes du Christianisme, et appréciant, comme il méritait, le zèle des Dominicains, chargea d'une façon toute spéciale les moines de cet ordre de la recherche de l'hérésie.

Il augmentait en même temps leurs droits et leurs attributions, leur permettant de priver des honneurs, emplois et dignités, *non-seulement les hérétiques, mais encore leurs fauteurs, leurs complices et leurs recéleurs.*

« Il leur accordait[1] le pouvoir d'interpréter les règlements et les droits des villes, de manière à les considérer *comme nuls* dans tous les cas où ils pourraient nuire *aux intérêts de l'Inquisition;* de priver de leurs emplois,

____

1. 2 juin 1253.

de leurs honneurs et de leurs dignités, *ceux qu'ils juge-raient dignes de cette peine,* et de poursuivre les procès *sans communiquer aux accusés les noms des témoins.* »

Forts de pareils encouragements, de pareilles autorisations, qui devaient être des lois sacrées aux yeux des fidèles, les Inquisiteurs purent se livrer à tous les caprices du fanatisme le plus sanguinaire. Ils profitèrent de ce qu'on remettait sans contrôle entre leurs mains, *la fortune, l'honneur et la vie de tous les citoyens,* pour se livrer, sous le couvert de la religion, à tous les actes de brigandage, que l'esprit de vengeance, l'ambition ou l'avarice devaient inspirer à des moines armés du pouvoir le plus absolu dont les hommes aient jamais pu abuser, depuis qu'il y a des hommes.

Non contents d'asservir et de persécuter les vivants, ils s'en prirent aux morts, et la tombe elle-même cessa d'être un asile inviolable.

On les vit *instrumenter* contre ceux dont les vers avaient fait leur pâture depuis longtemps, ordonner l'exhumation de leurs os, envoyer leurs restes au bûcher, noter d'infamie leur mémoire.

Les tombeaux d'Arnaud, comte de Forcalquier et d'Urgel, d'Ermesinde, sa fille, et de plusieurs autres seigneurs illustres furent violés [1].

On comprend que de pareils attentats ne pouvaient manquer de soulever l'indignation publique, et un Inquisiteur, Pierre de Cadirete, dominicain, fut lapidé par le peuple en fureur.

Aujourd'hui, on l'adore, comme martyr, à Urgel.

---

1. Le jugement est du 2 novembre 1269.

Cependant ces vengeances, ces représailles populaires n'intimidaient pas l'Inquisition.

L'autorité sans bornes et les avantages matériels que les membres du Saint-Office trouvaient dans leurs sanglantes fonctions, étaient plus que suffisants pour compenser aux yeux de moines ambitieux les dangers qu'ils devaient braver.

Jusqu'au commencement du quatorzième siècle il n'y avait eu qu'un seul provincial des Dominicains ayant le droit de nommer les moines aux fonctions d'Inquisiteurs.

En 1301, le Chapitre général de l'ordre des Dominicains décréta qu'il y aurait deux provinces : la première, appelée province d'Espagne, comprenait la Castille et le Portugal; la seconde, appelée province d'Aragon, était composée du royaume de Valence, de la Catalogne, du Roussillon, de la Cerdagne et des Iles Baléares.

Il y eut dès lors deux provinciaux Inquisiteurs généraux qui envoyaient des Inquisiteurs particuliers partout où ils le jugeaient nécessaire.

De 1301 à 1356, l'Inquisition poursuivit tour à tour les *Templiers* (1308), après s'être emparée de leurs biens, les hérétiques, et ceux que l'on *suspectait* d'hérésie, et célébra de nombreux *auto-da-fé*.

Dans l'un d'eux, deux *dogmatiseurs*, Pierre Durand et Bonato, furent brûlés en présence du roi Jacques et de ses deux enfants.

C'est pendant la même période que l'Inquisiteur d'Aragon, Roselli, découvrit à Valence une secte, dont les membres furent connus plus tard sous le nom de *Béguards*.

Leur chef, Jacques le Juste, alla expier son hérésie dans une prison perpétuelle.

Quant à l'Inquisiteur Roselli, le zèle infatigable avec lequel il envoyait des victimes au bûcher le signala à la bienveillance particulière du pape Innocent VI, qui le récompensa par la dignité de cardinal.

Nicolas Eymerick lui succéda et se *distingua* encore davantage. — C'est à lui qu'on doit la rédaction du *Guide des Inquisiteurs*.

Sous son impulsion les auto-da-fé s'allumèrent régulièrement dans toute la Catalogne et l'Aragon.

On cite particulièrement celui de Valence, en 1360, — justement célèbre par le nombre des victimes qui y figurèrent.

A la mort de Grégoire XI, en 1378, commença le grand schisme d'Occident, qui dura jusqu'en 1429, période pendant laquelle l'Europe eut le spectacle de deux papes s'excommuniant et s'anathématisant mutuellement.

L'Inquisition, naturellement, se divisa aussi en deux camps, et chacun des papes élus nomma de son côté des Inquisiteurs.

Cette division, du reste, ne causa aucun soulagement aux Espagnols, car les Inquisiteurs de chaque parti rivalisaient de zèle entre eux, et poussèrent ce zèle si loin que l'Inquisition finit presque par *manquer de victimes*, vers le milieu du quinzième siècle.

Quand on se rappelle de quel pouvoir jouissaient les Inquisiteurs, quand on se rappelle qu'il suffisait d'être *soupçonné* pour être *condamné*, et que rien au monde ne pouvait mettre à l'abri du soupçon, on frémit en songeant que les *victimes furent sur le point de manquer!*

Heureusement, on para à ce malheur.

On établit de nouvelles Inquisitions dans les provinces où il n'en existait pas, et Isabelle, femme de Ferdinand VII, roi d'Aragon, ayant hérité de la Castille, l'Inquisition put enfin enserrer dans un seul réseau, et prendre d'un seul coup de filet, l'Espagne unifiée.

On profita de l'occasion pour édicter de nouveaux statuts, et réformer les anciens règlements de l'Inquisition, en leur donnant une plus grande sévérité, et plus d'élasticité, — de telle sorte que le Saint-Office ne risqua plus de *manquer de victimes*.

Cette Inquisition agrandie, perfectionnée, étendue à la péninsule tout entière, prit le nom d'INQUISITION MODERNE.

Elle commença à fonctionner en 1481, et se continua jusqu'en 1820, après avoir été abolie, pour quelques années, par les Français, au moment où ils pénétrèrent en Espagne, sous Napoléon.

Tels sont en résumé les progrès de l'Inquisition pendant les quatorzième et quinzième siècles.

On voit qu'elle ne cessa de s'accroître, de se développer, et que sa conduite envers les hérétiques, approuvée unanimement par tous les papes, ne différera pas sensiblement de la conduite tenue auparavant par les évêques.

Chaque jour lui apportait de nouvelles prérogatives, sans doute, augmentait ses moyens d'action, et par conséquent le nombre de ses victimes, mais il n'y avait pas, pour cela, innovation à proprement parler. Seulement le temps et l'expérience apprenaient aux persécuteurs à employer des moyens plus efficaces, à perfectionner la machine, à graisser ses rouages, pour qu'elle fonctionnât avec plus de certitude et de rapidité.

Pas un pape, je le répète, n'avait hésité sur son droit et son devoir, pas un concile n'avait recommandé la modération ou blâmé les supplices, pas un évêque orthodoxe n'avait élevé la voix en faveur des martyrs de la liberté de penser.

L'Église, tout entière, unanimement, ne cessait, au contraire, d'exciter le zèle des persécuteurs, et de chercher de nouveaux procédés de persécution.

Avant d'aller plus loin, nous allons exposer :

1° De quels crimes l'*Inquisition ancienne* prenait connaissance;

2° De quelle façon procédaient les tribunaux de l'Inquisition à la même époque;

3° Quelles étaient les peines et les pénitences imposées jusqu'en 1481.

CHAPITRE IX.

Des droits et de la conduite de l'Inquisition ancienne envers les hérétiques.

1er. Des crimes dont elle prenait connaissance [1].

Quoique les papes ne se fussent proposé, en établis-

1. J'emprunte tous les détails qui vont suivre à Llorente, qui a pu compulser les archives de l'Inquisition, et prendre connaissance de toutes les pièces originales.

sant l'Inquisition, que de faire rechercher et punir le crime d'hérésie (dont l'apostasie était regardée comme un cas particulier), il fut cependant recommandé aux Inquisiteurs, dès l'origine, de poursuivre avec soin les chrétiens qui en étaient simplement *soupçonnés*, parce que ce moyen était le seul qui pût conduire à la découverte des véritables hérétiques.

1° Les crimes qui n'avaient aucun rapport avec la croyance ne pouvaient rendre leurs auteurs suspects d'hérésie, et la connaissance en appartenait de droit aux juges ordinaires. Cependant il y en avait plusieurs dont les papes crurent qu'on ne pouvait se rendre coupable sans être imbu d'une mauvaise doctrine; ainsi les blasphèmes contre Dieu et ses saints. Ils annonçaient, dans ceux qui s'en rendaient coupables, des principes erronés sur la toute-puissance de Dieu, ou sur quelque autre attribut de la Divinité, et, par conséquent, donnaient lieu au soupçon d'hérésie.

2° Il en était de même pour le sortilége et la divination, et pour les personnes qui s'adressaient aux démons dans leurs pratiques superstitieuses.

3° La troisième espèce de délit qui faisait soupçonner qu'on était hérétique, était l'invocation des démons.

4° Rester un an, ou plus longtemps, excommunié,

sans solliciter l'absolution ni satisfaire à la pénitence qui avait été imposée, donnait également naissance au soupçon d'hérésie.

5° Le schisme était le cinquième cas où l'on était suspect d'hérésie.

6° L'Inquisition devait aussi procéder contre les recéleurs, fauteurs et adhérents des hérétiques, comme offensant l'Église catholique et fomentant les hérésies, — ce qui les rendait suspects de professer des opinions condamnées et contraires au dogme.

7° La septième classe de suspects était composée de ceux qui s'opposaient à l'Inquisition, ou qui empêchaient les Inquisiteurs d'exercer leur ministère. La connaissance de ce dernier délit fut attribuée par les papes au tribunal de l'Inquisition, parce qu'ils supposèrent que l'on ne pouvait être bon catholique si l'on mettait obstacle à la découverte de la vérité.

8° La huitième classe comprenait les seigneurs qui, après avoir été sommés par les officiers de l'Inquisition de promettre avec serment de chasser les hérétiques de leurs domaines, refuseraient de le faire, parce que cette résistance les rendait suspects, et, jusqu'à un certain point, fauteurs d'hérésie.

9° La neuvième classe des habitants suspects comprenait ceux qui ne consentiraient point à *révoquer les statuts et les règlements en vigueur dans les villes, lorsqu'ils seraient contraires aux mesures ordonnées par les Inquisiteurs.* Les citoyens alors devaient être considérés comme mettant obstacle à l'action du Saint-Office, et, comme tels, suspects d'hérésie.

10° Le dixième cas où le même soupçon pouvait être invoqué se présentait lorsque les *avocats,* les *notaires* et les autres *gens de loi, favorisaient la cause des hérétiques, en les aidant de leurs conseils et par d'autres moyens* à échapper aux mains des Inquisiteurs, et lorsqu'ils cachaient des papiers, des procès ou des écritures propres à faire connaître leurs erreurs, le lieu de leur domicile et leur état, ou à servir de quelque autre manière à la découverte des hérésies; — conduite qu'ils ne pouvaient se permettre sans mériter d'être placés parmi les *fauteurs* et les *défenseurs* des hérétiques.

11° Dans la onzième classe des suspects se trouvaient les personnes qui avaient donné la sépulture ecclésiastique aux hérétiques reconnus publiquement pour tels, d'après leur propre aveu, ou en vertu d'une sentence définitive.

12° Ceux-là étaient aussi suspects d'errer dans la foi, qui, dans les procès pour cause de doctrine, *refusaient de jurer sur quelque point, lorsqu'ils en étaient re-*

quis; cette résistance les faisait regarder comme coupables d'opposition au régime du Saint-Office.

***

13° Il faut ranger dans la treizième classe des suspects, *les morts qui avaient été dénoncés comme hérétiques;* cette disposition ne pouvait être fondée que sur *plusieurs décrétales des papes, qui,* pour rendre l'hérésie plus odieuse, *avaient ordonné qu'il fût informé contre les morts qui avaient été diffamés, et qu'on exhumât leurs cadavres pour les faire brûler par la main du bourreau; leurs biens devaient aussi être confisqués et leur mémoire vouée à l'infamie.*

***

14° Le même soupçon tombait sur les écrits qui renfermaient une doctrine hérétique, ou qui pouvait y conduire, ainsi que sur leurs auteurs.

***

15° On traitait aussi comme suspects du crime d'hérésie *tous ceux qui, n'étant pas compris dans les classes précédentes, avaient cependant mérité la même qualification, soit par leurs actions, soit par leurs discours et par leurs écrits.*

***

16° Enfin les Juifs et les Maures étaient aussi considérés comme relevant du Saint-Office, lorsqu'ils engageaient, par leurs paroles ou par leurs écrits, les catholiques à embrasser leur secte.

***

Quoiqu'une règle générale soumît à la juridiction des Inquisiteurs les personnes coupables des crimes qui précèdent, il y avait cependant des circonstances où elles en étaient indépendantes : ainsi, le Pape, ses légats, ses nonces, ses officiers et ses familiers en étaient exempts, de manière que, quoiqu'ils fussent dénoncés comme hérétiques formels, l'Inquisiteur n'avait que le droit de recevoir l'instruction secrète, et de l'adresser au pape : la même exemption avait lieu pour les évêques; *mais les rois n'y avaient aucun droit.*

———

L'Inquisiteur et l'évêque agissaient d'un commun accord; cependant chacun d'eux avait droit de poursuivre seul les accusés; les mandats d'emprisonnement ne pouvaient être décernés que par tous les deux en même temps; il en était de même de la torture et de la sentence définitive, pour lesquelles le concours de l'un et de l'autre était indispensable; lorsqu'ils n'étaient pas d'accord, ils en référaient au pape.

———

Les Inquisiteurs pouvaient requérir l'assistance de la justice séculière pour l'exercice de leur autorité, et *on ne pouvait la leur refuser sans encourir la peine de l'excommunication.*

———

L'évêque était obligé de prêter sa prison pour y enfermer ceux qui devaient être mis en jugement; ce qui n'empêchait pas les Inquisiteurs d'avoir une prison particulière pour s'assurer de la personne des accusés.

Si un procès offrait des doutes et des difficultés sur l'application des canons, des décrétales, des bulles, des brefs apostoliques et des lois civiles, l'Inquisiteur pouvait convoquer une assemblée de jurisconsultes pour prendre leur avis. Lorsque cette mesure avait lieu, il leur communiquait les pièces du procès, tantôt sous forme de copie *où l'on avait omis les noms de l'accusé, du dénonciateur et des témoins, ainsi que les circonstances qui auraient pu les faire connaître;* tantôt avec les documents originaux, après leur avoir fait promettre avec serment de garder le secret.

Les premiers Inquisiteurs ne recevaient aucun salaire fixe, mais bientôt il fut pourvu aux frais de l'Inquisition, soit par la vente, soit avec les revenus *des biens confisqués aux condamnés.* On y employa aussi le produit des amendes qu'on imposait dans certains cas où la confiscation n'était pas décrétée. Ces ressources étaient l'unique fond sur lequel l'Inquisition pût établir ses dépenses, et elle n'eut jamais de dotation fixe, ni de somme assurée pour cet objet, comme Eymerick et son commentateur Peyna en conviennent[1].

§ 2. Manière de procéder dans les tribunaux de l'Inquisition ancienne[2].

Lorsqu'un prêtre était nommé Inquisiteur par le Pape, ou par quelque délégué du Saint-Siége, il l'écrivait au

---

1. Tous ces détails sont extraits du *Guide de l'Inquisiteur*, par Nicolas Eymerick, grand Inquisiteur.

2. Ces règles furent établies définitivement dans le *concile tenu à Tarragone*, en 1242.

roi ; le prince expédiait une ordonnance royale auxiliaire, qui enjoignait à tous les tribunaux des villes par où l'Inquisiteur devait passer pour y exercer son ministère, de lui fournir tous les secours dont il aurait besoin, sous les peines les plus sévères ; *de faire arrêter toutes les personnes qu'il désignerait comme hérétiques et suspectes d'hérésie ; de les envoyer dans les lieux qu'il aurait indiqués, et de leur faire subir les peines qu'il aurait prononcées.*

La même ordonnance obligeait les tribunaux ou les magistrats de fournir un logement à l'Inquisiteur, et de lui procurer les commodités nécessaires pour son voyage.

Le commandant de la ville se présentait chez l'envoyé de l'Inquisition, et *prêtait serment, entre ses mains, de faire exécuter toutes les lois contre les hérétiques, mais surtout de fournir les moyens nécessaires pour les découvrir et les arrêter.* Si cet officier du prince, ou le magistrat, refusait d'obéir, l'Inquisiteur avait recours à l'excommunication, et le déclarait suspendu de l'exercice de ses fonctions, jusqu'à ce que l'anathème eût été levé.

L'Inquisiteur indiquait un jour de fête pour se rendre avec le peuple dans l'église où il devait prêcher, et annoncer aux habitants *l'obligation qui leur était imposée de dénoncer les hérétiques*, et lire ensuite un édit par lequel il était ordonné, *sous peine d'être excommunié*, de faire, dans un délai prescrit, *les dénonciations commandées*. Ensuite il déclarait que les personnes coupables d'hérésie qui se présenteraient d'elles-mêmes, pour s'accuser avant leur mise en jugement et l'expiration du terme de grâce, obtiendraient l'absolution, et n'auraient à subir qu'une légère pénitence canonique ; mais que si elles attendaient qu'on les eût dénoncées, après un délai (qui était ordinairement d'un mois) elles seraient poursuivies suivant toute la rigueur de la justice.

Si, pendant l'intervalle, des dénonciations avaient lieu, elles étaient enregistrées, mais on suspendait les poursuites jusqu'à ce que l'on eût vu si les *dénoncés* se présentaient de leur propre volonté.

Après le délai accordé, le *dénonciateur* était mandé pour désigner des témoins, ou fournir les preuves à l'appui de son dire.

Ces préliminaires remplis, on décernait la prise de corps contre l'accusé, qui *ignorait absolument* qu'il eût été question de lui jusqu'à cet instant.

Il n'y avait pour lui ni privilége, ni asile, quel que fût son rang. — Une fois dans les mains de l'Inquisition, *il ne pouvait plus communiquer avec personne.*

Malheur à celui qui lui eût témoigné de la pitié, de la sympathie ! — Il devenait *suspect.*

On plongeait l'accusé dans un horrible cachot.

Pendant ce temps, les officiers de l'Inquisition se transportaient à son domicile, dressaient l'inventaire de tout ce qu'il possédait, et *procédaient à la saisie de ses biens quelconques.*

Les *créanciers perdaient leur créance*, sa femme, ses enfants tombaient dans l'abandon, le mépris public, et la misère la plus affreuse.

On vit souvent des femmes honnêtes, des filles du meilleur monde, réduites à se prostituer pour vivre.

Après qu'il avait passé plusieurs mois dans les cachots, les Inquisiteurs faisaient insinuer à l'accusé qu'il eût *à demander audience*, car c'était une maxime constante de ce tribunal d'exiger que l'accusé fût toujours demandeur.

Arrivé devant ses juges, il était questionné, *comme si on ne le connaissait pas, sans lui dire de quoi il était accusé, et on lui tendait tous les pièges imaginables pour l'amener à avouer son hérésie.*

Souvent des prisonniers s'accusèrent de délits qu'ils n'avaient point commis, pour échapper aux tortures de la question, et de la prison indéfiniment prolongée.

Des années se passaient avant qu'on lui remît une copie de son procès, et quelle copie! on le verra plus loin.

On lui donnait alors un avocat, *mais l'accusé ne pouvait voir son avocat qu'en présence des Inquisiteurs, et l'avocat ne pouvait lui parler que pour le presser d'avouer son crime* [1].

Devant le tribunal, *les témoins n'étaient pas obligés de prouver leurs dépositions, et ils n'étaient jamais confrontés ensemble.*

Les témoignages des êtres les plus misérables étaient admis, et suffisaient pour envoyer tout accusé au bûcher.

Deux témoins qui déclaraient AVOIR ENTENDU DIRE telle ou telle chose, *équivalaient à un témoin qui avait vu ou entendu par lui-même.*

Cela suffisait, on donnait la question à l'accusé.

On ne repoussait le témoignage, ni des *délateurs eux-mêmes,* ni du *domestique* contre son *maître,* ni de la *femme* contre le mari, ni du *mari* contre la femme, ni du *fils* contre le père, ni des *parents* contre leurs enfants.

L'accusé ne pouvait *récuser* un témoin que pour cause de *l'inimitié la plus violente;* mais, comme l'accusé *igno-*

---

1. Léonard Gallois, jusqu'à la fin du chapitre.

rait *toujours le nom de ses accusateurs*, ce droit de récusation était parfaitement illusoire.

On lui demandait s'il avait des ennemis. Il les nommait au hasard, et il se trompait presque toujours.

Si l'accusé poursuivi, arrêté, s'avouait coupable d'une hérésie, on lui demandait s'il était disposé à faire abjuration de l'hérésie dont il se reconnaissait coupable. S'il y consentait, il était *réconcilié*, et on lui imposait la pénitence canonique avec quelque autre peine; dans le cas contraire, il était déclaré hérétique obstiné, et *on le livrait à la justice séculière*, avec la copie de son jugement.

Si l'accusé niait les charges et entreprenait de se défendre, on lui remettait une copie du procès; mais cette pièce était incomplète : *on y avait omis les noms des délateurs et des témoins, ainsi que les circonstances qui pouraient les lui faire découvrir.*

Il était permis à l'accusé d'en appeler devant le Pape des actes du tribunal et des mesures prises par l'Inquisiteur. Celui-ci admettait ou rejetait les appels, en se conformant pour cela aux règles de droit. Mais cet appel ne l'avançait à rien, car les Inquisiteurs ayant la faculté d'aller à Rome, pour y faire l'apologie de leur conduite, obtenaient presque toujours gain de cause.

Il n'y avait pas, devant l'Inquisition, de *procédure régulière, et les juges ne fixaient pas de terme pour établir la*

*preuve des faits énoncés. Après la réponse et les défenses
de l'accusé, il était procédé au jugement, sans délai et sans
autre formalité,* par l'Inquisiteur et l'évêque diocésain, ou
par quelqu'un de leurs délégués. *Si l'accusé niait les charges,* quoiqu'il fût convaincu ou fortement compromis, *on
lui faisait subir la question,* afin d'en obtenir l'aveu de
son crime. Mais si on ne croyait pas qu'il y eût des raisons pour l'ordonner, les juges prononçaient la sentence
définitive d'après les motifs du procès.

Comme on voulait proportionner les peines à la gra-
vité du soupçon, on divisa celui-ci en trois degrés, qui
furent caractérisés par les noms de *léger,* de *grave,* et de
violent. En conséquence, le jugement portait que le condamné était coupable de s'être conduit d'une manière ré-
préhensible sur le fait de la religion, en donnant lieu
d'être justement regardé comme hérétique ou suspect de
ce crime, jusqu'à tel ou tel point.

L'accusé déclaré suspect, quoiqu'il ne le fût qu'au
moindre degré, était interpellé de répondre s'il consentait
à abjurer toutes les hérésies, et en particulier celle don
il était soupçonné; s'il répondait affirmativement, on levait l'anathème, et on le réconciliait, en lui imposant des
peines et des pénitences; s'il refusait de s'engager à une
rétractation, il était excommunié; et si, au bout d'un an,
il n'avait encore ni demandé l'absolution, ni promis d'abjurer, il *était considéré comme hérétique obstiné, et on le
traitait comme tel.*

Le tribunal ayant reconnu que le dénoncé était hérétique formel, prêt à abjurer, et nullement coupable du

crime de *relaps*, on lui accordait la réconciliation, en lui imposant des peines et des pénitences. On regardait comme relaps celui qui avait été déjà condamné comme hérétique formel, ou *comme violemment suspect* des mêmes erreurs. Quoiqu'il ne fût point dans cette condition, *s'il refusait d'abjurer, il était livré à la justice séculière*, non-seulement lorsqu'il s'avouait lui-même pour hérétique formel, ou lorsque ce crime lui était justement imputé d'après des preuves positives malgré ses dénégations, *mais encore lorsqu'il était simplement atteint du soupçon de la troisième espèce (soupçon violent)*.

Si l'accusé était repentant, et demandait à être réconcilié, mais se trouvait dans la classe des *relaps*, il devait être *relaxé à la disposition de la justice séculière*, c'est-à-dire envoyé à la mort. L'*Inquisition ne pardonnait jamais deux fois;* alors l'Inquisiteur, après avoir prononcé le jugement de l'accusé, engageait quelques prêtres qui eussent sa confiance, à l'avertir de la situation où il se trouvait, et à le pousser à solliciter de l'Inquisiteur la grâce d'être admis au sacrement de la pénitence et à la communion. Ensuite, l'*auto-da-fé* était annoncé dans la contrée, et célébré au milieu de la place publique.

Sur l'échafaud, on lisait la sentence en vertu de laquelle le condamné allait être livré au bras séculier, et *dont la dernière disposition était une prière aux juges de le traiter avec humanité*. Il leur était ensuite livré, après avoir été dégradé par l'évêque, s'il était prêtre.

Lorsque l'accusé était hérétique impénitent, non *relaps*, il était condamné à la *relaxation*, c'est-à-dire à la

mort, mais on ne le menait au supplice qu'après avoir
travaillé pendant longtemps à le convertir et à le ramener à l'unité catholique. On permettait, on faisait même
en sorte, que ses parents, ses amis, ses compatriotes, les
ecclésiastiques et tous les gens connus par leurs lumières, fussent admis dans la prison pour s'entretenir avec
lui.

L'évêque lui-même et l'Inquisiteur se rendaient auprès
de l'accusé, et l'exhortaient à rentrer dans le sein de l'É-
glise. Quoiqu'il témoignât dans son obstination le plus
grand désir d'être promptement brûlé (ce qui arrivait fréquemment parce que ces hommes se croyaient martyrs et
en montraient la fermeté), l'Inquisiteur n'y consentait
jamais; il redoublait, au contraire, de *bonté* et de *douceur*, *éloignait tout ce qui pouvait lui inspirer de l'effroi,
et s'efforçait de lui faire croire qu'en se convertissant il
éviterait la mort*, pourvu qu'il ne fût point *relaps*.

Ces mesures n'empêchaient pas que l'*auto-da-fé* ne
fût annoncé dans tous les environs, afin que les habitants accourussent pour y assister. Si la conversion n'a-
vait pas lieu, on dressait l'échafaud sur la place; le greffier lisait devant le peuple assemblé l'exposé des griefs et
le jugement du condamné; l'Inquisiteur prêchait ensuite;
et, son sermon étant fini, le condamné était remis entre
les mains de la justice du roi, qui le faisait conduire au
bûcher, où il périssait au milieu des flammes.

Lorsque le malheureux hérétique était *relaps*, c'était
en vain qu'il annonçait la résolution de revenir à la foi;
il *lui était impossible d'éviter la peine de mort;* la seule
grâce qu'on lui faisait, était de lui épargner les tourments du bûcher : après avoir été confessé et communié,

il était étranglé par la main du bourreau, et jeté au feu
après sa mort.

§ 3. De la nature des peines et des pénitences qui étaient imposées par l'Inquisition ancienne.

Le tribunal de l'Inquisition déléguée, étant ecclésiastique, ne pouvait par lui-même décerner que les peines
spirituelles de l'excommunication, de la dégradation, de
la suspension, de la déposition, etc., à l'égard des personnes; et celles de l'interdit et de la cessation de l'office divin contre les villes et les villages. Mais les lois *des
empereurs chrétiens du quatrième siècle et des siècles suivants*, et les opinions qui s'établirent pendant et après le
huitième, furent cause que les Inquisiteurs du treizième
siècle se crurent en droit d'imposer des peines *purement
temporelles, excepté la peine de mort. Encore peut-on observer que s'il ne fut pas en leur pouvoir de la prononcer,
ils établirent au moins par une sorte de compensation la
torture et la relaxation, bien sûrs que le juge séculier ne
pourrait se dispenser d'envoyer le relaxé au dernier supplice, puisque, d'après une loi du souverain, il n'avait besoin pour prononcer son arrêt de mort que de l'extrait de
la sentence des Inquisiteurs, qui lui livraient le coupable
comme hérétique.*
On doit être surpris de voir les Inquisiteurs insérer, à
la fin de leurs sentences, la formule où le juge est prié
de ne point appliquer à l'hérétique la peine capitale, *tandis qu'il est prouvé par plusieurs exemples, que si, pour se
conformer aux prières de l'Inquisiteur, il n'envoyait pas
le coupable au supplice, il était mis lui-même en juge-*

ment, comme suspect d'hérésie, d'après une disposition de l'article IX du règlement portant que le soupçon résultait naturellement de la négligence du juge à faire exécuter les lois civiles portées contre les hérétiques, quoiqu'il s'y fût engagé par serment. Cette prière n'était donc qu'une vaine formalité dictée par l'hypocrisie, et qui seule eût été capable de déshonorer le tribunal du Saint-Office.

Les sentences prononcées par les Inquisiteurs imposaient aux coupables des amendes et des peines personnelles qui variaient suivant les circonstances et la nature des procès : telles étaient la confiscation entière ou partielle des biens ; la prison perpétuelle ou limitée ; l'exil ou la déportation ; l'infamie ; la perte des emplois, des honneurs et des dignités, et la privation du droit d'y prétendre ; enfin, toutes celles qui étaient établies par les *décrets du Saint-Siége et des conciles,* ou par les lois civiles.

Les coupables qui abjuraient, comme *gravement suspects* d'hérésie, n'étaient jamais condamnés à la prison perpétuelle ; la durée de cette peine était limitée, et les faits qu'on leur avait imputés devaient être graves et nombreux.

Si le soupçon avait été *violent,* l'accusé était condamné à la prison pour le reste de ses jours, ou, au moins, pour un temps considérable ; cependant, les Inquisiteurs pouvaient en abréger la durée, lorsque l'expérience leur permettait de croire que le prisonnier était animé d'un véritable repentir.

Parmi les peines que l'on faisait subir au condamné, il faut compter celle de porter l'habit de pénitent, connu en Espagne sous le nom de *san benito.*

Pour l'édification du lecteur, je joindrai ici la pièce suivante.

Elle émane de saint Dominique lui-même, et remonte à la deuxième année de l'Inquisition.

Elle nous apprend dans le plus grand détail quelle était la nature des pénitences imposées aux réconciliés :

« A tous les fidèles chrétiens qui auront connaissance des présentes lettres, frère Dominique, chanoine d'Osma, le moindre des Prêcheurs, salut en Jésus-Christ :

« En vertu de l'autorité du Saint-Siége apostolique (que nous sommes chargé de représenter), nous avons réconcilié le porteur de ces lettres, Ponce Roger, qui a quitté, par la grâce de Dieu, la secte des hérétiques ; et lui avons ordonné (après qu'il nous eut promis avec serment d'exécuter nos ordres) de se laisser conduire, trois dimanches de suite, dépouillé de ses habits, par un prêtre qui le frappera de verges, depuis la porte de la ville jusqu'à celle de l'église. Nous lui imposons également pour pénitence de ne manger ni viande, ni œufs, ni fromage, ni aucun autre aliment tiré du règne animal, et cela pendant toute sa vie entière, excepté les jours de Pâques, de la Pentecôte et de la Nativité de Notre-Seigneur, auxquels jours nous lui ordonnons d'en manger, en signe d'aversion pour son ancienne hérésie ; de faire trois carêmes par an, sans manger de poisson pendant ce temps-là ; de jeûner en s'abstenant de poisson, d'huile et de vin, trois jours par semaine, pendant toute sa vie, si ce n'est pour cause de maladie ou des travaux forcés de la saison ; de porter un habit religieux, tant pour la forme que pour la couleur, avec deux petites croix cou-

sues de chaque côté de la poitrine ; d'entendre la messe
tous les jours, s'il en a la facilité, et d'assister aux vêpres
les dimanches et fêtes ; de réciter exactement l'office du
jour et de la nuit, et le *Pater* sept fois dans le jour, dix
fois le soir et vingt fois à minuit ; de vivre chastement et
de faire voir la présente lettre une fois par mois au curé
du lieu de Céreri, sa paroisse, auquel nous ordonnons
de veiller sur la conduite de Roger, qui devra accomplir
fidèlement tout ce qui lui est commandé, jusqu'à ce que
le seigneur légat nous ait fait connaître sa volonté : et si
ledit Ponce y manque, nous ordonnons qu'il soit regardé
comme parjure, hérétique et excommunié, et qu'il soit
éloigné de la société des fidèles, etc. »

Pour les *suspects*, la peine, à peu près la même, durait trois, cinq ou sept ans. Pendant ce temps, le jour de
la Toussaint, à Noël, à l'Épiphanie, à la Chandeleur,
ainsi que tous les dimanches de Carême, le *réconcilié*
devait se rendre à la cathédrale, *en chemise, pieds nus,
les bras en croix, pour y être fouetté par l'évêque ou le
curé*, excepté le dimanche des Rameaux.

Pendant tout le temps du carême, il se présentait dans
le même costume, à l'église, *d'où on le chassait, et il devait se tenir à la porte pour assister aux offices*.

Il portait sur ses vêtements deux croix d'une couleur
différente de celle de l'habit.

CHAPITRE X.

De l'Inquisition moderne. — Persécution contre les Juifs.

On croirait qu'on ne peut pas inventer un code plus hypocritement barbare, et d'une barbarie plus raffinée.

C'est une erreur. — L'*Inquisition moderne*, inaugurée par Torquemada, parvint à surpasser encore tout ce qu'on vient de lire.

En Espagne, comme presque partout en Europe, les Juifs avaient concentré le commerce entre leurs mains, et acquis des richesses considérables.

Il n'en fallut pas davantage pour les désigner au zèle de l'Inquisition.

Du reste l'animosité populaire s'était souvent manifestée contre eux.

Les chrétiens, devenus la plupart du temps leurs débiteurs, soulevaient des émeutes, à la faveur desquelles ils trouvaient tout à la fois le moyen de satisfaire leur fanatisme et de payer leurs dettes sans bourse délier, par le massacre des malheureux Juifs.

Ces violences, cette menace perpétuelle de mort suspendue sur leur tête, poussèrent un grand nombre d'entre eux à se convertir.

En peu de temps, plus de cent mille familles, c'est-à-dire un million d'individus environ, demandèrent le baptême.

Mais des conversions ainsi arrachées ne pouvaient être bien sincères, et beaucoup des nouveaux convertis, — ils avaient reçu le nom de *marranos*, — restèrent au fond du cœur fidèles à la loi de Moïse, et continuèrent d'en pratiquer secrètement les prescriptions.

A une époque où tout le monde avait les yeux fixés sur eux, où l'espionnage et la délation étaient le premier devoir du chrétien, et devaient être la première et la plus douce occupation d'une foule de fanatiques ignorants, ou de misérables acharnés à la perte de leurs ennemis, cette prétendue apostasie ne pouvait rester longtemps secrète.

Punir cette apostasie, — tel fut le prétexte dont se servirent le pape Sixte IV et Ferdinand V pour établir en Espagne l'Inquisition moderne, qui ne différa de l'ancienne que par son organisation beaucoup plus savante et beaucoup plus uniforme, et surtout par une recrudescence inouïe de fureurs sanguinaires.

Chez le roi, le sentiment qui domina fut, à coup sûr, l'avarice, et il vit dans l'Inquisition un moyen commode de dépouiller de leurs biens, en toute tranquillité, avec l'appui de la religion, ses sujets les plus riches.

Quant au Pape, il ne pouvait qu'approuver l'extension d'un tribunal fondé sur les principes les plus chers de tout temps à la papauté, et destiné à les appliquer dans eur pureté.

Le seul obstacle qu'il y avait à vaincre était le refus

d'Isabelle, femme de Ferdinand, et reine de Castille, qui hésitait à laisser introduire l'Inquisition dans ses États personnels, où elle n'avait pas encore pénétré.

L'humanité la portait à repousser un tribunal de sang, dont les barbaries avaient déjà épouvanté l'Espagne, et son honnêteté naturelle lui inspirait des scrupules de conscience au sujet des confiscations qui suivaient tous les jugements prononcés par le Saint-Office.

Son confesseur, moine dominicain, Thomas de Torquemada, qui a mérité de devenir célèbre et de laisser une mémoire particulièrement exécrée, parmi tant de bourreaux, leva ses scrupules.

Il prouva à la reine que la religion lui imposait le devoir d'accueillir l'Inquisition, — et il avait raison, car il parlait au nom de la tradition constante et des principes instamment préconisés par l'Église, depuis quatorze siècles.

Dès qu'on eut obtenu son consentement, deux premiers Inquisiteurs furent désignés par le nonce du Pape, pour aller installer l'Inquisition à Séville.

Mais là, comme partout où ils se présentaient, les Inquisiteurs rencontrèrent la mauvaise volonté universelle des populations, et, avant que les délégués du Saint-Office pussent réunir le nombre de personnes et obtenir des autorités civiles l'appui dont ils avaient besoin pour entrer en fonctions, il fallut maints ordres réitérés du roi et de la reine.

Encore ces ordres, pendant longtemps, ne furent-ils suivis que d'une façon très-incomplète.

Il n'est donc pas douteux que le peuple espagnol n'avait aucune prédisposition particulière ou native qui le portât à accueillir l'Inquisition, à l'encourager dans son odieuse mission, et qu'il ne la subit qu'à son corps défendant.

Si, plus tard, la résistance disparut, et si les mœurs de la nation se modifièrent, c'est que l'Inquisition, à force de terreur et de sacrifices humains, était parvenue à corrompre tous les esprits, à endurcir tous les cœurs.

L'ignorance, le fanatisme et la férocité se développèrent sous ses auspices ; — la mort et la proscription ayant raison des récalcitrants, de tous ceux qui possédaient quelque activité intellectuelle, ou quelque générosité d'âme.

L'Inquisition imposa son caractère au peuple espagnol, et le réduisit à cet état de misère et d'abaissement où tombent les peuples les plus généreux, lorsqu'ils deviennent la proie du despotisme monarchique et de la tyrannie religieuse : — ce ne fut point le peuple espagnol qui donna son caractère à l'Inquisition.

Les historiens qui le racontent, calomnient une nation victime. Partout ailleurs où elle fût parvenue à s'implanter, l'Inquisition eût été la même, partout elle eût abruti les masses au même point, partout elle eût décapité la pensée, partout elle eût élevé les mêmes bûchers, ordonné les mêmes supplices, versé les mêmes flots de sang, frappé au cœur la pensée humaine, commis les mêmes attentats contre la conscience et la liberté.

Les Espagnols n'ont pas su, n'ont pas pu s'en débarrasser, comme d'autres peuples favorisés par les circonstances.

C'est leur seul tort.

La férocité de Torquemada et de ses successeurs ne fut pas une férocité espagnole, ce fut une férocité purement religieuse, comme je l'ai démontré dans les premiers chapitres de ce livre.

Dès que les Inquisiteurs furent installés à Séville, presque tous les nouveaux chrétiens se hâtèrent d'émigrer dans les terres du duc de Médina-Sidonia, du marquis de Cadix, du comte d'Arcas, et d'autres grands seigneurs, où la juridiction du Saint-Office ne s'étendait pas encore.

Thomas de Torquemada, qui venait d'être promu aux fonctions de premier Inquisiteur général, ne pouvait permettre que ses victimes lui échappassent ainsi.

Une proclamation, en date du 2 janvier 1481, déclara aussitôt que tous les *émigrés seraient convaincus d'hérésie par cela seul qu'ils auraient émigré.*

De plus, il fut ordonné à tous les seigneurs du royaume de Castille, auprès de qui les *marranos* avaient cherché un refuge, de s'emparer des fuyards, de les envoyer sous escorte à Séville, et de mettre le séquestre sur leurs biens, « sous peine d'excommunication, de la confiscation de leurs domaines et de la perte de leurs emplois. »

On obéit, et les prisons se trouvèrent trop étroites pour contenir tous les prisonniers.

A cette proclamation succéda un *édit de grâce.*

Cet édit promettait à tous les apostats qui se remettraient volontairement entre les mains de l'Inquisition, leur absolution, moyennant quelques légères pénitences canoniques.

On leur assurait également que leurs biens ne seraient pas confisqués.

Beaucoup de *marranos*, trompés par cette feinte douceur, tombèrent dans le piége : — ils se livrèrent eux-mêmes.

Ils furent aussitôt emprisonnés, et n'échappèrent au supp'ice qu'à la condition *d'indiquer les noms et la demeure de toutes les personnes qui, à leur connaissance, étaient tombées dans l'apostasie,* SOIT QU'ILS LES EUSSENT CONNUES, SOIT QU'ILS EN EUSSENT SEULEMENT OUÏ PARLER, etc.

Telles étaient les *grâces* de l'Inquisition.

Si elle consentait à lâcher une victime, c'est que cette victime à qui elle renonçait, lui en livrait cent autres !

Elle appliquait l'usure au sang versé, et jouait *à qui perd gagne* avec l'honneur et la vie des citoyens.

Un *édit de grâce,* non ; — un *édit de délation,* à la bonne heure !

Un second *édit,* moins menteur celui-là, publié aussi par l'Inquisiteur général, donnait la liste des divers cas où la délation était ordonnée sous peine de péché mortel et d'excommunication.

Il contenait une trentaine d'articles portant énumération des actes et des paroles qu'il fallait considérer comme des *preuves de judaïsme.*

Ces preuves sont tellement équivoques ou absurdes, qu'il me suffira de citer deux de ces articles pour mettre le lecteur à même de juger à quoi tenait la vie d'un homme, sous le règne de la très-sainte et très-chrétienne Inquisition.

Art. 4. Sera considéré comme apostat, tout nouveau chrétien qui aura observé le sabbat, *ce qui sera* SUFFISAMMENT PROUVÉ *s'il porte, ce jour-là, une chemise et des vêtements plus propres qu'à l'ordinaire ; s'il met du linge blanc sur sa table, et s'il s'abstient de faire du feu dans sa maison depuis le soir précédent.*

Art. 13. — Sera également considéré comme apostat, *celui qui s'adresse à un mort pour faire son éloge, ou lui réciter des vers tristes.*

Il y a trente articles, je le répète, de cette force, et il suffisait d'avoir, soit changé de linge, certains jours, soit adressé, dans la douleur, quelques paroles d'adieu à un mort chéri, pour devenir suspect à l'Inquisition, et aller figurer dans ses *auto-da-fé.*

Avec de pareils moyens, les victimes ne risquaient plus de manquer au Saint-Office.

Elles abondèrent.

Quatre jours après son installation à Séville, six condamnés avaient été déjà brûlés.

Dix-sept autres subirent le même sort quelques jours après, et, *en moins de six mois, deux cent quatre-vingt-dix-huit nouveaux chrétiens avaient subi la peine du feu, et soixante-dix-neuf se voyaient condamnés à la prison perpétuelle.*

CES CHIFFRES NE S'APPLIQUENT QU'A UNE SEULE VILLE, à Séville !

Pendant le même laps de temps, plus *de deux mille marranos* montaient sur le bûcher, dans les autres parties de la province. Un *plus grand nombre* était exécuté *en effigie,* — ceux-là avaient pu fuir ! — et *dix-sept mille* subissaient diverses peines canoniques.

Ainsi, en SIX MOIS, dans UNE SEULE PROVINCE, l'Inquisition avait sévi environ contre VINGT-CINQ MILLE malheureux !

Parmi les personnes brûlées vives, il y eut naturellement un grand nombre de personnes riches, dont les biens tombèrent entre les mains du fisc.

Ceci, c'était la part de la royauté, car la royauté appuyée par l'Église, devenue sa complice et partageant avec elle, s'éleva, en Espagne, à la hauteur d'un brigandage pur et simple, sans pudeur et sans vergogne.

Ce sont ces rois qui reçurent les bénédictions de la papauté et arborèrent justement le titre de *très-catholiques ;* — ce sont ces rois qui restent, aux yeux du clergé de tous les pays et de tous les temps, comme des modèles qu'on ne saurait trop louer, trop regretter.

A Isabelle II, qui faisait fusiller les libéraux, le pape Pie IX adressait, il y a peu de temps — une rose d'or.

Aujourd'hui qu'elle ne peut plus signer d'arrêts de mort, il implore le ciel pour cette pieuse reine, qui envoyait les protestants aux galères, et n'a jamais démérité de l'Église.

Mais revenons à Séville.

La grande quantité de condamnés qu'on y brûlait contraignit le préfet de la ville à faire construire, en dehors de son enceinte, un échafaud permanent en pierre, sur lequel se dressaient quatre statues de plâtre.

Ces statues étaient creuses à l'intérieur : — c'est là

qu'on renfermait vivants les hérétiques, pour les y faire périr plus lentement, au milieu d'une horrible combustion[1].

Mais qu'étaient-ce, après tout, que ces supplices, à côté de ceux qui, pour l'éternité, attendent le pécheur dans la « Géhenne de feu, » ainsi que nous l'enseigne la religion ?

La crainte de pareilles tortures amena naturellement de nombreuses émigrations en France, en Portugal et même en Afrique, où la liberté de conscience trouvait une sorte d'asile, au milieu des barbares, à l'abri du croissant[2].

Tant que l'Église gouverna l'Europe, il n'y eut de tolérance relative que chez le Turc, le Maure, l'Arabe.

Toute religion a été persécutrice, — sauf le paganisme, — mais aucune au même degré que la religion chrétienne.

D'autres *suspects*, condamnés par contumace, se rendirent à Rome pour demander justice au Pape, mais cette démarche ne produisit aucun résultat, ainsi que nous le verrons plus tard, quand nous étudierons les rapports de la cour de Rome avec l'Inquisition.

C'est à cette même époque qu'Isabelle, dont la con-

1. Cet échafaud, nommé *quemadero*, n'a disparu que depuis peu.

2. En effet, jamais les mahométans n'ont exercé de semblables persécutions contre les chrétiens et autres dissidents. — En Turquie, les populations chrétiennes sont nombreuses et ont conservé la libre pratique de leur religion; dans les pays catholiques le fer et le feu ont extirpé toutes les hérésies. Le protestantisme a péri en France, en Espagne, en Italie, par la violence et les supplices.

science était toujours troublée au sujet des confiscations, pria le Pape de donner une forme stable au tribunal de l'Inquisition nouvellement établie, et demanda que les jugements portés en Espagne par le Saint-Office fussent définitifs et sans appel à Rome.

« Sixte IV loua le zèle de la reine, apaisa ses scrupules, et créa un juge apostolique pour l'Espagne, chargé de prononcer sur tous les appels interjetés des jugements rendus par les Inquisiteurs.

« Don Inigo Manrique, archevêque de Séville, fut revêtu de cette dignité [1]. »

CHAPITRE XI.

Création d'un grand Inquisiteur général et du Conseil de la Suprême, des tribunaux subalternes et des lois organiques.

I

Nous allons voir maintenant l'Inquisition, sortie de sa période d'incubation, revêtir enfin sa forme définitive et prendre l'organisation stable d'un tribunal permanent, ayant un chef unique auquel étaient soumis tous les autres Inquisiteurs du royaume d'Espagne.

1. Léonard Gallois.

Thomas de Torquemada reçut alors le titre d'*Inquisiteur général* de Castille, et c'est lui qui inaugura le nouveau système adopté d'un commun accord entre le pape Sixte IV, Ferdinand V et Isabelle.

Un second bref, du 17 octobre 1483, étendit à la province d'Aragon les pouvoirs éminents de Torquemada et ses attributions toutes-puissantes, pouvoirs et attributions qui furent confirmés, le 11 février 1486, par Innocent VIII, et ses deux successeurs au siége de saint Pierre.

Il est donc impossible d'admettre, — ainsi que l'ont voulu prétendre certains écrivains, — que les papes, au moment où ils organisèrent l'Inquisition, n'avaient pas prévu le caractère d'atrocité qu'elle devait revêtir.

Il est impossible de prétendre que les papes aient ignoré quels flots de sang allaient couler par toute l'Espagne, quel effroyable despotisme allait s'étendre sur les peuples soumis à sa juridiction.

Il est impossible de prétendre que les chefs de l'Église, les vicaires de Jésus, ne se rendaient pas un compte exact de la façon dont on appliquerait le droit de confiscation, et que la conduite du Saint-Office ait dépassé leurs instructions positives.

A cet instant, en effet, les scènes que nous avons retracées dans le chapitre précédent, venaient de s'accomplir à Séville. — Les premiers actes de Torquemada ne pouvaient laisser aucun doute sur le sort qui attendait les peuples en proie à son fanatisme, et c'est, après l'avoir vu fonctionner pendant plusieurs années, que les successeurs de Sixte IV continuèrent à le couvrir de leur protection, à lui prodiguer leurs encouragements, à lui accorder par leurs brefs tous les moyens de réaliser, de pousser jusqu'au bout son abominable système.

D'ailleurs, n'est-ce pas d'un commun accord avec la papauté que furent décrétés les articles dont se composa définitivement la *Constitution* écrite, le *Code* régulier de l'Inquisition, — constitution respectée, celle-là, dans sa lettre et dans son esprit, par tous ceux qui avaient juré de la maintenir ?

II

Torquemada, nous dit Llorente, « justifia pleinement le choix qu'on avait fait de sa personne. Il était presque impossible de trouver un homme plus propre à remplir les intentions de Ferdinand, en multipliant les confisca tions ; — celles de la cour de Rome, par la propagation de ses maximes dominatrices et fiscales ; — et enfin celles de l'Inquisition elle-même, qui avait formé le dessein d'établir, — par les supplices, — le système de terreur dont elle avait besoin. »

Il commença par créer quatre tribunaux subalternes pour Séville, Cordoue, Jaen et Cuidad-Réal, et permit ensuite aux moines dominicains d'entrer en fonctions dans les différents diocèses de la couronne de Castille.

Les moines habitués à recevoir directement leurs instructions, et à tenir leur pouvoir du Saint-Siége lui-même, — qui jusqu'alors avait procédé directement à toutes les nominations, — résistèrent d'abord aux prétentions de Torquemada, et ne reconnurent pas, sans quelque hésitation, son autorité suprême.

Cette résistance confirma le grand Inquisiteur dans son désir de donner à l'Inquisition l'unité d'action qui lui avait manqué depuis sa création, et d'établir la centralisation vigoureuse appelée à décupler sa force d'action.

Pendant qu'il préparait, avec l'aide de deux assesseurs jurisconsultes, — Jean Guttierez de Chabes et Tristan de Médine, — la nouvelle constitution du saint tribunal, Ferdinand V, de son côté, ne perdant pas de vue les intérêts du fisc, et voulant faire rendre le plus possible aux confiscations, s'occupait aussi de l'organisation du nouveau tribunal, et créait un conseil royal de l'Inquisition, qui reçut le nom de *Conseil de la Suprême*.

La royauté, en effet, devant avoir part au gâteau et s'engraisser de la dépouille des victimes envoyées au bûcher, ou condamnées à pourrir dans les cachots du Saint-Office, ne pouvait renoncer à toute surveillance.

Les nécessités d'une bonne comptabilité exigeaient qu'elle eût au moins connaissance des procédures, du nombre et de la valeur vénale des misérables qu'on allait sacrifier au Dieu des chrétiens, — et dont la fortune devait enrichir le trésor royal.

Le conseil de la Suprême se composa du grand Inquisiteur, président de droit, d'un évêque et de deux docteurs en droit, avec le titre de conseillers.

Ces derniers avaient voix *délibérative* dans toutes les affaires qui relevaient du *droit civil*, et voix *consultative* seulement dans les questions qui appartenaient à l'autorité ecclésiastique.

Cette division amena souvent de grands conflits, — dont la papauté profita amplement, car elle était nécessairement le pouvoir suprême auquel on recourait, en cas de partage, et la cour de Rome a toujours eu pour principe de faire payer au poids de l'or son intervention efficace ou non, — ainsi qu'on le verra plus loin.

Je ne connais pas, dans l'histoire, de pages plus horribles que le récit de ces commencements de l'Inquisition, où l'on voit l'Église et la royauté signer le pacte définitif de leur complicité, et préparer froidement, avec une habileté réfléchie et consommée, l'exploitation, sans pudeur, sans merci, du troupeau humain qu'elles s'apprêtent à décimer.

A cette époque, l'humanité, pieds et poings liés, appartenait corps et âme, au roi, au pape.

Le roi, sacré par l'Église, représentait l'autorité matérielle et terrestre, — l'Église représentait l'autorité morale et divine.

Entre les deux, — il n'y avait rien; — sous leurs pieds s'agitait une masse confuse, ignorante et soumise, qu'on pouvait tailler à merci, qui ne possédait ni ses biens, ni sa conscience, ni son âme.

Que fait l'Église?

Que fait la royauté?

Elles se donnent la main, et s'écrient :

— Part à deux !

— Hérétiques et suspects, — quiconque pense et raisonne, — quiconque se distingue par sa science ou son génie, — quiconque m'inquiète ou me déplaît, par une certaine activité d'esprit, par une certaine indépendance d'idées, — quiconque prétendra avoir une conscience à soi, — j'enverrai tout au bûcher, — dit l'Église.

— Soit, répond le roi. — Vous y ajouterez quiconque gênera mon pouvoir absolu en politique, et je prélèverai, au nom des bourreaux que je mets à votre disposition, tant pour cent sur les confiscations.

Alors on voit le roi et l'Église, Ferdinand V et Torquemada, combiner paisiblement, dans le silence du cabinet, les moyens les plus propres à augmenter le nombre des victimes, à enlever toute chance de salut à la victime désignée.

Ils s'entourent de jurisconsultes experts; — ils interrogent la Bible et l'Évangile; — ils fouillent dans la conscience humaine, pour n'y laisser aucun repli secret à l'abri de leur juridiction sauvage.

Ils s'ingénient à supprimer toutes les garanties que la justice des peuples les plus barbares avaient respectées.

Ils n'admettent point l'erreur, ni le pardon.

Il faut que le malheureux, sur qui il leur aura plu de faire tomber leurs regards, ne puisse échapper à la mort, à la ruine, à l'infamie tout au moins.

Ils sont maîtres du monde et des hommes.

Des hommes ils font des bestiaux, du monde un abattoir, — où le prêtre et le roi, — les manches retroussées, plongés dans le sang jusqu'au cou, — égorgent la pensée humaine, tandis qu'à la porte, les agents du fisc papal et du fisc royal prélèvent un droit sur chaque tête qui tombe.

On a parlé des révolutions, on a parlé des massacres populaires et des vengeances sanglantes des opprimés !

Qu'est-ce que cela, je vous le demande, à côté du spectacle auquel nous assistons ?

Et quand bien même ces vengeances eussent été cent fois plus sanglantes, — les opprimés ne seraient pas encore quittes envers les oppresseurs.

On ose nous reprocher les journées de septembre !

On ose nous reprocher l'échafaud de 93 !

Les journées de septembre ! — Mais elles n'atteignent pas même aux *journées de clémence* de la monarchie catholique et despotique, bénie par l'Église, conseillée par les Torquemada.

L'échafaud de 93 ! — Mais c'eût été le pardon pour les malheureux qu'après des mois, des années de tortures raffinées, on conduisait au bûcher qui devait consumer lentement ces chairs meurtries et palpitantes, ces os brisés par le bourreau, sans qu'une protestation pût sortir de leurs lèvres, car on n'ôtait le bâillon aux condamnés qu'au moment de leur arracher la langue avec des tenailles !

Les journées de septembre, — 93 ! — Cela eût fait hausser les épaules à Philippe II, et rire Torquemada.

Louis XIV, lorsqu'il révoqua l'édit de Nantes, décréta, pour un siècle, non-seulement le massacre de millions de ses sujets, mais la rupture de tous les liens de famille, le rapt des enfants, le viol des jeunes filles, la suspension de tous les droits de l'humanité, de toutes les lois sociales.

Soyons donc justes, soyons sensés, apprenons l'histoire, et cessons d'agiter le fantôme grotesque des révolutions populaires, quand les faits nous apprennent ce que l'espèce humaine doit de douleurs sans nom, d'exécrables tortures morales et physiques, au règne triomphant du fanatisme religieux appuyé sur le despotisme politique.

III

Torquemada, cependant, une fois investi du titre et de l'autorité de grand Inquisiteur, ne perdit pas son temps, et se mit énergiquement à la besogne.

Il chargea deux assesseurs de rédiger la constitution du nouveau tribunal, et de préparer les articles de son Code, après avoir pris connaissance du travail de Nicolas Eymerick, et des règles suivies par l'Inquisition dans le quatorzième siècle[1]. Ce travail préliminaire achevé, « avec l'aide de personnes instruites », il convoqua une junte générale, composée des Inquisiteurs des quatre tribunaux qu'il avait déjà établis en Castille, de ses deux assesseurs et des conseillers royaux.

Cette assemblée se tint à Séville, et adopta, le 29 octobre 1484, les règles que nous allons brièvement analyser, d'après une copie authentique prise sur les registres mêmes conservés aux archives de l'Inquisition.

Faisons seulement remarquer, encore une fois, que ces règles ne furent pas l'œuvre d'un moine fanatique et de cerveau malade. Elles furent débattues en assemblée par les hauts dignitaires de l'Église espagnole, qui avaient pris conseil des *personnes instruites* de l'époque, et le Pape les approuva, les sanctionna, éclairé par la lumière d'en haut, car le vicaire de Jésus-Christ, ne l'oublions pas, est en communication intime et directe avec la volonté

---

1. Voir chap. IX.

de Dieu, pour tout ce qui touche aux questions religieuses,
pour tout ce qui intéresse la foi.

L'Inquisition et sa procédure ne sont donc pas le
résultat du fanatisme monstrueux de quelques prêtres
féroces, — répétons-le souvent, — et on peut voir, en
prenant connaissance de ses principes et de ses actes, à
quel degré de fureur imbécile et d'abaissement moral
l'Église avait conduit l'humanité au quatorzième siècle.

Ces premières lois de l'Inquisition d'Espagne reçurent
le nom d'INSTRUCTIONS.

Ce nouveau Code était divisé en vingt-huit articles.

Les *trois premiers* déterminaient la manière d'installer
les tribunaux dans les villes; la publication des censures
contre les hérétiques et les apostats qui ne se dénonceraient pas volontairement, et fixaient le délai de *grâce*
pour éviter la confiscation des biens.

Ces dispositions ne diffèrent point de celles adoptées par
l'Inquisition ancienne.

« Par le *quatrième*, il était dit que les confessions vo-
lontaires de ceux qui se seraient déclarés dans le temps de
grâce, seraient faites par écrit, en présence des Inquisiteurs
et d'un greffier, de manière que les coupables eussent à
répondre à toutes les demandes et aux interpellations qui
leur seraient adressées par l'Inquisiteur, sur la matière
de leur confession, et sur le compte de leurs complices, et
de ceux dont ils connaîtraient ou soupçonneraient l'apostasie. — Cet article n'accordait la grâce à un homme que
pour en faire livrer d'autres à la persécution.

« Le *cinquième* défendait de donner secrètement l'absolution à celui qui aurait fait une confession volontaire,
excepté le seul cas où personne n'aurait eu connaissance

de son crime , et où sa publicité ne serait pas à craindre.

« Il est aisé de voir combien cette mesure était cruelle, puisqu'elle livrait à la honte de l'*auto-da-fé* public celui-là même qui avouait sa faute par un mouvement libre et spontané.

« Elle fit passer des sommes immenses entre les mains de la cour de Rome : des milliers de nouveaux chrétiens s'adressèrent au Pape. Ils offrirent de faire une confession sincère du passé et la promesse d'être à l'avenir fidèles à leurs devoirs de chrétiens, si on voulait les absoudre en secret. La cour de Rome mit à profit l'empressement de ces hommes effrayés, et elle leur accorda, à prix d'argent, des brefs apostoliques qui devaient les mettre à l'abri[1] de toute poursuite.

« Il était bien établi, par le *sixième* article, qu'une partie de la pénitence de celui qui aurait été réconcilié, consisterait à être privé de l'exercice de tout emploi honorifique, de l'usage de l'or, de l'argent, des perles, de la soie, de la laine fine. — Tout le monde était averti, par cette odieuse combinaison, de l'infamie à laquelle le *réconcilié* avait été condamné pour le crime d'hérésie : disposition terrible qui ne servit également qu'à enrichir la cour de Rome, par les demandes multipliées de brefs de réhabilitation qui furent faites.

« Par le *septième* article, il devait être imposé des *pénitences pécuniaires* à ceux qui avaient fait une confession volontaire.

---

1. Dans le cas d'absolution, en effet, on se le rappelle, celui qui était *réconcilié* assistait à l'*auto-da-fé*, avec les condamnés, couvert d'un *san benito* particulier, et devait faire publiquement abjuration de l'hérésie où il était tombé, et de toutes les hérésies en général.

« Le motif de cette mesure était, disait-on, de veiller à la défense de la foi catholique ; mais elle indique encore plus clairement le dessein que l'avarice de Ferdinand s'était proposé en établissant l'Inquisition.

« Le *huitième* article porte que le *pénitent volontaire* qui se présentera avec sa confession, *après l'expiration du terme de grâce, ne pourra être exempté de la peine de la confiscation de ses biens*, qui aura été prononcée, et qu'il aura encourue de droit le jour de son apostasie ou de son hérésie. »

Ainsi, rien ne pouvait sauver ni votre honneur, ni votre fortune.

Quand le fanatisme religieux pardonnait, vous vous trouviez en face de l'avarice royale, qui ne pardonnait jamais.

« Il est dit, dans le *neuvième* article, que si des sujets âgés de moins de vingt ans se présentent d'eux-mêmes pour faire leur confession après l'expiration du terme de grâce, et qu'il soit prouvé qu'ils ont été entraînés dans l'erreur par leurs parents, il suffira de leur imposer une pénitence légère.

« Mais, qu'est-ce que ces hommes froidement barbares entendent par une pénitence légère ? C'est de porter publiquement, pendant deux ans, le *san benito*, et d'assister, les jours de fêtes, sous cette enseigne, à la grand'messe et aux processions, ou de se livrer à d'autres pratiques plus ou moins humiliantes.

« Le *dixième* imposait aux Inquisiteurs l'obligation de déclarer, dans leur acte de réconciliation, le temps où le réconcilié était tombé dans l'hérésie, afin de savoir quelle portion de ses biens appartenait au fisc.

« La sévérité de cet article fit perdre à beaucoup de gendres la dot de leurs femmes, *parce qu'elle leur avait été payée après le crime de leurs beaux-pères.* »

On comprend, d'ailleurs, l'élasticité d'une semblable prescription, et quel bouleversement, quelles pertes, elle dut causer à la fortune des familles les plus honorables et les plus innocentes.

« Le *onzième* article portait que si un hérétique, détenu dans les prisons secrètes du Saint-Office, demandait l'absolution, touché d'un véritable repentir, on POURRAIT la lui accorder, en lui imposant pour pénitence la peine d'une *prison perpétuelle.* »

Cette mansuétude relative dépendait donc absolument du caprice des Inquisiteurs.

« Par le *douzième*, il était dit que si les Inquisiteurs PENSAIENT que la confession du pénitent fût simulée, dans le cas indiqué par l'article précédent, ils devaient lui refuser l'absolution, le déclarer faux pénitent, et le condamner, comme tel, à être relaxé à la justice ordinaire pour subir la peine du feu. »

Cet article ne laisse aucun doute : — *la vie du prisonnier dépendait de l'opinion arbitraire des Inquisiteurs*, et ses protestations persistantes de repentir ne lui servaient de rien, si quelque moine imbécile ou malveillant refusait de croire à son repentir.

« Par le *treizième* article, il était réglé que si un homme, absous après la confession libre, se vantait d'avoir caché plusieurs crimes, ou s'il résultait des informations prises qu'il en avait commis plus qu'il n'en avait confessé, il serait arrêté et jugé comme faux pénitent.

« Cette disposition fit conduire au bûcher des milliers

de victimes; premièrement, parce qu'on regarda comme convaincues des personnes qui ne l'étaient point, et comme témoignages publics et authentiques *des déclarations tronquées et dont les auteurs étaient inconnus;* secondement, parce que la *calomnie* (et plus souvent encore une *fausse interprétation*) pouvait compromettre le sort de l'accusé assez malheureux pour être hors d'état de prouver l'erreur commise à son endroit, de persuader ses juges, *qui refusaient de lui donner communication des pièces de son procès.*

« D'après le *quinzième* article, lorsqu'il existe une *demi-preuve* contre l'accusé qui *nie son crime,* il doit être soumis *à la question :* — s'il s'avoue coupable dans les tourments, et confirme ensuite sa confession, il est puni comme convaincu ; — *s'il la rétracte, il subit une seconde fois, comme de droit, la même épreuve de la torture, ou est condamné à une peine extraordinaire.* »

Le recours à la question *pour la seconde fois* fut défendu quelque temps après par le conseil de l'Inquisition. Il y eut cependant encore des Inquisiteurs assez barbares pour faire appliquer la question aux prisonniers du Saint-Office, autant de fois qu'ils le jugeaient à propos, sans pour cela désobéir à la défense édictée par le *conseil suprême.*

Le moyen était bien simple, et tout à fait dans l'esprit monacal.

Après la première séance, au moment où la continuation de la torture eût amené la mort inévitable du malheureux accusé, *ils écrivaient sur le procès-verbal qu'ils* SUSPENDAIENT *la question, pour la* CONTINUER *lorsqu'il serait convenable de le faire.*

« Il était *interdit* par le *seizième* article de communi-quer *aux accusés la copie entière des déclarations des té-moins; on pouvait, et encore n'était-ce pas obligatoire, seulement leur donner connaissance de ce qu'ils avaient déposé, en laissant ignorer à l'accusé les circonstances qui auraient pu lui faire connaître ses* ACCUSATEURS. »

Cet article seul suffirait à faire juger le tribunal de l'Inquisition.

Ce fut peut-être le seul tribunal où il ait été de règle de refuser au prévenu la communication des pièces de son procès pendant l'action judiciaire, de telle sorte qu'il lui devenait *absolument impossible de se défendre.*

« Le *dix-septième* article prescrit aux Inquisiteurs d'in-terroger eux-mêmes les témoins, quand il ne leur est pas impossible de le faire. — Cette disposition est juste, mais ce qui la rend illusoire, c'est que les témoins et les juges ne se trouvant presque jamais dans les mêmes lieux, il est rare qu'elle puisse s'exécuter. Il faut qu'un commis-saire du tribunal examine et reçoive les déclarations par la voie d'un notaire qui fait les fonctions de greffier.

« *Comme ils jurent l'un et l'autre de garder le secret, on voit quel désordre peut naître d'une disposition qui expose les subalternes d'un tribunal criminel à constater le crime plutôt que l'innocence pour se rendre agréables à ceux qui les font agir.* »

Ne savons-nous pas, même de nos jours, et avec toutes les garanties dont jouit actuellement l'accusé, quel danger présente l'interprétation des réponses faites par des té-moins sans éducation et sans lumière?

« Le *dix-huitième* article veut qu'un ou deux Inquisi-teurs assistent à la question que le prévenu doit subir, à moins que les Inquisiteurs étant occupés ailleurs, *on ne soit obligé de s'en rapporter à un commissaire pour recevoir les déclarations du malheureux soumis aux tourments.*

« Par l'article *dix-neuvième*, si l'accusé ne comparaît point, après avoir été cité suivant les formes prescrites, il *doit être condamné comme hérétique convaincu.* »

Mesure révoltante, puisque mille circonstances empêchent souvent un homme cité d'être informé de son assignation ; et, en supposant même qu'il en soit instruit, le refus de se présenter peut n'avoir d'autre motif que la crainte de la prison préventive, et ne saurait être, en aucun cas, considéré comme une preuve de culpabilité.

« Le *vingtième* article porte que s'il est prouvé par les papiers ou par la conduite d'un homme mort qu'il a été hérétique, il doit être jugé et condamné comme tel, son cadavre exhumé, et *la totalité de ses biens confisquée au profit de l'État, aux dépens de ses héritiers naturels.* »

On ne pouvait pourtant espérer de convertir un homme mort, et cette poursuite n'était qu'une profanation inutile, ayant pour résultat de dépouiller les survivants, quelle que fût la pureté de leur foi.

Mais l'Inquisition voulait avant tout inspirer la terreur, et prouver que la tombe même ne protégeait pas contre ses poursuites, tandis que le roi trouvait dans les procès posthumes une nouvelle source de profits.

Du reste, l'Inquisition, par cette conduite, ne sortait point des traditions catholiques, et l'on connaît l'histoire du pape Étienne, qui fit exhumer le cadavre de son prédécesseur Formose, pour vouer sa mémoire à l'infamie.

« D'après le *vingt-unième* article, il était ordonné aux Inquisiteurs d'étendre leur juridiction sur les vassaux des seigneurs, et si ces derniers refusaient de la reconnaître, de leur appliquer les censures et les autres peines.

« Il était dit dans le *vingt-deuxième* que si l'homme condamné à être relaxé au tribunal ordinaire laissait des enfants mineurs, il leur serait accordé par le gouvernement, à titre d'aumône, une petite portion des biens confisqués à leur père, et que les Inquisiteurs seraient obligés de confier à des personnes sûres le soin de leur éducation et de leur instruction chrétienne.

« Quoique j'aie lu un très-grand nombre de procès fort anciens, ajoute Llorente, dont le témoignage n'est pas récusable, *je n'ai jamais vu les Inquisiteurs s'occuper du sort des malheureux enfants d'un condamné. La pauvreté et le déshonneur étaient leur unique patrimoine.* »

« Par le *vingt-troisième* article, si un hérétique *réconcilié* dans le délai de grâce, sans avoir encouru la peine de la confiscation des biens, *avait des propriétés provenant d'une personne qui eût été condamnée à cette peine, ces propriétés ne devaient pas être comprises dans la loi du pardon.* »

On le voit, le fisc, en aucun cas, ne perdait ses droits, et la ruine plus ou moins complète était inévitable.

Les rois *très-catholiques* entendent les affaires.

« Le *vingt-quatrième* article obligeait à rendre la liberté aux *esclaves chrétiens* du réconcilié, quand la confiscation n'avait pas lieu.

« Il était défendu, par le *vingt-cinquième* article, aux Inquisiteurs et aux autres personnes attachées au tribunal, de recevoir des présents sous peine d'excommunication majeure, de privation de leurs emplois, de restitution, et d'une amende de deux fois la valeur des présents reçus.

« Le *vingt-sixième* recommande aux officiers de l'Inquisition de vivre en paix les uns avec les autres.

« Il était expressément recommandé aux Inquisiteurs, par le *vingt-septième* article, de surveiller avec soin leurs subordonnés, afin qu'ils fussent exacts à remplir leurs devoirs.

« Enfin, le *vingt-huitième* abandonne *à la prudence des Inquisiteurs l'examen et la discussion de tous les points qui n'auraient pas été prévus par les constitutions qu'on vient de lire.* »

Ce code effrayant fut augmenté plusieurs fois, et modifié en plusieurs points, même dès les premières années de son application, mais ces augmentations et ces modifications ne changèrent rien à son esprit général, et ne furent point destinées à amener un soulagement pour les victimes.

C'est là vraiment la charte de l'Inquisition ; c'est là qu'elle se révèle tout entière dans son génie, ses tendances, ses moyens d'action, son but et sa morale.

Nous ajouterons peu de commentaires à ceux de Llorente que nous avons tenu à reproduire dans toute leur naïveté, ces commentaires étant ceux d'un honnête homme, candide, qui parle au nom de sa conscience, sans violence, ni parti pris.

Nous ferons seulement remarquer que ce code remet à la libre appréciation du juge toutes les mesures d'indulgence ou de pardon, et ne donne des lois fixes et absolues que pour la répression.

Le juge, dit-il, *pourra*, si le repentir lui paraît sincère, accorder l'absolution, et commuer la peine du bûcher en une prison perpétuelle. Mais il *devra* soumettre l'accusé à la torture, s'il existe une demi-preuve, etc.

Les sentences dépendent donc exclusivement du caprice de l'Inquisiteur, qui se décide suivant son parti pris, son ignorance, son fanatisme ou ses animosités personnelles.

L'accusé jugé sur une instruction secrète, faite par des agents inférieurs, le plus souvent, ne connaissant jamais les noms de ses accusateurs, ne possédant jamais sous les yeux les pièces de son procès, ne pouvant se consulter avec un avocat ni lui exposer son affaire qu'il ignore profondément lui-même, mis à la torture vingt fois [1] s'il le faut, jusqu'à ce que les tourments lui aient arraché un aveu, ne pouvait échapper à une condamnation inévitable.

Et sur quels fondements encore reposaient ces accusations d'où dépendaient la vie, l'honneur et la fortune de familles entières?

Sur des dénonciations calomnieuses, dictées par la vengeance, la haine, l'envie, l'intérêt ou la terreur, et le fanatisme stupide du premier lâche, ou du premier bigot venu; — sur des inductions, des analogies, des conséquences tirées de faits ou de discours isolés, rapportés avec plus ou moins d'exagération, d'intelligence ou d'infidélité, en supposant les circonstances les plus favorables!

Placés entre l'alternative de reconnaître l'innocence de l'accusé, ou de *le soupçonner* coupable, — car *le soupçon suffisait,* — les juges optaient toujours pour ce dernier parti, et, une fois leur choix fait, *n'avaient plus besoin de preuves.*

1. Nous en verrons la preuve plus tard.

Voilà ce qu'on peut appeler le régime de *la terreur*, et ce régime, pendant lequel aucun citoyen ne fut sûr de son existence ni de son pain, a duré, pour l'Espagne, jusqu'au dix-neuvième siècle.

Faut-il s'étonner qu'il ait coûté à l'Espagne SEIZE MILLIONS DE SES HABITANTS?

CHAPITRE XII.

Établissement de l'Inquisition moderne dans le royaume d'Aragon. Résistance des Espagnols. — Émeute à Saragosse. — Assassinat du dominicain Pierre Arbuès. — Sa béatification. — Sa canonisation proclamée par Pie IX.

I

Un code aussi hideux, aussi impudemment sanguinaire, dont l'exécution était confiée à des hommes qui croyaient, d'après les principes de la religion chrétienne, se rendre agréables à Dieu en envoyant au bûcher des milliers de leurs semblables, devait soulever, — même au moyen âge, même parmi des populations abruties et démoralisées par les enseignements de l'Église, — tout ce qui restait de conscience et de sens droit aux hommes de cette triste époque.

A défaut de conscience, à défaut de sens moral, — car depuis quinze siècles, la religion chrétienne travaillait à supprimer l'une et à fausser l'autre, et elle y était parvenue presque entièrement, — l'instinct de la conservation devait suffire à amener des résistances désespérées.

C'est ce qui arriva.

Partout, en Espagne, les populations protestèrent avec énergie contre ce nouveau code qui dépassait la mesure de patience, de soumission et d'abdication, à laquelle les idées religieuses et les pratiques du clergé avaient pourtant si admirablement habitué les peuples.

Ils sentirent que ce n'était plus seulement leurs droits, leur liberté, leur dignité qu'on leur enlevait, mais leurs biens et leur vie qu'on remettait, d'un trait de plume, entre les mains des moines et des rois.

Droits de la conscience, liberté de l'intelligence, dignité de la pensée indépendante, — depuis longtemps ils avaient tout sacrifié, — car une religion étroite était venue proclamer l'abolition de ces droits, la suppression de cette liberté, la déchéance de cette dignité, et une foi aveugle, une soumission avilissante, une morale qui soufflette la vérité et le bon sens, qui viole la nature, les avait deshérités de tout sentiment de la justice, livrés sans défense à tous les despotismes.

Il ne leur restait que le sang de leurs veines et les écus de leur bourse; — on venait les leur prendre : — ils eurent peur, et tentèrent de résister.

Mais comme cette résistance ne reposait sur aucun principe supérieur, n'inscrivait sur son drapeau aucune revendication généreuse, aucune idée générale; — comme les hommes de cette époque, habitués à vivre dans la préoccupation d'un idéal absurde et extra-terrestre, n'avaient aucun soupçon de la solidarité humaine, aucune conception des droits de l'humanité supprimés par les droits de Dieu, — cette résistance éparpillée, sans ensemble, ne reposant sur rien de fixe, dictée par la seule terreur, par le seul intérêt matériel de chaque individu, fut promptement étouffée, noyée dans le sang.

En effet, ce que les Espagnols combattaient, ce n'était point le principe de l'Inquisition : — ils étaient catholiques, ils admettaient la suprématie de l'Église, ainsi que le devoir de poursuivre les hérétiques.

Ils voulaient seulement obtenir la modification de quelques articles trop sévères, qui laissaient peser sur toutes les têtes les menaces les plus redoutables.

Dans de semblables conditions aucune révolte ne peut triompher.

Pour vaincre l'Inquisition, il fallait lui opposer un autre principe.

Sans cela on avait tort contre elle qui était dans la logique et dans la vérité catholique.

Les fidèles devaient accepter tous les risques sur cette terre pour mériter les joies de l'autre monde, et quand la justice de Dieu passait, représentée par l'Église, courber la tête sans murmurer.

Qu'importait, après tout, le sacrifice de quelques innocents ?

Dieu saurait bien reconnaître les siens ! L'important c'était que le coupable ne pût échapper.

En souffrant injustement pour la foi, en donnant son sang aux Inquisiteurs, ses biens au roi — représentant lui aussi du principe saint d'autorité, — on s'assurait le paradis.

En luttant contre l'Inquisition et le roi, on luttait contre les oints du Seigneur, les interprètes de sa volonté toute-

puissante, et, par cela seul, on sortait de l'orthodoxie, on compromettait son salut.

De quel droit, d'ailleurs, les fidèles osaient-ils trouver mauvais, défectueux, un code approuvé par le Pape infaillible, décrété par le roi, appliqué par les hommes choisis du Pape et du roi?

Au fond les Espagnols qui résistaient, se faisaient ces raisonnements, et leur conscience inquiète ôtait toute vigueur à leurs bras armés pour la révolte.

Ils furent donc promptement vaincus partout où ils essayèrent de lutter, en Aragon, en Catalogne, à Valence, à Majorque, dans le Roussillon, la Sardaigne et la Sicile.

II

Depuis le seizième siècle, cependant, l'Inquisition fonctionnait dans tous ces pays, avec un zèle prouvé par maints procès et de nombreux supplices, sans que les populations songeassent à secouer son joug.

Néanmoins elles se sentirent profondément émues à la publication du nouveau code.

L'article des confiscations surtout alla toucher au cœur quiconque possédait.

L'instinct de la propriété est le dernier qui disparaisse chez l'homme.

Les Aragonais en particulier, chez qui la confiscation n'avait jamais été appliquée, par respect pour certains priviléges spéciaux à l'Aragon, manifestèrent une grande indignation.

Le secret qui devait, désormais, envelopper les noms

et les déclarations des témoins, et qui jusqu'alors n'avait été décrété que dans certaines circonstances exceptionnelles, les inquiétait vivement.

Aussi, lorsque Ferdinand V, à la suite d'un conseil privé, eut décrété, au mois d'avril 1484, l'application de la nouvelle procédure dans toutes les provinces soumises à son pouvoir, et lorsque Torquemada eut envoyé des Inquisiteurs chargés de la mettre en œuvre, l'Aragon résolut de repousser par la force le nouveau tribunal.

Ce qui contribua également à susciter la résistance des Aragonais, c'est que presque tous les hauts personnages, tous les hommes influents descendaient de *nouveaux chrétiens*, c'est-à-dire de Juifs convertis.

Les députés du royaume réclamèrent auprès du Pape. Ils envoyèrent des commissaires à Rome, chargés de demander qu'on ordonnât aux Inquisiteurs de l'Aragon, de suspendre l'exécution des articles relatifs à la confiscation des biens, comme contraires aux lois aragonaises.

Pendant que les députés des Cortès d'Aragon faisaient leurs réclamations, les Inquisiteurs entraient en fonction, sans perdre de temps, et faisaient brûler plusieurs nouveaux chrétiens, dans des auto-da-fé publics et solennels.

Ces supplices exaspérèrent les *marranos* plus directement menacés.

Ils craignirent de voir se renouveler parmi eux les scènes qui se passaient en Castille, où les victimes se comptaient par milliers, chaque année.

Voyant que leurs supplications auprès du Pape et du roi n'avaient aucun succès, ils résolurent d'intimider les Inquisiteurs, en en sacrifiant un ou deux.

Une conspiration se forma. La première victime désignée fut l'Inquisiteur Pierre Arbuès.

Mais celui-ci, averti des desseins de mort qu'on nourrissait contre lui, prit des précautions.

Il portait une cotte de maille, et un casque de fer sous son bonnet. Cependant les conjurés le surprirent un soir, à l'église, près de l'autel, et, dirigeant leurs poignards où s'arrêtait la cotte de maille, le frappèrent au cou d'une blessure dont il mourut deux jours après, le 17 septembre 1485.

Ce meurtre, — parfaitement justifiable à quelque point de vue qu'on se place, car tout homme en face d'un Inquisiteur se trouve en état de légitime défense, et il est toujours permis de courir sus aux bêtes fauves, — ce meurtre fut et devait être inutile.

Il n'aggrava pas, en réalité, la situation des nouveaux chrétiens. — Rien ne pouvait aggraver la situation faite aux Espagnols par l'Inquisition. — Quels que fussent sa fureur et ses désirs de vengeance, il lui eût été impossible de se surpasser elle-même : — n'avait-elle pas touché, du premier coup, l'extrême limite où puisse atteindre jamais la perversité d'hommes sanguinaires poussés par le fanatisme le plus sauvage, imbus des leçons de l'Église, soumis aux préceptes fondamentaux de la cour de Rome, — gardienne fidèle des prescriptions du Christianisme ?

Mais si ce meurtre fut impuissant à rendre, — même en l'exaspérant, — l'Inquisition plus hideuse et plus sanguinaire qu'elle ne l'était d'essence, — il n'eut pas non plus les résultats qu'en espéraient ceux qui l'accomplirent.

Ils avaient compté que ce sang versé inspirerait une terreur salutaire aux autres Inquisiteurs, ils avaient compté que le roi lui-même et le Pape céderaient dans la crainte de provoquer des séditions populaires en Aragon, et jusqu'en Castille.

C'était une singulière candeur.

Nous savons, aujourd'hui, — ce que les hommes ignoraient apparemment encore au quinzième siècle, — que l'Église et la royauté ne cèdent jamais.

Ce misérable cadavre qu'on jetait en travers de la tyrannie religieuse et politique, ne pouvait enrayer sa marche. Elle ne s'en aperçut même pas, et continua de broyer, impassible, un peuple généreux.

Du reste, il s'agissait si bien, comme je l'ai dit plus haut, d'une question de personnes et d'intérêts matériels menacés, et non d'une question de principes, et le sens moral avait été si complétement aboli chez les chrétiens, que tous ceux qui ne descendaient point de Juifs convertis, se croyant à l'abri des soupçons de l'Inquisition, prirent les armes pour massacrer les conjurés et les *marranos*[1].

L'émeute menaçait de dégénérer en guerre civile, dans les rues de Saragosse, quand l'intervention de l'archevêque ramena le calme.

On arrêta les coupables, puis on rendit des honneurs à la mémoire de Pierre Arbuès passé à l'état de martyr.

On s'arrangea même pour qu'il fît des miracles, et Alexandre VII, en 1664, le béatifia.

De nos jours, Pie IX s'apprête à le canoniser, et cette

---

1. Nouveaux chrétiens, c'est-à-dire descendants des Juifs.

canonisation, en plein dix-neuvième siècle, d'un Inquisiteur justement massacré par les victimes qui se savaient désignées à ses coups, prouve une fois de plus, — ce que je n'ai cessé de répéter, — que les idées de l'Église n'ont point changé, parce que ces idées sont la conséquence immédiate des principes apportés dans le monde par l'ancien et le nouveau Testament.

On éleva un monument magnifique à Pierre Arbuès *le martyr*, son corps y fut déposé, le 8 décembre 1487, et on grava sur le socle l'inscription suivante, dans le style amphigourique accoutumé :

« Qui est celui qui repose dans ce tombeau ? C'est une seconde pierre très-forte, dont la vertu éloigne d'ici tous les Juifs; car le prêtre Pierre est la pierre très-solide sur laquelle Dieu a fondé son ouvrage (*l'Inquisition*). Heureuse Saragosse! Réjouis-toi de voir enseveli dans ce lieu celui qui est la gloire des martyrs. Et vous, ô Juifs, fuyez d'ici, fuyez promptement, car la pierre précieuse, l'hyacinthe, a la vertu de chasser la peste de ces lieux. »

Rien n'y manque, — pas même le calembour traditionnel sur Pierre.

Arbuès eut sa statue aussi, avec force inscriptions de Ferdinand et d'Isabelle.

Nous ne citerons que celle de la reine.

« La reine Isabelle a fait élever, comme un signe éternel de sa piété singulière, ce monument à son confesseur, ou plutôt au martyr Pierre Arbuès. »

Maintenant redescendons sur la terre, et voyons ce qu'il advint des assassins du martyr.

On se doute bien que l'Inquisition, ayant un si bon

prétexte de sévir, et de venger sa propre cause en même temps que celle de Dieu, ne laissa guère chômer le bourreau.

« Il serait difficile de compter les familles qui furent atteintes plus ou moins cruellement. En moins de quelques jours, *deux cents* victimes furent immolées, comme hérétiques, c'est-à-dire *ennemies du Saint-Office*, ce qui revenait au même. »

Un des conjurés, Vidal de Uranso, mis à la torture, avoua tout ce qu'on voulut, et désigna autant de complices qu'il plut aux tortionnaires de lui en faire désigner.

La mort violente de tant de personnes jeta le royaume d'Aragon dans le deuil, deuil qui fut encore augmenté par la disparition d'un plus grand nombre de malheureux périssant lentement dans les cachots fétides de l'Inquisition.

Dans les trois premiers ordres de la noblesse, il n'y eut peut-être pas une famille qui n'eût la honte de voir figurer quelqu'un de ses membres dans les auto-da-fé qui se succédaient sans interruption, ne fût-ce que comme *pénitencié*, c'est-à-dire revêtu du san benito, et relâché après confession publique.

Le plus léger indice était reçu comme preuve de complicité, et c'était un crime que d'avoir donné l'hospitalité à un fugitif.

L'insolence des moines alla même jusqu'à ordonner l'arrestation du propre *neveu du roi*, D. Jacques de Navarre, qui fut enfermé dans les cachots du Saint-Office, et n'en sortit que pour faire une pénitence publique.

Il avait protégé la fuite de quelques suspects!

Quant aux principaux auteurs du meurtre, on leur coupa les mains avant de les pendre; leurs cadavres furent écartelés, et leurs membres exposés sur les chemins publics.

Un de ces malheureux, Jean de l'Abadia, s'étant tué dans sa prison, son corps n'en figura pas moins à la fête.

Les Inquisiteurs avaient promis la vie à Vidal de Uranso, pour prix de ses dénonciations.

Mais on le pendit, néanmoins, car on n'est pas forcé de tenir sa parole envers les ennemis de Dieu, — je veux dire de l'Inquisition.

En pareille circonstance, ajoute Llorente, lorsque le Saint-Office promet la *vie sauve*, il n'a pas d'autre but et d'autre intention, « que d'obtenir du coupable l'aveu de son crime et la délation de ses complices. »

Cependant, la charité chrétienne poussa ses bourreaux à ne lui couper les mains qu'après sa mort.

Heureusement un certain nombre d'accusés purent se réfugier en France.

Parmi eux se trouvait un gentilhomme nommé Gaspard de Santa-Crux.

Il mourut à Toulouse, pendant qu'on instruisait son procès à Saragosse.

Un de ses fils fut arrêté comme ayant favorisé son évasion.

Il figura dans l'auto-da-fé, mais, au lieu de le mettre à mort, on lui imposa une pénitence qui lui permettait de réparer son crime, par une action de nature à prouver son zèle pour la foi, et sa soumission à l'Inquisition.

On lui ordonna de se rendre à Toulouse, pour obtenir

des Dominicains de cette ville que le cadavre de son père
fût exhumé et livré aux flammes.

Il devait ensuite revenir à Saragosse, et remettre aux
Inquisiteurs le procès-verbal de cette « parricide exécution. »

Le fils accepta cette pénitence : il remplit l'exécrable
mission qu'on lui confiait.

Cela révolte, et la plume est prête à tomber des mains,
quand on rapporte de pareils forfaits, quand on retrace
le tableau de cette dégradation absolue de la conscience
humaine, quand on en est réduit à raconter ce que la
foi religieuse avait fait de tous les sentiments naturels
à l'homme, et jusqu'à quel degré de lâcheté et d'avilissement elle avait poussé les caractères.

Mais ceux qui blâment la conduite de ce fils, sont injustes
et illogiques.

S'il était chrétien sincère, il devait agir ainsi qu'il fit.

N'est-ce pas le Christ lui-même qui a dit :

« Ma mère et mes frères sont ceux qui écoutent la
parole de Dieu, et qui la mettent en pratique [1]. »

Ce fils appliqua le précepte de Jésus.

Repoussez le précepte, rejetez loin de vos cœurs cette
morale... Mais n'oubliez pas, du moins, que cet enfant
qui livra le cadavre de son père au bourreau, et l'Inquisition qui lui donna cet ordre pouvaient invoquer plus
d'un passage de l'ancien et du nouveau Testament.

---

1. Saint Luc, VIII, 21.

III

Il fallait conserver le souvenir précieux de cette victoire de l'Inquisition : on y pourvut de la façon suivante :

« Les armes qui avaient servi aux assassins, furent suspendues dans l'église cathédrale de Saragosse, où elles sont restées pendant longtemps, avec les noms des personnes qui furent brûlées ou qui subirent une pénitence publique à la suite de cette affaire. Ces inscriptions étaient faites en grosses lettres sur une toile, au haut de laquelle on avait peint des flammes, lorsque le condamné avait été brûlé, ou une croix en sautoir couleur de feu, s'il n'avait été soumis qu'à une pénitence. Il y en eut plusieurs qui furent enlevées quelque temps après, en vertu de bulles apostoliques, dont Ferdinand V autorisa, comme par grâce, l'exécution. On les fit disparaître à la sollicitation des familles des condamnés, qui tenaient un rang illustre dans la ville. Cette mesure déplut singulièrement aux Inquisiteurs ; ils irritèrent par leurs plaintes fanatiques la classe la plus ignorante des anciens chrétiens, en publiant que ce qu'on venait de faire était un outrage à la pureté de la religion catholique. Leurs déclamations donnèrent lieu à une émeute, qui pensa devenir générale, tant est redoutable l'influence du fanatisme chez des hommes revêtus d'un caractère sacré, et intéressés à cacher la vérité ou à dénaturer les idées. »

Pendant que ces événements se passaient à Saragosse, des faits analogues se reproduisaient dans les autres provinces.

A Tolède, le tribunal du Saint-Office avait rempli les cachots et les prisons de la ville d'un si grand nombre de prisonniers, qu'il devint impossible de procéder régulièrement à l'instruction de cette quantité de procès, même avec les formes sommaires adoptées par l'Inquisition.

On fit succéder les auto-da-fé aux auto-da-fé, pour vider les prisons.

Un mois après le délai de grâce, on réconcilia sept cent cinquante condamnés des deux sexes, qui subirent tous une pénitence publique, en chemise, pieds nus, un cierge à la main.

Deux mois plus tard, nouvelle cérémonie, où figurèrent le même nombre de suspects.

Il y eut encore la même année deux autres auto-da-fé.

Dans le dernier, on brûla vingt-sept personnes, y compris deux prêtres, et neuf cent cinquante furent condamnées à diverses peines plus ou moins sévères.

En résumé, pendant le cours d'une seule année, la seule Inquisition de Tolède commença et termina *trois mille trois cent vingt-sept* procès sans compter les procédures entamées contre ceux des prévenus qui étaient encore dans les cachots, attendant ce qu'on déciderait de leur sort.

Cela fait environ *trente procès jugés par jour,* — *trente procès qui décidaient de la vie, de la liberté, de l'honneur des inculpés, et de la fortune de leur famille entière,* car, on se le rappelle, le système des confiscations réduisait à la misère la femme et les enfants du condamné !

Pour accomplir cette besogne surhumaine, savez-vous combien il y avait de juges?

Deux inquisiteurs, et deux greffiers!

Ce qui se passait à Tolède, d'ailleurs, n'était point une exception.

L'Inquisition procédait absolument de même dans toute l'étendue de la monarchie espagnole.

Llorente rapporte que, dans les *actes additionnels* ajoutés plus tard par Torquemada aux *règlements* que nous avons analysés précédemment, se trouvait un article ainsi conçu[1] :

« Les écritures et les papiers de l'Inquisition seront gardés dans les lieux mêmes où les Inquisiteurs feront leur résidence, et renfermés dans *un coffre* dont la clef sera confiée au greffier du tribunal, qui ne pourra s'en dessaisir sous peine de perdre sa place.

« Ces écritures — ajoute le prêtre espagnol — ne sont autre chose que les procès eux-mêmes. Si l'Inquisition avait procédé d'après les règles et les formes ordinaires, *quel coffre* eût pu contenir les procédures de tant de milliers de victimes immolées jusqu'en 1488? Cette circonstance mérite d'être remarquée, parce qu'elle prouve combien étaient courts les procès de ce tribunal.

« Ces procès ne contenaient, en effet, que la *dénonciation*, le *procès-verbal* de l'emprisonnement, la *confession* de l'accusé, l'*accusation* du fiscal, la *réponse verbale* du prisonnier et le *jugement* : — voilà l'état du plus grand nombre de ces causes criminelles.

« *Dans quelques-unes, on rencontre des dépositions de témoins* à l'appui de la dénonciation, et il n'en fallait pas davantage pour disposer de la vie, de l'honneur et

____

1. Actes additionnels, art. 7.

de la fortune d'hommes souvent illustres et de citoyens utiles. »

Ainsi, voilà qui est bien prouvé : — dans la plupart des cas, la *dénonciation* appuyée de l'*appréciation* de l'Inquisiteur suffisait, — *et l'on ne prenait pas même la peine d'interroger des témoins.*

Les historiens qui ont assuré que l'Inquisition avait été plus désastreuse pour l'Espagne que plusieurs guerres longues et sanglantes, n'ont rien exagéré.

· Il suffirait de ce que nous savons déjà, de ce que nous venons de constater, chiffres en main, sur des témoignages matériels irrécusables, pour justifier toutes les malédictions qui poursuivent l'Inquisition, pour démontrer aux plus aveugles que ce tribunal pieux, fondé, organisé, sanctifié, puis regretté par tous les papes, — quand il fut aboli, — a passé sur le monde comme une des plus horribles calamités dont l'humanité ait jamais eu à souffrir.

On comprend aussi que, malgré le degré d'ignorance et d'abrutissement où la religion avait conduit les peuples, ces peuples cependant aient unanimement protesté contre le joug d'une pareille tyrannie, qu'ils aient essayé de le briser.

Téruel, Valence, Lérida, Barcelone, presque toute la Catalogne se soulevèrent.

Barcelone surtout se distingua par l'énergie de sa résistance.

Mais que faire contre les gendarmes du roi, et les espions du Saint-Office ?

Ni Ferdinand, ni le Pape, ne consentirent à accorder la moindre concession, et, après quelques années de luttes violentes, ou de protestations légales, les Espagnols finirent par se soumettre, — peuple martyr, puis décimé, énervé, avili, destiné à prouver au monde ce que devient une nation livrée à la suprématie des prêtres.

En résumé, il est incontestable que l'Inquisition a été introduite en Espagne contre le vœu de toutes les provinces, malgré une résistance énergique, désespérée, presque unanime[1] de l'Espagne entière.

L'Inquisition, — et j'y insiste, car cela est important, — ne fut donc pas un produit de l'Espagne, et ne reçut pas son caractère sanglant, inique, monstrueux, du peuple espagnol.

L'Inquisition fut une importation de la cour romaine.

Ce fut le régime de l'Église réalisé dans son idéal, fonctionnant par ses moyens propres.

Le peuple espagnol en fut la victime et non le promoteur.

Il la subit, puis il abdiqua devant elle, et tomba dans l'impuissance, après avoir été mis en coupe réglée pendant plusieurs siècles, après avoir perdu, sur les bûchers ou dans l'exil, ses meilleurs citoyens, toutes les individualités énergiques, toutes les forces vives de la patrie.

---

1. Les îles de Majorque et de Minorque repoussèrent l'Inquisition pendant plus de huit années; elle ne put s'y établir qu'en 1490.

CHAPITRE XIII.

ACTES ADDITIONNELS.

Expulsion des Juifs. — Mort de Torquemada.

I

Durant cette lutte Torquemada impassible, comme un homme qui se croit l'exécuteur des hautes œuvres divines et se sait en conformité avec les traditions constantes de l'Église infaillible, rédigeait des *actes additionnels* aux prem ères constitutions du Saint-Office, et convoquait une nouvelle junte générale d'Inquisiteurs.

Cette assemblée s'occupa de rendre plus régulière l'autorité du grand Inquisiteur général. Elle remédia aussi à plusieurs abus matériels qui s'étaient introduits dans la gestion des biens confisqués aux familles des victimes de l'Inquisition.

Ces *actes additionnels*, n'ayant pas d'autre importance, et étant avant tout affaire de discipline intérieure et de gestion financière, n'amenèrent aucun changement sur les points qui nous intéressent particulièrement.

Nous n'y insisterons donc pas.

Il suffit de dire que la mauvaise administration des biens confisqués, jointe aux dilapidations des inquisiteurs, avaient tellement diminué les revenus du saint tribunal, que ces revenus ne pouvaient plus faire face aux dépenses.

Les frais du Saint-Office étaient d'ailleurs considérables par eux-mêmes, puisqu'il fallait entretenir une armée d'agents et d'espions de toute nature, et enfin pourvoir à la nourriture des innombrables prisonniers enfermés dans les cachots du Saint-Office, où, parfois, ils restaient de longues années à la charge de leurs geôliers.

Aussi Torquemada recommandait-il, dans le quatorzième article de ses *actes additionnels*, de faire construire pour les prisonniers des cellules *qui leur permissent d'exercer leur profession et de gagner leur vie*, ce qui eût soulagé d'autant les finances du Saint-Office.

C'est dans ce même but d'économie, d'avarice, que les couvents actuels de femmes se sont chargés à vil prix d'entreprises de couture, et d'une foule d'autres travaux faits par les orphelines ou les filles repenties, et qui ruinent les ouvrières, en leur créant une concurrence déloyale.

Ferdinand V, de son côté, voyant qu'il ne pouvait plus puiser dans la caisse des confiscations, cette poule aux œufs d'or de la très-chrétienne royauté, prit des mesures efficaces pour faire cesser le désordre.

Les Inquisiteurs furent obligés de restituer des sommes considérables; on augmenta les amendes imposées aux personnes réconciliées, et l'or rentra dans les coffres de l'État, en même temps qu'une comptabilité plus sévère rétablissait les finances de l'Inquisition elle-même.

N'oublions pas de mentionner, pour donner une idée
plus nette de l'avarice des membres du Saint-Office,
qu'ils étaient d'autant moins excusables d'avoir détourné
et gaspillé les fonds confiés à leur surveillance, que le
roi n'avait jamais cessé de pourvoir, et très-amplement,
à tous leurs besoins personnels.

II

Ce fut en 1492, sur les instances de Torquemada,
qu'Isabelle et Ferdinand V prirent et exécutèrent la résolution d'expulser de leurs États les Juifs non baptisés.

Sur quoi se fondait cette résolution, non-seulement
inique et barbare, mais encore impolitique à tous les
points de vue, contraire à tous les intérêts de la monarchie elle-même, ruineuse pour son trône, qui devait porter un coup fatal au commerce de la Péninsule, et tuer
pour longtemps son industrie?

Les vieux chrétiens, démoralisés par la vue des supplices incessants et des persécutions perpétuelles qu'on
faisait subir aux Juifs convertis, abrutis par des préjugés
stupides et un fanatisme idiot, avaient fini par prêter
aux Juifs tous les vices, par leur attribuer tous les
crimes.

On les accusait d'exciter à l'apostasie ceux de leurs
anciens coreligionnaires qui avaient reçu le baptême.

On leur imputait une foule de sacriléges.

On racontait qu'ils enlevaient des enfants chrétiens et
les crucifiaient, le Vendredi saint, dans le but de paro-
dier et de tourner en ridicule la mort de Jésus-Christ.

On disait encore qu'ils outrageaient les hosties consacrées; qu'ils conspiraient contre la sûreté et la tranquillité de l'État.

On ajoutait que les médecins et les apothicaires juifs empoisonnaient leurs malades, quand ces malades étaient chrétiens.

De tous ces faits, on ne fournissait pas une seule preuve, et pour cause.

Mais qu'était-il besoin de preuves?

Les Juifs de l'Espagne du quinzième siècle ne descendaient-ils pas de ce peuple qui avait laissé crucifier jadis, quinze cents ans auparavant, un certain Juif nommé Jésus?

C'était là un forfait qui appelait, pendant l'éternité, toutes les vengeances célestes, et, en ce bas monde, tous les supplices imaginables.

Est-ce que Dieu n'a pas dit qu'il vengerait l'iniquité des pères sur les enfants?

Est-ce que, depuis quatre mille ans, d'après la Genèse, tous les hommes n'expient pas la faute d'Adam?

Au point de vue chrétien, d'après la morale chrétienne, toutes les représailles contre les Juifs étaient donc de droit, et même de devoir, et il y avait de l'enfantillage à chercher de nouveaux prétextes.

D'ailleurs, l'Inquisition désirait leur perte : — elle était donc inévitable.

Les Juifs furent avertis du danger qui les menaçait:

« Persuadés que pour l'éloigner il suffirait d'offrir de l'argent à Ferdinand, ils s'engagèrent à fournir 30 000 ducats pour les frais de la guerre de Grenade, dans laquelle on était alors engagé, à ne donner aucune

inquiétude au gouvernement, et à se conformer aux règlements qui les concernaient, en habitant des quartiers séparés de ceux des chrétiens, en se retirant avant la nuit dans leurs maisons, et en renonçant à l'exercice de certaines professions qui étaient réservées aux chrétiens. »

Ferdinand et Isabelle n'étaient pas éloignés de prêter l'oreille à ces propositions.

Torquemada, averti de ces dispositions bienveillantes dictées par l'avarice, eut la hardiesse de se présenter, un crucifix à la main, devant ses souverains, et de leur adresser ces paroles :

« Judas a le premier vendu son maître pour trente deniers : Vos Altesses pensent le vendre une seconde fois pour 30 000 pièces d'argent; le voici, prenez-le, et hâtez-vous de le vendre. »

L'audace du Dominicain opéra un changement subit dans l'esprit de Ferdinand et d'Isabelle, et, le 31 mars 1492, ils rendaient un décret par lequel tous les Juifs, hommes et femmes, étaient obligés de sortir de l'Espagne, avant le 31 juillet de la même année, sous peine de mort et de perdre tous leurs biens.

Le décret défendait aux chrétiens d'en cacher aucun dans leurs maisons après ce terme, sous les mêmes peines.

Il était permis aux proscrits de vendre leurs biens-fonds, d'emporter leurs meubles et leurs autres effets, excepté l'or et l'argent, pour lesquels ils devaient accepter des lettres de change ou des marchandises non prohibées.

Cette mesure, inspirée par le fanatisme le plus étroit et le zèle exclusif de la religion, en dehors de toute haine politique, fit quitter l'Espagne à *huit cent mille Juifs*.

Si l'on joint à cette émigration celle des Maures de Grenade qui passèrent en Afrique, et l'établissement d'une multitude de chrétiens d'Espagne dans le nouveau monde, on trouvera que Ferdinand et Isabelle perdirent *deux millions* de sujets, et qu'il en est résulté pour la population actuelle de l'Espagne une diminution d'au moins *huit millions d'habitants*.

Quant aux malheureux à qui on laissait quatre mois, du 31 mars au 31 juillet, pour s'expatrier et réaliser leurs biens, — placés entre la mort et le baptême, ou l'exil et la ruine, il ne faut pas s'étonner qu'ils aient choisi l'exil et la misère.

Le traitement que subissaient les Juifs convertis n'était point de nature à leur inspirer confiance. Ils savaient trop bien, pour l'avoir constaté tous les jours depuis longues années, que ceux de leurs coreligionnaires qui se convertissaient tombaient toujours tôt ou tard entre les mains de l'Inquisition, et qu'ils étaient l'aliment le plus habituel de ses bûchers.

Ils savaient que leur conversion les exposerait sans cesse aux soupçons de leurs ennemis, aux délations des espions du Saint-Office, et que sur la terre d'Espagne, après comme avant le baptême, ils ne trouveraient que des bourreaux et des supplices. Ils n'hésitèrent donc pas à partir.

Du moment où leur or n'avait pu toucher l'avarice du roi, que pouvaient-ils espérer, attendre?

Rien, que la mort.

Ils préférèrent la ruine.

On en vit alors donner leur maison contre un âne, leur vigne contre un peu de toile ou de drap.

Comment en eût-il été autrement, quand huit cent mille proscrits devaient partir à jour fixe, après un délai dérisoire?

Presque partout où ils se réfugièrent, les exilés trouvèrent d'autres persécuteurs, qui les dépouillèrent du peu qu'ils avaient sauvé avec eux.

En Europe, l'Église triomphante ne leur laissait nulle part aucun répit, et en Afrique les Maures égorgeaient les femmes juives pour s'emparer des bijoux qu'elles avaient pu cacher sur elles.

Cette proscription en masse, suivie de la prise de Grenade sur les Maures, fournit de nouvelles victimes à l'Inquisition, et donna de l'occupation à ses bourreaux pour plusieurs années.

En effet, parmi les mahométans et les Juifs que l'amour de la patrie poussa à se convertir pour ne point quitter les lieux qui les avaient vus naître, il en était bien peu dont la conviction fût sincère.

Ils ne pouvaient tromper longtemps le Saint-Office, et un grand nombre d'entre eux montèrent bientôt sur les bûchers, comme *relaps*.

Ferdinand déploya un zèle particulier dans ces circonstances, et se distingua par sa cruauté contre les Juifs.

Ainsi, ce fut sur ses ordres directs que douze Israélites, trouvés dans Malaga après la prise de cette ville sur les Maures, subirent une mort affreuse.

On les tua à l'aide de *roseaux pointus*, supplice raffiné et redoutable par la lenteur avec laquelle les victimes succombaient au milieu d'horribles souffrances.

Torquemada, encouragé par ses succès, ne mit plus de bornes à son audace.

Après avoir obtenu l'expulsion des Juifs, après s'être baigné dans le sang des Maures, après avoir obtenu d'Innocent VIII une bulle[1], *par laquelle il était ordonné à tous les gouvernements d'Europe de faire arrêter à la simple réquisition du grand Inquisiteur, tous les fugitifs qu'il aurait désignés*[2], il en vint à mettre en jugement des évêques eux-mêmes.

Les victimes qu'il choisit, dans l'Épiscopat, furent les évêques de Ségovie et de Calahorra, dont le crime impardonnable était de descendre de Juifs baptisés.

Le Pape rappela aussitôt à l'Inquisiteur qu'un article des anciens règlements approuvés par Boniface VIII, interdisait d'informer contre les évêques, les archevêques et les cardinaux, sans une autorisation spéciale apostolique.

En conséquence, il ordonnait à Torquemada d'envoyer toutes les pièces du procès à Rome, afin que le Vatican pût en avoir connaissance et décider quel parti il conviendrait de prendre.

Les deux évêques, D. Arias Davila, et D. Pierre de Aranda eurent d'abord gain de cause auprès du Saint-Père, mais ce premier échec ne découragea pas le farouche Dominicain qui, à force de persévérance, parvint à faire croire à leur hérésie.

On les enferma dans une prison où ils moururent,

---

1. 3 avril 1487.

2. Aucun souverain étranger n'obéit à l'ordre du Pape en cette circonstance.

après avoir été dépouillés de leurs biens et dégradés de toutes leurs dignités.

Torquemada comprit aussi qu'il ne suffisait pas de poursuivre les individus, et que son œuvre ne serait complète que s'il parvenait à tarir dans sa source l'activité intellectuelle elle-même.

Les livres devinrent donc l'objet de sa surveillance toute spéciale.

Depuis longtemps déjà, il existait une commission composée d'évêques et de présidents de chancellerie, chargés de tout ce qui concernait l'examen, la censure, l'impression, l'introduction et la vente des livres.

L'Église, en effet, instituée pour diriger nos âmes, n'a jamais reconnu la liberté des intelligences, ni respecté les produits de son activité indépendante.

Cela eût été contraire au principe même en vertu duquel elle existe, puisqu'elle est dépositaire de la vérité absolue.

Cette vérité ne doit-elle pas suffire à l'humanité?

L'Église avait donc le devoir de veiller à ce qu'on n'enseignât, à ce qu'on ne publiât rien en dehors d'elle et de son approbation.

C'est ce qu'elle a fait toujours, c'est ce qu'elle fait encore dans la mesure de ses forces.

Torquemada n'inventa donc pas plus la persécution contre les livres, qu'il n'avait inventé les autres persécutions.

Il la rendit plus sévère, plus efficace, — voilà tout.

Des bûchers s'élevèrent pour la pensée écrite, et le livre eut ses auto-da-fé solennels.

En 1490, des bibles furent brûlées, à Salamanque, comme infestées des erreurs du judaïsme.

Peu de temps après, six mille volumes disparaissaient dans les flammes.

La bibliothèque entière de don Henri d'Aragon, prince de sang royal, subit la même proscription, et tous les ouvrages qui la composaient, littérature, siences, arts, théologie, furent anéantis.

On voit où l'humanité eût abouti, si le règne des moines avait pu s'établir à la fois dans tous les pays, et durer avec les mêmes succès.

C'était la fin pure et simple du monde intellectuel et moral.

La terre devenait un immense couvent livré aux pratiques abrutissantes d'une dévotion stupide et de la corruption la plus honteuse.

L'activité de l'homme ne peut disparaître complétement, et quand tous les horizons élevés lui sont fermés, quand l'ignorance et la superstition ont tari en lui toutes les sources de la pensée, l'animal est là, qui prend la direction, et sauve l'humanité de l'inertie du néant par la débauche sans frein.

Le règne de Torquemada dura dix-huit années, jusqu'à sa mort arrivée le 16 septembre 1498.

L'exécration qui a suivi sa mémoire, accompagna sa vie.

Il dut prendre des précautions incessantes pour échapper aux poignards des assassins.

Il ne voyageait jamais sans être escorté par cinquante *familiers de l'Inquisition* à cheval, et deux cents autres à pied.

Craignant d'être empoisonné, il avait toujours sur sa table une défense de licorne, à laquelle on supposait, à cette époque, la vertu de faire découvrir la présence du poison, et d'en neutraliser l'effet.

Le concert de plaintes et de malédictions qui l'accompagnait, émut plusieurs fois jusqu'au Pape lui-même, et Torquemada se vit, à trois reprises différentes, obligé de faire plaider sa cause à Rome par un de ses collègues délégué à cet effet.

Alexandre VI, enfin, fatigué de toutes les plaintes qui arrivaient à lui, voulut un instant le dépouiller de son immense pouvoir, puis des considérations politiques, le besoin de ménager la cour d'Espagne, le firent changer d'idée.

Il se contenta de lui adjoindre quatre évêques, Inquisiteurs généraux, qu'il chargeait d'instruire avec lui toutes les affaires relatives à l'hérésie.

Cette demi-mesure ne produisit aucun résultat, et Torquemada mourut, en pleine possession de sa toute-puissance, sans avoir en rien adouci la férocité de son fanatisme.

Cette mort, du reste, n'amena nul soulagement pour les Espagnols, ainsi qu'on le verra par la suite.

La machine était montée, le système établi ; — les successeurs de Torquemada n'y changèrent rien.

CHAPITRE XIV.

Les familiers de l'Inquisition. — Calcul approximatif des victimes de Torquemada. — Description des supplices de l'Inquisition et d'un auto-da-fé.

I

L'Inquisition est parvenue à son point culminant. Elle ne saurait aller plus loin. — Elle a poussé jusqu'à la la limite extrême le mépris de toutes les lois de l'humanité, la science du despotisme le plus hideux qui ait pesé jamais sur une société d'hommes.

L'Espagne lui appartient corps et âme.

La fortune, la pensée, la vie, — on lui a tout remis.

Elle a brisé les liens de la famille[1], érigé l'espionnage et la délation en devoir sacré, supprimé la conscience humaine, transformé la torture et le bûcher en institution d'État.

Au delà n'existe pas.

Elle se maintiendra longtemps à cette hauteur d'infamie et de folie sanglante ; puis, vaincue à son tour par

1. Un trait entre mille : un gentilhomme sollicita de l'Inquisition, comme une faveur, que le bûcher où devaient périr ses deux filles fût élevé dans la cour de sa maison ; il en fournit le bois, et y mit lui-même le feu.

l'esprit moderne, vouée à l'impuissance par les progrès de la civilisation et l'adoucissement des mœurs, de plus en plus isolée au milieu d'un monde qui, après avoir secoué le joug de Rome, commence à rompre enfin avec tous les systèmes religieux et leur morale, nous la verrons s'effondrer, sans que son bras suspendu sur la tête des peuples ait jamais désarmé!

Elle disparaît un jour, parce que le terrain manque sous ses pieds, mais elle disparaît entière, immuable, telle qu'elle a vécu, — impuissante, non amendée.

Rendez-lui le pouvoir, et demain la retrouvera ce qu'elle était hier.

Voyons donc au juste, dans le détail, ce qu'elle était, et comment elle usait de sa toute-puissance.

Nous avons parlé dans les chapitres précédents des *familiers de l'Inquisition*, qui formaient pour ainsi dire l'armée permanente du Saint-Office.

La terreur se chargea de recruter cette armée innombrable qui couvrit l'Espagne entière d'espions et de pourvoyeurs de supplices.

Sous le règne de Torquemada, plusieurs gentilshommes illustres ayant jugé prudent de se montrer dévoués au Saint-Office, dans la crainte d'être rangés, tôt ou tard, dans la classe des *suspects*, s'offrirent volontairement à faire partie des *familiers* de l'Inquisition.

Les membres de cette *milice du Christ* s'engageaient à poursuivre les hérétiques et les personnes suspectes d'hérésie, à fournir aux sergents et aux sbires du tribunal tous les secours dont ils pouvaient avoir besoin pour l'arrestation des accusés, et à faire tout ce que les Inquisiteurs ordonneraient pour la punition des coupables.

Ils étaient les *gardes du corps* du grand Inquisiteur général et des Inquisiteurs provinciaux

Isabelle et Ferdinand leur accordèrent des prérogatives et immunités nombreuses.

Bientôt ces encouragements, et l'exemple donné par quelques grands seigneurs, entraînèrent un grand nombre de personnes de toutes les classes de la société.

Il y eut même des villes où le nombre des *familiers* dépassait celui des habitants soumis aux charges municipales.

Que voulez-vous? — Avec l'Inquisition il fallait être bourreau ou victime.

On comprend que beaucoup aient choisi d'être bourreaux.

Parmi les *familiers*, naturellement, il s'en trouva dont le zèle les poussait à se livrer à l'espionnage continuel, et qui se faisaient une joie des délations, un honneur de tendre des piéges à leurs amis, à leurs parents.

N'y avait-il pas une prime pour la bassesse et tous les crimes, pourvu qu'ils fussent favorables au triomphe de la religion?

La férocité et l'hypocrisie devinrent des vertus : l'honnêteté d'un peuple soumis au joug de l'Inquisition, imbu de ses leçons et de sa morale, se composa bientôt de tous les vices les plus méprisables, les plus odieux à la conscience humaine.

« Malheur à ceux qui comptaient des *familiers* parmi leurs ennemis! La liberté, la vie d'un citoyen dépendaient d'un faux rapport, d'un faux témoignage. Il vivait dans la perspective des cachots, des tortures, des bûchers! »

L'Inquisition a eu cette gloire, a fait ce miracle de

pousser, pendant des siècles, l'horrible jusqu'à l'invrai-
semblable, et de diviser un grand peuple admirablement
doué en deux classes : — les brûleurs et les brûlés.

II

Nous emprunterons à Léonard Gallois, qui les a lui-
même empruntés à Llorente et aux autres auteurs qui
ont écrit sur l'Inquisition d'après les documents authentiques conservés dans les archives du Saint-Office, les
détails relatifs aux tortures infligées aux prisonniers, et
la description d'un auto-da-fé.

« Parmi les supplices que les Inquisiteurs faisaient
endurer à leurs victimes, il faut placer, presque au premier rang, ceux que les accusés éprouvaient durant leur
emprisonnement. Les prisons du Saint-Office étaient,
dans la plupart des villes, de sales réduits de douze pieds
de longueur sur dix de largeur, ne recevant qu'un faible
rayon de clarté par une petite fenêtre percée tout à fait
en haut, de manière que les prisonniers pouvaient à peine
distinguer les objets. La moitié de ces réduits était oc-
cupée par une estrade sur laquelle ils couchaient; mais,
comme il y avait à peine de la place pour trois personnes, et que souvent on en enfermait le double dans chaque chambre, les plus robustes étaient obligés de dor-
mir par terre, où ils avaient à peine autant de place
qu'on en accorde aux morts pour leur sépulture. Ces
chambres étaient si humides que les nattes qui servaient
à ces malheureux se pourrissaient en très-peu de temps.
Les autres meubles dont les cachots étaient garnis con-

sistaient en quelques vases de terre pour satisfaire aux besoins naturels; ces vases n'étaient vidés que toutes les semaines, ce qui obligeait les prisonniers à vivre dans une atmosphère si malsaine que la plupart y trouvaient la mort, et que ceux qui en sortaient étaient si défigurés qu'on les prenait pour des cadavres ambulants.

« Mais ce n'était pas assez de placer des hommes dans des lieux si étroits et si infects, il leur était encore défendu d'avoir des livres ou tout autre chose qui aurait pu leur faire oublier un instant leur affreuse situation. La plainte même leur était interdite, et, lorsqu'un malheureux prisonnier faisait entendre quelques gémissements, on le punissait en lui mettant un bâillon pendant plusieurs jours, et en le fouettant cruellement le long des corridors, lorsque le premier moyen n'avait pas suffi pour le forcer au silence. La même punition du fouet était infligée à ceux qui faisaient du bruit dans leurs chambres, ou qui se disputaient entre eux; en pareil cas, on rendait toute la chambrée solidaire, et on les fouettait tous. Ce châtiment était exercé sur toutes les personnes sans distinction du sexe et de l'âge, de sorte que de jeunes demoiselles, des religieuses et des dames distinguées étaient dépouillées et battues impitoyablement.

« Tels étaient l'état des prisons du Saint-Office et les traitements que l'on y faisait éprouver aux prisonniers, vers la fin du quinzième siècle. Depuis lors, quelques améliorations ont successivement eu lieu dans l'intérieur des cachots; mais le sort des prisonniers y fut presque toujours le même; et l'on a vu beaucoup de ces malheureux se donner volontairement la mort pour mettre un terme à leurs souffrances. D'autres, bien plus dignes de pitié, étaient tirés de leurs cachots pour être conduits dans la *chambre du tourment;* là se trouvaient les Inquisiteurs et les bourreaux ; là tout accusé qui avait refusé de se déclarer coupable, recevait la *question.*

« Une grotte souterraine, où l'on descendait par une infinité de détours, était le lieu destiné à l'application de la torture ; le profond silence qui régnait dans cette *chambre du tourment,* et l'appareil épouvantable des instruments du supplice, faiblement éclairés par la lumière vacillante de deux pâles flambeaux, devaient nécessairement remplir l'âme du patient d'une terreur mortelle. A peine était-il arrivé devant les Inquisiteurs, que les bourreaux, vêtus d'une longue robe de treillis noir, et la tête couverte d'un capuchon de même étoffe, percé aux endroits des yeux, du nez et de la bouche, le saisissaient et le dépouillaient nu jusqu'à la chemise. Alors les Inquisiteurs, joignant l'hypocrisie à la cruauté, exhortaient la victime à confesser son crime ; et, si elle persistait à nier, ils ordonnaient que la torture serait employée de la manière et pendant le temps qu'ils le jugeraient convenable. Les inquisiteurs ne manquaient jamais de protester qu'en cas de lésion, de mort ou de fracture de membres, le fait n'en devait être imputé qu'à l'accusé.

« Il y avait trois manières d'appliquer la question : — la corde, l'eau et le feu.

« Dans le premier cas, on liait derrière le dos les mains du patient, par le moyen d'une corde passée dans une poulie attachée à la voûte, et les bourreaux l'enlevaient aussi haut que possible. Après l'avoir laissé quelque temps ainsi suspendu, on lâchait la corde, afin que le malheureux torturé tombât tout à coup jusqu'à un demi-pied de distance de la terre. Cette terrible secousse disloquait toutes les jointures, et la corde, qui serrait les poignets, entrait souvent dans les chairs jusqu'aux nerfs. Ce supplice, renouvelé pendant plus d'une heure, laissait très-souvent le patient sans force et sans mouvement ; mais ce n'était qu'après que le médecin de l'Inquisition avait déclaré que le torturé ne pouvait supporter plus longtemps la question sans mourir, que les Inquisiteurs le renvoyaient dans sa prison : on le laissait en proie à ses souffrances et à son désespoir jusqu'au moment où le Saint-Office lui faisait préparer une torture encore plus horrible.

« Cette seconde question était donnée au moyen de l'eau. Les bourreaux étendaient la victime sur un chevalet de bois, en forme de gouttière, propre à recevoir le corps d'un homme, sans autre fond qu'un bâton qui le traverse, et sur lequel le corps, tombant en arrière, se courbe par l'effet du mécanisme du chevalet, et prend une position telle que les pieds se trouvent plus haut que la tête. Il résulte de cette situation que la respiration devient très-pénible, et que le patient éprouve les plus vives douleurs dans tous ses membres, par l'effet de la pression des cordes, dont les tours pénètrent dans les chairs et font jaillir le sang, même avant qu'on ait employé le garrot. C'est dans cette cruelle position que les bourreaux introduisent, au fond de la gorge de la victime, un linge fin, mouillé, dont une partie lui couvre les narines ; on lui verse ensuite de l'eau dans la bouche et dans le nez, et on la laisse filtrer avec tant de lenteur qu'il ne faut pas moins d'une heure pour qu'il en ait avalé un litre, quoiqu'elle descende sans interruption.

« Ainsi le patient ne trouve aucun intervalle pour respirer : à chaque instant, il fait un effort pour avaler, espérant donner passage à un peu d'air, mais, comme le linge mouillé est placé pour y mettre obstacle et que l'eau entre en même temps par les narines, on conçoit tout ce que cette nouvelle combinaison doit opposer de difficulté à la fonction la plus importante de la vie. Aussi arrivait-il souvent que, lorsque la question était finie, on retirait du fond de la gorge le linge tout imbibé du sang de quelques vaisseaux qui s'étaient rompus par les grands efforts du malheureux torturé. Il faut encore ajouter qu'à chaque instant, un bras nerveux tourne le fatal billot, et qu'à chaque tour, les cordes qui entourent les bras et les jambes pénètrent jusqu'aux os.

« Si, par ce second tourment, ils ne pouvaient obtenir aucun aveu, les Inquisiteurs avaient ensuite recours au *feu*. Pour appliquer cette question, les bourreaux commençaient par attacher les mains et les jambes du patient, de manière qu'il ne pût pas changer de position : ils lui frottaient alors les pieds avec de l'huile, du lard et autres matières pénétrantes, et les lui plaçaient devant un feu ardent, jusqu'à ce que la chair fût tellement crevassée, que les nerfs et les os parussent de toutes parts.

« Tels étaient les moyens barbares que l'Inquisition d'Espagne employait pour faire avouer à ses victimes des crimes souvent imaginaires. Il aurait fallu être bien robuste pour supporter ces cruelles épreuves, qui étaient renouvelées plusieurs fois durant le cours de l'instruction de la procédure, de manière qu'à peine un accusé commençait à reprendre quelques forces, on le soumettait à une nouvelle question. Les choses furent poussées si loin par les Inquisiteurs, que le conseil de la *Suprême* se vit obligé de leur défendre d'appliquer plus d'une fois la torture à la même personne; mais ces moines trouvèrent bientôt le moyen d'éluder cette défense, et, par une escobarderie qu'il est impossible de qualifier, lorsqu'ils avaient torturé un malheureux pendant une heure, ils le renvoyaient dans les prisons, en déclarant que la question était *suspendue* jusqu'au moment où ils jugeraient à propos de la *continuer*[1]. C'est ainsi qu'ils lassaient les prévenus, et les forçaient presque toujours à s'avouer plus coupables qu'ils ne l'étaient réellement : fatigués de souffrir, la mort leur semblait un soulagement; plusieurs se la donnaient eux-mêmes dans les prisons, et les autres voyaient sans peine les préparatifs de l'*auto-da-fé* qui allait les livrer aux flammes.

« Le Saint-Office était dans l'habitude de célébrer deux sortes d'*auto-da-fé* : — les *auto-da-fé* particuliers et les *auto-da-fé* généraux.

« Les *auto-da-fé* particuliers avaient lieu plusieurs fois par année, à des époques fixes, telles que l'avant-dernier vendredi de carême et autres jours déterminés par les Inquisiteurs. Le nombre des victimes qui figuraient dans ces exécutions partielles, était toujours moindre que celui des malheureux qu'on destinait pour les exécutions générales.

« Les exécutions générales avaient lieu plus rarement; on réservait ce spectacle pour les grandes occasions, comme, par exemple, l'avénement au trône d'un souve-

1. Nous avons déjà signalé ce fait dans un chapitre précédent.

rain, son mariage, la naissance de quelque infant, et les anniversaires des jours mémorables; c'était avec des *auto-da-fé* généraux que l'Inquisition fêtait les rois très-catholiques. Tous les condamnés, dont plusieurs gémissaient dans les prisons depuis longues années, en étaient tirés alors morts ou vifs, pour figurer dans cette barbare cérémonie.

« Un mois avant le jour fixé pour l'*auto-da-fé* général, les membres de l'Inquisition, précédés de leur bannière, se rendaient en cavalcade du palais du Saint-Office à la grande place, pour y annoncer aux habitants qu'à un mois de là, à pareil jour, il y aurait une exécution générale des personnes condamnées par l'Inquisition : cette cavalcade faisait ensuite le tour de la ville au son des trompettes et des timbales. Dès cet instant, on s'occupait des préparatifs nécessaires pour rendre la cérémonie aussi solennelle que magnifique; à cet effet, on dressait sur la grande place un théâtre de cinquante pieds de long; élevé jusqu'à la hauteur du balcon du roi, lorsque la ville où devait avoir lieu l'*auto-da-fé* était la résidence royale. A l'extrémité et sur toute la largeur de ce théâtre s'élevait, à la droite du balcon du roi, un amphithéâtre de vingt-cinq à trente degrés destinés pour le conseil de la Suprême et pour les autres conseils d'Espagne. Au-dessus de ces degrés, l'on voyait, sous un dais, le fauteuil du grand Inquisiteur, qui se trouvait beaucoup plus élevé que le balcon du roi. A la gauche du théâtre et du balcon, on dressait un second amphithéâtre où les condamnés devaient être placés. Au milieu du grand théâtre, il y en avait un autre fort petit qui soutenait deux espèces de cages en bois, ouvertes par le haut, dans lesquelles

on plaçait les condamnés pendant la lecture de leur sentence. En face de ces cages se trouvaient deux chaires,
une pour le relateur ou lecteur des jugements, l'autre
pour le prédicateur; et enfin, on dressait un autel auprès
de la place des conseillers.

« Le roi, la famille royale, ainsi que toutes les dames
de la cour, occupaient le balcon royal. D'autres balcons
étaient également préparés pour les ambassadeurs et les
grands de la couronne, et des échafauds pour le peuple.

« Un mois après la publication de l'*auto-da-fé*, la cérémonie commençait par une procession composée de
charbonniers, de Dominicains et de familiers, qui partait
de l'église et se rendait sur la grande place; elle s'en
retournait après avoir planté, près de l'autel, une croix
verte entourée d'un crêpe noir, et l'étendard de l'Inquisition. Les Dominicains seuls restaient sur le théâtre et
passaient une partie de la nuit à psalmodier et à célébrer
des messes.

« A sept heures du matin, le roi, la reine et toute
la cour paraissaient sur les balcons.

« A huit heures, la procession sortait du palais de
l'Inquisition, et se rendait sur la place dans l'ordre suivant :

« 1° Cent charbonniers, armés de piques et de mous-
quets. Ils avaient le droit de faire partie de la procession, parce qu'ils fournissaient le bois destiné à brûler
les hérétiques.

« 2° Les Dominicains, précédés d'une croix blanche.

« 3° L'étendard de l'Inquisition, porté par le duc de
Médina-Celi, suivant le privilége de sa famille. Cet étendard était de damas rouge, sur lequel on avait brodé d'un

côté les armes d'Espagne, de l'autre une épée nue, entourée d'une couronne de lauriers.

« 4° Les grands d'Espagne et les *familiers* de l'Inquisition.

« 5° Toutes les victimes, sans distinction de sexe, placées suivant les peines plus ou moins sévères auxquelles elles étaient condamnées.

« Celles condamnées à de légères pénitences, marchaient les premières, la tête et les pieds nus, revêtus d'un *san benito* de toile, avec une grande croix de Saint-André jaune sur la poitrine, et une autre sur le dos. Après cette classe, marchait celle des condamnés au fouet, aux galères et à l'emprisonnement. Venaient ensuite ceux qui, ayant évité le feu, en avouant après leur jugement, devaient être étranglés seulement; ils portaient un *san benito*, sur lequel étaient peints des diables et des flammes; un bonnet de carton de trois pieds de haut, appelé *coroza*, peint comme le *san benito*, était placé sur leur tête.

« Les obstinés, les relaps et tous ceux qui devaient être brûlés vifs, marchaient les derniers, vêtus comme les précédents, avec la différence que les flammes, peintes sur leurs *san benito*, étaient ascendantes. Parmi ces malheureux, il y en avait souvent qui marchaient bâillonnés. Tous ceux qui devaient mourir étaient accompagnés de deux *familiers* et de deux religieux. Chaque condamné, à quelque classe qu'il appartînt, tenait à la main un cierge de cire jaune.

« Après les victimes vivantes, on portait les statues en carton des condamnés au feu, morts avant l'*auto-da-fé*; leurs os étaient aussi portés dans des coffres.

« Une grande cavalcade, composée des conseillers de la *Suprême*, des Inquisiteurs et du clergé, fermait la marche.
— Le grand Inquisiteur était le dernier, vêtu d'un habit violet : il se faisait escorter par ses *gardes du corps*.

« Dès que la procession était arrivée sur la place, et que chacun s'était assis, un prêtre commençait la messe jusqu'à l'évangile. Le grand Inquisiteur descendait alors de son fauteuil, et, après s'être fait revêtir d'une chape et d'une mitre, il s'approchait du balcon où était le roi pour lui faire prononcer le serment par lequel les rois d'Espagne s'obligent de protéger la foi catholique, d'extirper les hérésies, et d'appuyer de toute leur autorité les procédures de l'Inquisition. Sa Majesté très-catholique, debout, et la tête nue, jurait de l'observer. Le même serment était prêté par toute l'assemblée.

« Un Dominicain montait ensuite dans la chaire, et faisait un sermon contre les hérésies, rempli des louanges de l'Inquisition. Dès que le sermon était fini, le relateur du Saint-Office commençait à lire les sentences; chaque condamné entendait la sienne à genoux dans la cage, et retournait ensuite à sa place.

A la fin de cette lecture, le grand Inquisiteur quittait son siége, et prononçait l'absolution de ceux qui étaient réconciliés; quant aux malheureux condamnés à perdre la vie, ils étaient livrés au bras séculier, placés sur des ânes et conduits au *quemadero* pour y recevoir la mort. Là se trouvaient autant de bûchers qu'il y avait de victimes. On commençait par les statues et les os des morts que l'on brûlait; après les statues, on attachait successivement tous les condamnés aux poteaux élevés au milieu de chaque bûcher, et on y mettait le feu. La seule grâce que l'on faisait à ces malheureux, c'était de leur demander s'ils voulaient mourir en bons chrétiens; — dans ce cas, le bourreau les étranglait avant de mettre le feu au bûcher.

« Les réconciliés condamnés à la prison perpétuelle, aux galères et au fouet, étaient ramenés dans les prisons du Saint-Office, d'où ils sortaient pour subir les pénitences qui leur étaient imposées, et pour être conduits à leur destination.

« Telles étaient les formalités et les cérémonies employées dans ces barbares exécutions, que l'on a osé appeler *actes de foi*, auxquelles le roi et la cour assistaient comme à une grande fête.

« L'Espagne leur doit la perte de la moitié de sa population, et la honte de les avoir froidement supportées pendant plusieurs siècles. »

Je n'ajouterai point de commentaires à ces détails plutôt adoucis qu'exagérés.

Je ferai simplement observer que l'Inquisition se tenait scrupuleusement dans *la lettre* de l'Évangile, en *ne versant point le sang*, en ne souffrant même pas que les bourreaux du roi le versassent.

En effet, remarquez que les tortures qu'elle faisait appliquer aux accusés se réduisaient à trois :

L'estrapade,

L'eau,

Le feu.

Trois supplices horribles, et plus effroyables. peut-être que le *brodequin*, ou tout autre du même genre, mais qui n'amènent aucune effusion de sang.

Dans les peines appliquées après la condamnation, même scrupule.

Les victimes sont pendues, étranglées ou brûlées.

Jamais le fer n'intervient, jamais le glaive n'ouvre les veines, ne tranche les artères.

Quant à l'esprit de l'Évangile, il est également respecté, d'après l'interprétation unanime et constante de l'Église infaillible, représentée par les évêques, les papes, les conciles.

L'Église n'avait juridiction que sur les âmes, et si elle martyrisait les corps, c'était pour mieux toucher les cœurs, pour mieux assurer son pouvoir sur les esprits.

D'après la recommandation de Jésus, elle ne refusait point son pardon au pécheur repentant, à l'hérétique amené à résipiscence.

Jusqu'au dernier moment, au pied de l'échafaud, à la lueur des flammes qui léchaient déjà ses chairs grillées, elle l'objurguait, elle le suppliait de se convertir, de sauver son âme.

A cet instant suprême, elle était prête encore à lui pardonner, elle lui pardonnait, puisqu'elle essayait d'arracher cette âme coupable à la damnation éternelle, — *la seule vraie mort.*

Jésus n'a-t-il pas dit qu'il ne voulait pas la mort du pécheur ?

L'Église ne la voulait pas non plus, — au sens mystique où elle l'entendait, — et elle fit toujours tous ses efforts pour que ses victimes ne persistassent pas dans l'hérésie, dans les erreurs abominables qui les eussent inévitablement conduites en enfer.

Quant au corps, c'est autre chose. — Il appartenait à César, et César châtiait les hérétiques comme des rebelles, ayant violé les lois de l'État, pour le scandale qu'ils avaient causé à la société, pour l'audace impie qui les avait poussés à méconnaître le principe sacré d'autorité.

Ce crime, César n'avait pas à le pardonner, et encore ne le châtiait-il de la peine capitale que dans le cas où le criminel refusait de s'amender, et persistait dans son hérésie, et dans le cas où, après une première faute pardonnée, il retombait dans la même faute.

Ainsi donc, à quelque point de vue qu'on se place, l'Inquisition pouvait prétendre qu'elle était en conformité absolue avec la lettre et l'esprit de l'enseignement chrétien.

Elle ne versait point le sang.

Elle ne voulait point la mort... morale du pécheur, puisqu'elle tentait l'impossible pour le ramener d'abord à la foi.

Quant à la mort physique, cela regardait le roi, qui faisait appliquer les lois *civiles* de l'État, et punissait les sujets désobéissants.

On m'objectera que l'Inquisition qui ne prononçait point directement les arrêts de mort, eût excommunié le roi qui ne les eût point prononcés.

Sans doute, mais cette excommunication, peine purement *morale*, elle aussi, eût justement atteint le monarque qui aurait, par une coupable indulgence, montré son peu de zèle pour les intérêts de l'Église, et le maintien de la pureté de la foi.

Le premier devoir des rois de la terre n'est-il pas de veiller au triomphe ici-bas du roi du ciel?

Je vous assure qu'il y a réponse à tout, et qu'une fois sorti des principes éternels de la justice, du droit et de la morale humaine, toutes les notions se confondent, toutes les idées se pervertissent.

Dans le faux, il n'y a que le faux qui soit logique.

Suivez vos adversaires sur leur terrain, et sur ce terrain, soigneusement déblayé de toutes les vérités de la raison, de toutes les certitudes de la conscience, vous verrez pousser dru et s'épanouir tous les crimes, toutes les hypocrisies, à l'abri derrière tous les sophismes.

III.

On a essayé bien des fois de calculer exactement le nombre des victimes de Torquemada, pendant les dix-huit années où il remplit les fonctions de grand Inquisiteur.

Le nombre en est si grand qu'il a été impossible d'y arriver d'une façon tout à fait complète, et qu'on est resté nécessairement au-dessous de la réalité.

Cependant d'après les évaluations les plus modérées, on arrive à des résultats qui effrayent l'imagination[1].

Ainsi, en dix-huit ans, les tribunaux de l'Inquisition, en Espagne seulement, — et encore certaines provinces, comme la Galice, ne sont pas comprises dans ce calcul, — ont fait brûler vives DIX MILLE DEUX CENTS personnes ; en effigie, *dix mille huit cent soixante*, soit qu'elles se fussent réfugiées à l'étranger, soit qu'elles eussent

____

1. Voir, pour les détails, Llorente, t. Ier, p. 272 et *passim*.

péri à la suite des tortures dans les cachots du Saint-Office.

Hâtons-nous d'ajouter que ces dernières doivent former au moins un total de QUATRE MILLE individus des deux sexes, sans compter DEUX MILLE dont les ossements avaient été exhumés.

Le nombre de celles qui avaient pu fuir se monte donc tout au plus à quelques centaines et nous avons au moins un total de QUATORZE MILLE personnes qui périrent, de façon ou d'autre, par le fait de l'Inquisition.

QUATRE-VINGT-DIX-SEPT MILLE TROIS CENT VINGT-UNE subirent diverses peines, telles que la prison perpétuelle, la confiscation des biens, la note d'infamie, etc.

Il y eut donc, en résumé, CENT QUATORZE MILLE QUATRE CENT UNE *familles* plongées dans l'opprobre et la désolation, atteintes dans quelqu'un de leurs membres, *pendant ces dix-huit années.*

Dans ce relevé, ne sont pas comprises les personnes qui, par leur parenté avec les condamnés, ou leurs relations d'amitié, ou d'affaires, subissaient le contre-coup de ces persécutions, et supportaient leur part dans ces calamités.

Si ce calcul paraissait exagéré, on peut en établir un autre, d'après le nombre des victimes qui figurèrent dans les auto-da-fé de l'Inquisition de Tolède, durant les années 1485, 86, 87, 88, 90, 92, 94.

« On verra, alors, qu'il y eut à Tolède *six mille trois cent quarante-une* personnes condamnées par l'Inquisition pendant ces années, sans compter celles qui furent sacrifiées pendant les années non marquées dans cette série. »

Cela donne une moyenne de *sept cent quatre-vingt-douze* victimes par an.

Si l'on multiplie ce chiffre par treize, qui est le nombre des tribunaux de l'Inquisition en plein exercice à cette époque, on aura, pour chaque année, DIX MILLE DEUX CENT QUATRE-VINGT-SEIZE condamnés, — c'est-à-dire CENT QUATRE VINGT-CINQ MILLE TROIS CENT VINGT-HUIT victimes, pour ces dix-huit ans, — total encore supérieur au précédent[1].

Remarquons de plus que, pour arriver à ce total, il faut supposer que tous les tribunaux de l'Inquisition ont fait *moitié moins de victimes* que le tribunal de Séville, dont on possède les chiffres authentiques.

Sans cette hypothèse, on arriverait à un total de plus

---

1. Nous reproduisons la pièce suivante qui nous a paru intéressante :

C'est une inscription mise à l'Inquisition de Séville :

« L'an du Seigneur 1481, sous le pontificat de Sixte IV, et sous le règne de Ferdinand V et d'Isabelle, souverains des Espagnes et des Deux-Siciles, a commencé en ce lieu le Saint Office de l'Inquisition contre les hérétiques judaïsants, pour l'exaltation de la foi : où, depuis l'expulsion des Juifs et des Sarrasins jusqu'en l'année 1524, sous le règne de Charles, empereur des Romains, successeur par sa mère de ces deux souverains, et le révérendissime D. Alphonse Manrique, archevêque de Séville, étant Inquisiteur général, plus de vingt mille hérétiques ont abjuré leurs criminelles erreurs, et plus de mille obstinés dans l'hérésie ont été livrés aux flammes, après avoir été jugés conformément au droit, avec l'approbation et la faveur d'Innocent VIII, d'Alexandre VI, de Pie III, de Jules II, de Léon X, d'Adrien VI (qui fut élevé au pontificat pendant qu'il était cardinal, gouverneur des Espagnes et Inquisiteur général), et de Clément VII. Le licencié de la Cueva a fait mettre ici, par ordre et aux frais de l'Empereur notre maître, cette inscription, qui a été composée par Diègue de Cortegana, archidiacre de Séville, l'an du Seigneur 1524. »

de QUATRE CENT MILLE personnes frappées par le Saint-Office pendant cette courte période.

Encore ce total, qui effraye l'imagination, ne comprendrait-il pas les personnes condamnées en Sardaigne, dans les Iles Canaries, en Sicile, dans le nouveau monde, etc., etc.

Il n'y a pas de guerre, de famine, ni de peste, qui ait accumulé autant de calamités, causé autant de ruines, fait verser autant de larmes, que l'Inquisition.

En regard de tous ces maux, et de tous ceux que le fanatisme a produits dans l'univers entier, quel bienfait ne paraîtrait payé trop cher?

Quel bienfait... mais où est-il donc ce bienfait? — Qu'on nous le montre.

L'homme soumis à l'Église, moralisé par l'Évangile, fut-il meilleur ou plus heureux?

Interrogez l'Italie, interrogez l'Espagne, interrogez la France des *Dragonnades,* interrogez le moyen âge tout entier, et les temps modernes jusqu'à la Révolution française !

L'humanité n'a commencé à respirer, à espérer, que du jour où les fils de Voltaire proclamèrent, du haut de la tribune révolutionnaire, les *droits de l'homme et du citoyen,* en face des *droits de Dieu et de l'Église,* et affirmèrent le *devoir de l'insurrection,* opposé au *devoir de la soumission.*

CHAPITRE XV.

PROCÉDURE DE L'INQUISITION.

Dénonciation. — Enquête. — Censure par les qualificateurs. — Prisons. — Premières audiences. — Charges. — Torture. — Réquisitoire. — Défense. — Preuve. — Publication des preuves. — Censure définitive par les qualificateurs. — Sentence. — Lecture et exécution du jugement.

ARTICLE Ier.

Dénonciation [1].

Les procès du Saint-Office commencent par la dénonciation ou par quelque avis qui en tient lieu, tel que la découverte qui résulte incidemment d'une déposition faite devant le tribunal dans une autre affaire.

Il n'y a pas une seule dénonciation qui ne soit reçue avec empressement.

Lorsqu'elle est signée, elle prend la forme d'une déclaration, dans laquelle le délateur, après avoir juré de dire la vérité, désigne par leurs noms, ou d'une autre manière, les personnes qu'il croit ou qu'il présume pouvoir déposer contre le dénoncé. Celles-ci sont entendues, et leurs dépositions, jointes à celles du premier témoin,

---

1. Tout ce qui suit est extrait textuellement de Llorente.

composent l'information sommaire ou l'instruction préparatoire.

Les dénonciations n'étaient jamais plus fréquentes qu'aux approches de la communion pascale, parce que les confesseurs en faisaient un devoir à ceux de leurs pénitents qui disaient avoir vu, entendu ou appris des choses qui étaient ou qui paraissaient contraires à la foi catholique ou aux droits de l'Inquisition; les pénitents faisaient part de leur inquiétude à leurs confesseurs, qui prenaient le parti extrême d'adresser à l'Inquisition les aveux ainsi recueillis. Lorsque celui qui avait quelque chose à dire savait écrire, il faisait lui-même sa déclaration par écrit; dans le cas contraire, le confesseur la rédigeait en son nom. Cette mesure était si rigoureusement prescrite, qu'elle obligeait jusqu'aux plus proches parents du dénoncé. Ainsi le père et l'enfant, le mari et la femme, étaient les dénonciateurs les uns des autres, parce que le confesseur ne leur accordait l'absolution qu'après leur avoir fait promettre de se conformer, dans le délai de six jours, à l'ordonnance de l'Inquisition.

ARTICLE II.

Enquête.

Lorsque le tribunal des Inquisiteurs avait jugé que les actions ou les discours dénoncés méritaient que l'on fît une enquête pour en établir la preuve, et que la déclaration par serment, faite par le dénonciateur, avait été reçue, accompagnée des circonstances dont nous avons parlé, on examinait les personnes qui avaient été citées comme instruites de l'objet de la déclaration, et on leur faisait promettre par serment·de garder le secret sur ce qu'on allait leur demander.

Mais les choses ne se passaient pas comme dans les tribunaux ordinaires. On ne faisait connaître à aucun de ces témoins le sujet pour lequel il était appelé à déposer. On lui demandait seulement en général, et avant toute chose, s'il n'avait rien vu ni entendu qui fût ou qui parût contraire à la foi catholique ou aux droits de l'Inquisition.

Une expérience personnelle m'a prouvé[1] que plusieurs fois le témoin, qui ignorait pour quel objet on l'avait fait venir, se rappelait des faits étrangers à celui-ci sur le compte d'autres personnes, qu'il faisait connaître, et qu'il était ensuite interrogé sur leur compte, comme si son interrogatoire n'avait pas eu d'autre motif : on ne reprenait le cours de la première affaire que lorsqu'on n'avait plus rien à demander sur l'incident qui était survenu. Cette déposition accidentelle tenait lieu de dénonciation; on en prenait acte dans la secrétairerie du tribunal, et l'on commençait un nouveau procès, auquel on ne s'était point attendu.

Mais les suites d'une semblable façon de procéder étaient bien autrement graves dans le cours du procès, si le témoin ne savait ni lire ni écrire, parce que les déclarations étaient rédigées au gré et par la main du commissaire ou du greffier, qui, ordinairement, s'acquittait de ce travail de manière à aggraver la dénonciation, au moins autant que le pouvait permettre l'interprétation arbitraire qu'il donnait aux expressions impropres ou

1. C'est Llorente qui parle, ne l'oublions pas.

équivoques employées par des personnes peu instruites.

Le mal était encore plus grand lorsque trois personnes
conspiraient pour en perdre une autre ; car si, après que
l'une avait fait sa dénonciation, les deux autres, dont elle
avait fait mention comme de co-témoins, appuyaient
l'accusation, le dénoncé était perdu sans ressource, la
réunion des trois témoins établissant la preuve complète.

ARTICLE III.

Censure par les qualificateurs.

La déclaration des qualificateurs détermine la manière
dont on doit procéder contre le dénoncé jusqu'au moment
où le procès sera préparé pour la sentence définitive, et
où l'on communiquera aux mêmes qualificateurs ce qui
s'est offert depuis comme propre à fortifier ou à infirmer
le jugement qui a été porté dans l'instruction préparatoire. Les qualificateurs s'engagent par serment à garder
le secret.

Les qualificateurs sont des moines théologiens scolas-
tiques, presque entièrement étrangers à la véritable théologie dogmatique, des hommes imbus de fausses idées,
et dont beaucoup poussent la superstition et le fanatisme
jusqu'au point de voir des hérésies ou des apparences
d'hérésies dans tout ce qu'ils n'ont pas étudié; ce qui les
a très-souvent portés à frapper de leurs censures théologiques des propositions que l'on trouve dans les premiers
Pères de l'Église.

ARTICLE IV.

Prisons.

Lorsque la qualification a été faite, le procureur fiscal demande que le dénoncé soit traduit dans les prisons se-crètes du Saint-Office.

On n'y connait jamais l'état de la procédure dont on est l'objet, on ne peut y jouir de la consolation de voir et d'entretenir son défenseur; enfin, on y est plongé pendant l'hiver dans des ténèbres de quinze heures par jour, car il n'est point permis au prisonnier d'avoir de la lumière après quatre heures du soir ni avant sept heures du matin; intervalle assez long pour qu'une hypocondrie mortelle s'empare du prisonnier, au milieu du froid dont il est saisi dans un séjour où le feu n'a jamais pénétré.

ARTICLE V.

Premières audiences.

Dans les trois jours qui suivent l'emprisonnement du prévenu, on lui donne trois audiences de monitions ou d'avis, pour l'engager à dire la vérité et toute la vérité, sans se permettre de mentir ni de rien cacher de ce qu'il a fait ou de ce qu'il a dit, et de ce qu'il peut imputer à d'autres de contraire à la foi.

On lui promet que s'il se conforme fidèlement à ce qui lui est prescrit, on aura pitié de lui; mais que, dans le cas contraire, il sera traité selon toute la rigueur du droit.

Jusque-là, le prisonnier ignore le motif qui l'a fait arrêter : on se borne à lui dire que personne n'est traduit dans les prisons du Saint-Office sans qu'il existe des preuves suffisantes qu'il a parlé contre la foi catholique ; et qu'ainsi, il est de son intérêt de confesser de son propre mouvement, avant qu'il ait été décrété d'accusation, les péchés de cette espèce qu'il a commis.

Quelques promesses que l'on fît aux prisonniers, ils ne devaient pas espérer d'éviter la honte du san benito et de l'auto-da-fé, ni de sauver leurs biens et leur honneur s'ils s'avouaient hérétiques formels.

ARTICLE VI.

Charges.

Lorsque la formalité des trois audiences de monitions a été remplie, le procureur fiscal forme sa demande en accusation contre le prisonnier, d'après les charges qui résultent de l'instruction. Quoiqu'il n'existe qu'une demi-preuve, il rapporte les faits déposés comme s'ils étaient bien prouvés.

ARTICLE VII.

Torture.

Mais ce qu'il y a de plus horrible en ceci, c'est que, quoique le prisonnier ait avoué dans les trois audiences des monitions autant et quelquefois plus de choses que les témoins n'en ont déposé, le fiscal termine son réquisitoire en disant que, malgré le conseil qu'on lui a donné de dire la vérité, et la promesse qu'on lui a faite de le traiter avec douceur, il s'est rendu coupable de réticence et de dénégation, d'où il résulte qu'il est impénitent et obstiné, et en conséquence il demande que l'accusé soit appliqué à la question.

La question durait jusqu'au moment où la victime se trouvait en danger évident de perdre la vie. Ce moment était annoncé par le médecin qu'on faisait assister au supplice; et lorsque le malheureux ne mourait pas dans son lit des suites de la question (ce qui est cependant arrivé bien fréquemment), les tourments recommençaient pour lui quand il avait repris des forces; dans la langue du Saint-Office, ceci n'était point, on le sait, une nouvelle torture, mais simplement la continuation de la première.

Ainsi, en supposant que l'accusé eût assez de forces pour résister à la douleur, et qu'il persévérât dans ses dénégations, il n'en résultait souvent aucun avantage décisif pour lui, parce que les juges donnaient quelquefois la qualité de preuves aux dépositions, en sorte qu'il était considéré comme hérétique de mauvaise foi, impénitent, et condamné, à la fin, comme tel à la relaxation. A quoi servait donc la torture? Seulement à faire avouer aux malheureux tout ce dont l'Inquisition avait besoin pour pouvoir les condamner comme convaincus par leur propre confession

En effet, mille fois, pour obtenir la fin de leurs tourments, on les a vus faire de fausses déclarations, et souvent même ne pas attendre pour cela que la torture eût commencé.

Lorsque les accusés avouaient pendant la question une partie ou la totalité des faits qui leur était imputés, on recevait le lendemain leur déclaration avec serment, afin qu'ils ratifiassent ce qu'ils avaient dit, ou qu'ils en fissent la rétractation. Presque tous confirmaient leurs premiers aveux, parce que, s'ils osaient se rétracter, on leur faisait subir une seconde fois la torture, et leur désaveu n'avait aucun effet.

Il se trouvait cependant, de temps en temps, des sujets robustes qui protestaient contre leur première déclaration, en assurant, avec une grande apparence de sincérité, qu'ils ne l'avaient faite que pour voir finir leurs douleurs; courage inutile, et dont ils ne tardaient pas à se repentir au milieu de nouveaux tourments.

ARTICLE VIII.

Réquisitoire.

Le réquisitoire ou l'accusation du procureur fiscal n'est jamais communiqué textuellement par écrit à l'accusé, afin qu'il ne puisse point en méditer les articles dans le calme de la prison, ni se préparer à y répondre victorieusement. Le prisonnier est conduit dans la salle des audiences : là, un secrétaire lit en sa présence les charges l'une après l'autre devant les Inquisiteurs et le fiscal; il s'arrête à chaque article, et interpelle l'accusé de répondre à l'instant s'il est conforme ou non à la vérité.

ARTICLE IX.

Défense.

I. Après la lecture des charges et de l'accusation, les Inquisiteurs demandent à l'accusé s'il veut se défendre :

s'il répond affirmativement, on ordonne qu'il soit pris copie de l'accusation et des réponses. On lui dit de désigner l'avocat qu'il veut charger de sa défense, sur la liste des titulaires du Saint-Office, qu'on lui présente.

II. Au reste, il importe peu à l'accusé d'être défendu par un homme habile, parce qu'il n'est point permis à l'avocat de voir le procès original, et qu'il ne peut communiquer en particulier avec son client. Un des greffiers tire une copie du résultat de l'instruction préliminaire, où il rapporte les dépositions des témoins, sans faire mention de leurs noms ni des circonstances du temps et du lieu, de celles des autres témoignages, ni même (ce qui est plus extraordinaire) de ce qui a été dit à la décharge de l'accusé. Il omet entièrement les déclarations (et jusqu'à l'indication) des personnes qui, ayant été assignées, interrogées et pressées par le tribunal, ont persisté à dire qu'elles ne savaient rien de ce qu'on leur demandait. Cet extrait est accompagné de la censure des qualificateurs, de la demande du fiscal, tant pour l'interrogatoire que pour l'accusation, et des réponses de l'accusé. Voilà tout ce qu'on remet au défenseur dans la salle où les Inquisiteurs lui ont ordonné de venir.

Le défenseur demande ordinairement à communiquer avec l'accusé, pour savoir s'il est dans l'intention de récuser les témoins, pour détruire en tout ou en partie la preuve établie contre lui. S'il répond affirmativement, les Inquisiteurs ordonnent qu'il soit procédé à la preuve de l'irrégularité des témoins.

ARTICLE X.

Preuve.

Cette mesure oblige de faire séparer du procès toutes les déclarations originales des témoins, contenues dans l'instruction préliminaire, et de les envoyer dans les lieux où ils ont établi leur domicile, afin d'y être soumises à la ratification. Ces choses se passent sans que l'accusé en soit instruit; et, comme il n'est d'ailleurs représenté par personne pendant qu'on remplit cette formalité, il est impossible de faire triompher la récusation d'un témoin, quoiqu'il soit un ennemi capital du malheureux prisonnier. Si le témoin était à Madrid au moment de l'instruction, et s'il est ensuite allé aux Iles Philippines, il n'y a pas de terme arrêté après lequel le procureur fiscal soit obligé de présenter la déclaration originale. Le cours de la procédure reste suspendu, et l'accusé, sans soutien et sans consolation, est obligé d'attendre que la ratification soit arrivée du fond de l'Asie.

J'ai vu, dans un procès, que des déclarations de témoins ayant été envoyées à Carthagène des Indes, on ne sut que cinq ans après qu'elles n'étaient point arrivées à leur destination, soit qu'elles eussent péri dans la traversée, soit qu'on les eût interceptées; — qu'on imagine dans quelle situation d'esprit devait être le prisonnier !

L'accusé établit ses moyens de récusation en nommant des individus qu'il regarde comme ses ennemis, en exposant les raisons de sa méfiance à l'égard de chacun en particulier, et en écrivant sur la marge de chaque article les noms des personnes qui peuvent attester les faits qui sont le motif de la récusation. Les Inquisiteurs décrètent qu'ils seront examinés, à moins que quelque motif ne doive les faire écarter.

Comme l'accusé agit ici sans savoir ce qu'il fait, il lui arrive souvent de récuser des personnes qui n'ont pas été témoins. On passe leur article sous silence; on en fait autant pour celles qui n'ont rien déposé contre l'accusé, ou qui ont parlé en sa faveur. Enfin, ce n'est que par hasard que celui-ci rencontre ses dénonciateurs.

S'il est poursuivi par la calomnie, son véritable ennemi res e caché d ns les ténèbres, après avoir choisi pour instrument de son infâme manœuvre des hommes qui ne connaissent pas l'accusé; lequel, de son côté, ne peut penser à les récuser comme témoins, n'ayant pas eu avec eux des relations suffisantes pour croire qu'ils ont pu le dénoncer.

ARTICLE XI.

Publication des preuves.

Lorsque la preuve est établie, le tribunal fait connaître l'état du procès, et décrète la publication des témoignages et l'action en jugement. Mais ces termes ne doivent pas être entendus dans leur sens ordinaire, puisqu'il n'est question que d'une copie infidèle des déclarations et des autres faits contenus dans l'extrait rédigé pour l'usage du défenseur. Un secrétaire en fait lecture à l'accusé, en présence des Inquisiteurs; cette lecture n'est au fond qu'un nouveau piége tendu à l'accusé, parce qu'on ne lui rappelle pas ce qu'il a répondu dans l'interrogatoire du procès fiscal, où, au lieu de lui communiquer toute la déclaration des témoins, on s'est contenté de lui en présenter chaque article isolé; et, comme il n'est point aisé de se rappeler au bout d'un certain temps tout ce qu'on a entendu au milieu du trouble qui accompagne un état aussi malheureux, l'accusé court risque de se contredire et de se faire un mal incalculable. En effet, quelque légère que soit une contradiction, elle fait naître le soupçon de duplicité, de réticence ou de faux aveu, et peut servir à motiver le refus que fait le tribunal d'accorder la réconciliation au prisonnier, quoiqu'il la demande, et souvent aussi à le faire condamner à la relaxation.

ARTICLE XII.

Censure définitive par les qualificateurs.

A la mesure dont je viens de parler, il en succède une autre : on appelle les théologiens qualificateurs, à qui on remet l'original du jugement qu'ils ont porté pendant l'instruction sommaire, ainsi que l'extrait des réponses que l'accusé y a faites dans son dernier interrogatoire, ainsi qu'aux déclarations des témoins qu'on lui a communiquées. On les charge de qualifier pour la seconde fois les propositions, de voir l'explication qu'il en a donnée, et de prononcer s'il a détruit, par ses réponses, le soupçon d'hérésie dont il est chargé; s'il a éloigné cette présomption en tout ou en partie; si, au contraire, il l'a fortifiée par ses réponses, et s'il mérite d'être regardé comme hérétique formel.

Les qualificateurs se donnent à peine le temps d'écouter une lecture rapide de ce qui s'est passé; ils se hâtent

11

d'établir leur opinion, et c'est là le dernier acte important de la procédure; car tout le reste n'est plus qu'une simple formalité.

ARTICLE XIII.

Sentence.

Lorsque l'affaire est parvenue au point où nous la voyons, on la regarde comme finie. On convoque alors l'ordinaire diocésain, afin que lui et les Inquisiteurs prennent une résolution sur ce qu'il convient de faire ultérieurement.

Les sentences d'absolution sont si rares dans le Saint-Office, avant le règne de Philippe III, que quelquefois on n'en rencontre pas une sur mille ou deux mille jugements.

ARTICLE XIV.

Lecture et exécution du jugement.

Pour mettre le comble aux monstruosités qui souillent la procédure inquisitoriale, les jugements ne sont communiqués aux victimes que lorsqu'on a déjà commencé leur exécution, puisqu'on envoie le condamné à l'auto-da-fé pour le réconcilier ou pour le livrer au bras séculier après l'avoir affublé du san benito, la mitre de carton sur la tête, la corde de genêt au cou, et une torche de cire verte à la main.

Lorsqu'il y est arrivé on lui lit sa sentence, qui est suivie soit de la réconciliation, soit de la relaxation au juge laïque, c'est-à-dire de la condamnation au feu par la justice du roi. Cette affreuse conduite, contraire à celle des autres tribunaux, et à la raison comme au droit naturel, a produit quelquefois des effets terribles sur les malheureux condamnés, qui se sont imaginé qu'on les menait à l'échafaud, et que la surprise a subitement précipités dans la démence la plus complète. Il s'en est vu plusieurs exemples.

CHAPITRE XVI.

L'Inquisition en Sicile, à Naples, dans le royaume de Grenade. — Sa conduite envers les Maures. — Leur révolte. — Guerre des Alpujarras.

On connaît à fond maintenant les principes de l'Inquisition et sa façon de procéder.

C'était là le côté important de cet ouvrage.

Nous nous sommes appliqué à suivre pas à pas, depuis le quatrième siècle jusqu'au quinzième, la marche progressive de l'esprit persécuteur de l'Église.

Nous nous sommes attaché à montrer le développement fatal de quelques-unes de ses doctrines, à faire toucher du doigt, comment du dogme de la chute de l'homme, et de la substitution de la *cité céleste* à la *cité terrestre*, était sortie nécessairement l'intolérance, d'où — en l'absence de toute idée de justice et de droit — était sortie à son tour la persécution, dont l'Inquisition ne fut qu'une des formes, — la plus complète et la plus infâme, la vérité.

Désormais nous passerons rapidement sur son histoire.

Elle ne nous apprendrait rien de nouveau.

Ce sont toujours les mêmes bourreaux et les mêmes victimes, les mêmes bûchers et les mêmes supplices, le même espionnage et les mêmes vengeances, la même œuvre de sang, d'avarice et de démoralisation, les mêmes attentats à la conscience humaine, les mêmes hécatombes à un Dieu partial et impitoyable, — à ce Dieu qui ayant offert son Fils en sacrifice, et l'offrant toujours dans l'hostie, pour le rachat de l'humanité créée et condamnée par lui, ne peut trouver mauvais que ses agents ici-bas imitent sa justice, se fassent les instruments de sa colère contre les rebelles.

Nous résumerons donc en peu de mots les événements ordinaires, nous contentant d'attirer l'attention du lecteur sur quelques faits particuliers.

La mort de Torquemada ne changea rien à la marche de l'Inquisition, et son successeur, le Dominicain Diegue Deza, confirmé par bulle papale, le 1er décembre 1498, ne laissa point faiblir la persécution.

Il rédigea même de nouvelles ordonnances, destinées à donner plus d'activité au tribunal du Saint-Office, et il est visible qu'il eût surpassé Torquemada lui-même, — si cela avait été possible.

Il ajouta aussi quelques articles relatifs à la confiscation, constant objet de la sollicitude des monarques espagnols et de leurs Inquisiteurs.

Ce fut lui qui proposa l'établissement de l'Inquisition en Sicile et à Naples, et obtint d'enlever ces deux pays à la juridiction de Rome, pour les soumettre à l'autorité de l'Inquisiteur général d'Espagne.

La Sicile résista avec énergie, et, pendant des années, il fallut que les troupes luttassent continuellement contre les populations en armes.

Soumis une première fois, les Siciliens se soulevèrent en 1516, délivrèrent tous les prisonniers et chassèrent les Inquisiteurs.

Mais bientôt accablée par la toute-puissance de Charles-Quint, la Sicile retomba une seconde fois sous le joug abhorré des moines dominicains.

Le royaume de Naples, plus heureux, opposa une résistance victorieuse à l'établissement du Saint-Office.

Ferdinand V fut obligé de céder, et demanda seulement comme compensation que les Napolitains consentissent à expulser tous les *nouveaux chrétiens* qui s'étaient réfugiés dans la vice-royauté, après leur fuite de l'Espagne.

Cette demande ne lui fut pas même accordée, et les *marranos* restèrent à Naples.

Deza racheta cet échec en obtenant du roi l'établissement du Saint-Office dans le royaume de Grenade.

Cela était contraire aux engagements formels pris avec les Maures, à qui on avait juré, lors de la conquête de Grenade, leur dernier refuge en Espagne, qu'ils ne seraient point soumis à la surveillance du Saint-Office.

Mais les rois ne sont point dans l'habitude de tenir leur parole, et, d'ailleurs, l'Église se réserve toujours, en pareil cas, de lever leurs scrupules, quand, par hasard, ils en ont.

Deza rassura donc la conscience d'Isabelle, et sur son consentement les Inquisiteurs de Cordoue étendirent leur juridiction sur le territoire de l'ancien royaume musulman de Grenade.

L'Inquisiteur principal de Cordoue s'appelait D. Rodriguez de Guerrero.

La dureté excessive de son caractère qui lui mérita le surnom de *Tenebrero* (Ténébreux) ne tarda pas à amener la révolte des Maures.

Ils furent vaincus, et, le 12 février 1502, un décret ordonnait à tous les Maures non baptisés de quitter le royaume d'Espagne dans le délai de trois mois.

Cette émigration ointe à celle des Juifs qui avait eu lieu précédemment (en 1492) causa à l'Espagne, en peu d'années, une perte de trois millions d'habitants.

La majorité des Maures cependant préféra le baptême à l'exil ; mais, pour eux, pas plus que pour les Juifs, le baptême ne fut un refuge efficace contre les persécutions du Saint-Office.

Aussi à partir du jour où l'Inquisition eut étendu sa verge sur les restes malheureux de ce peuple vaincu, toutes les provinces de l'Espagne où ils habitaient devinrent à chaque instant la proie de la guerre civile.

Les révoltes succédaient aux révoltes, et le sang coulait toujours.

Sous Charles-Quint, en 1526, les Maures de Valence se soulevèrent. On ferma leurs mosquées, et on leur imposa le baptême.

Cependant, toutes les villes du midi, depuis Valence jusqu'à Malaga, regorgeaient de Maures.

Proscriptions, exil, rien ne diminuait sensiblement leur nombre.

C'était une race énergique et vivace, industrieuse et

intelligente, qui repoussait sous le fer de ses bourreaux, comme l'herbe sous la faux du paysan.

L'Inquisition ne les perdait pas de vue, prête à envoyer au bûcher ceux qui eussent négligé la moindre des pratiques du culte extérieur.

Les choses durèrent ainsi jusque sous Philippe **II**.

A cette époque, en 1566, l'archevêque de Grenade, Guerrero, prélat fanatique et résolu à employer des moyens plus violents de répression radicale, adressa un mémoire au roi pour lui signaler les apostasies de ces *nouveaux chrétiens.*

Philippe confia l'examen de la question à une junte présidée par le grand Inquisiteur Espinosa.

On décida, à l'unanimité, d'employer le fer et le feu contre ces *apostats*, et de remettre en vigueur un décret rendu en 1526 par Charles-Quint, mais qui n'avait jamais été appliqué, tant on en avait compris le danger.

Ce décret portait :

« Prohibition absolue aux Maures de parler et d'écrire la langue arabe, en public *ou chez eux;* ordre de ne parler ou d'écrire qu'en castillan, de livrer leurs livres arabes pour qu'on les brûlât, de renoncer à tous leurs rites, costumes, noms et coutumes mauresques, et à l'usage des bains chauds, devenus une des nécessités de leur vie. Leurs mariages devaient se célébrer en public, d'après les rites chrétiens, et les portes de leurs maisons rester ouvertes tout le jour de la noce, afin que chacun pût s'assurer qu'ils n'avaient pas recours à leurs rites proscrits. Leurs femmes enfin devaient circuler dans les rues à visage découvert. »

« Ainsi l'on ne faisait pas grâce à une seule des coutumes qui leur étaient chères, à celles même qui tenaient au fond de leur nationalité. L'odieux ici le disputait à l'absurde, quand on ordonnait à un peuple d'oublier sa langue natale, et de dépouiller la portion la plus intime de son être pour apprendre en trois ans une langue dont le génie répugnait à celui de son idiome national. A cette législation tyrannique les pénalités ne faisaient pas défaut : « La première infraction était punie d'un mois de prison, de deux ans d'exil et d'une amende de six cents à dix mille maravédis ; à la deuxième, les peines étaient doublées ; à la troisième, outre les peines susdites, le coupable était banni pour la vie[1]. »

Un pareil décret ne pouvait qu'amener une dernière, une suprême révolte.

Il fut proclamé, avec solennité, sur la place publique de Grenade, par un héraut, au son des tambours et des trompettes.

En l'entendant, les Maures versèrent des larmes de honte et de rage. — L'effroi, l'exécration, la colère se partageaient tous les cœurs.

L'insurrection eût été immédiate, sans l'intervention et les conseils des Maures de la ville, qui, énervés par le luxe, habitués à la mollesse, s'efforcèrent de contenir les Maures de la montagne.

Des négociations furent entamées avec le roi, négociations inutiles qui prirent plus d'une année.

De nouveaux actes d'arbitraire poussèrent enfin à bout les plus patients, les plus modérés.

On venait d'ordonner aux Maures de livrer leurs en-

1. Rosseuw Saint-Hilaire, *Hist. d'Espagne*, t. VIII.

fants, depuis trois ans jusqu'à quinze ans, pour qu'ils fussent élevés dans les écoles chrétiennes.

Louis XIV agira de même avec les protestants français, au dix-septième siècle, tant l'esprit de l'Église est immuable, et partout le même.

C'en était trop !

La résistance fut décidée, une vaste conspiration s'ourdit entre tous les Maures, et, chose admirable, le secret fut gardé, *par un peuple entier, pendant neuf mois, sans une trahison, sans une indiscrétion,* qui pût mettre les autorités chrétiennes sur leur garde.

Malheureusement la précipitation gâta tout.

Les montagnards se soulevèrent avant les citadins, et l'unanimité nécessaire manqua au soulèvement.

Il avorta à Grenade, mais la montagne entière prit les armes, et la révolte s'étendit, en un instant, sur les Alpujarras, gradin inférieur de la Sierra Nevada, au sud de la ville, et dans toute la vallée du Xenil.

En trois jours, d'Alhama à Almeria, le pays fut en feu.

Les insurgés se donnèrent d'abord un chef, et élurent Muley-Mohammed, dernier descendant des Ommiades, anciens émirs de Grenade.

Il fut proclamé roi.

Alors commença une guerre effroyable, sans pitié, sans merci, guerre de bêtes fauves, attisée des deux côtés par le fanatisme religieux.

Les chrétiens, épars parmi les Maures, commencèrent, pour cette fois, la liste des victimes.

« Les églises, où se réfugièrent ces victimes vouées au massacre, avaient cessé de les protéger. Les autels, livrés au pillage, furent arrosés du sang des prêtres qui les desservaient. La congrégation, rassemblée autour de son pasteur, comme aux jours où il régnait sur elle, répondait avec une feinte docilité à l'appel qu'on le forçait à faire. Chacun ensuite défilait devant lui, en lui adressant un coup ou un outrage. Puis venait le tour du bourreau qui, aux applaudissements de la foule, épuisait sur sa victime sa science infernale. Enfin ce corps, mutilé, mais vivant encore, était abandonné aux femmes qui enfonçaient leurs aiguilles dans ces chairs palpitantes, ou aux enfants qui le prenaient pour but de leurs flèches. Les chrétiens se réfugiaient-ils dans les tours isolées, dont la plupart étaient en bois, on y mettait le feu, et les victimes, le plus souvent, aimaient mieux périr dans les flammes que de se rendre. Tous les moines d'un couvent furent jetés vivants dans l'huile bouillante. Un Maure, lié d'amitié avec un chrétien, ne vit pas de preuve d'affection plus grande à lui donner que de lui passer son épée au travers du corps : « Prends, ami, lui dit-il, il vaut mieux que ce soit moi qui te tue qu'un autre.... » Par un raffinement de cruauté on outrageait l'épouse sous les yeux de l'époux, la fille sous les yeux de la mère, et le déshonneur n'excluait pas le supplice. »

Trois mille chrétiens périrent ainsi.

Ils récoltaient ce que l'Inquisition avait semé : — ces massacres trop justifiés par les froides barbaries des moines, commis par un peuple au désespoir, parvenu au dernier paroxysme de la fureur, décidé à venger en un jour un siècle de tortures, se comprennent trop pour qu'il soit nécessaire de plaider longtemps les circonstances atténuantes.

D'ailleurs les représailles des chrétiens dépasseront

toutes ces violences, et les Maures finalement se trouveront encore en reste.

Le capitaine-général d'Andalousie, le marquis de Mondéjar, fut chargé de la répression.

C'était un homme habile, et, chose plus rare, dans de pareils temps, humain, — dont la conduite, s'il avait été le maître, eût amené promptement la répression de la révolte.

Mais son humanité irrita les Inquisiteurs et les conseillers de Philippe II.

Le marquis de Mondéjar s'opposait au pillage, au viol des femmes prisonnières, au massacre des enfants et des vieillards; — il fut vertement blâmé.

On décida, d'après les statuts du concile de Tolède, que tout captif maure, homme ou femme, était, par le fait même de sa rébellion, *voué à l'esclavage*[1].

Tous les prisonniers furent donc vendus à l'enchère.

« Les captives confiées à la loyauté de leurs familles, par Mondéjar, furent redemandées à ces familles et restituées avec une bonne foi qui contrastait avec la mauvaise foi habituelle des chrétiens dans tous leurs rapports avec les infidèles. »

Les Maures avaient juré de restituer les prisonnières libres sur parole. — Ils tinrent leur serment.

Elles furent vendues avec le reste du troupeau.

« Un soldat les avait épargnées; des Inquisiteurs les vouèrent à la servitude, au déshonneur. »

Les plaintes contre l'humanité déployée par Mondéjar

1. Ce qui prouve une fois de plus, comment le Christianisme est venu apporter l'abolition de l'esclavage.

devinrent si vives, qu'il résolut de faire taire ceux qui lui reprochaient sa clémence.

Ayant mis le siége devant un château fort, il ordonna de passer au fil de l'épée tout ce qu'on trouverait dans la place.

Vieillards, femmes, enfants, on massacra tout.

Cela ne pouvait suffire : — on donna un collègue au marquis de Mondéjar.

Il s'appelait le marquis de Los Velez : — c'était un homme selon le cœur des Inquisiteurs.

Ses cruautés ranimèrent la révolte presque pacifiée par la douceur de Mondéjar, et le sang recommença à couler.

Les Maures qui connaissaient Los Velez de longue date, l'avaient surnommé le *Démon à la tête de fer*.

Aussi cette fois la guerre prend un caractère plus sauvage encore.

D'affreux massacres accompagnent tous les combats.

« A la bataille de Filix[1], les femmes étaient plus nombreuses que les hommes, et combattaient avec la même rage; plus de six mille Maures des deux sexes périrent avec deux mille enfants. Echappaient-ils au massacre, on les traquait comme des bêtes fauves, à travers les bois et les rochers; pour s'épargner la peine de les tuer, on les jetait vivants dans les précipices. Souvent les femmes, pour échapper à des outrages pires que la mort, s'y lançaient elles-mêmes avec leurs enfants. « J'ai vu moi-même à Filix, nous dit un soldat qui a écrit l'histoire de cette guerre, Ginez Perez de Hita, une femme couverte

---

1. Rosseeuw St-Hilaire, *Histoire d'Espagne.*

de blessures, étendue morte avec ses six enfants, expirants à ses côtés. De son corps elle avait fait un rempart au septième, encore à la mamelle ; et quoique les lances eussent traversé les habits de son nourrisson, il était sain et sauf, et, attaché au sein de sa mère, il y suçait plus de sang que de lait. Ému de pitié, je l'emportai et je le sauvai. » Cet exemple d'humanité est peut-être le seul que l'on rencontre dans ces guerres sans pitié « dont la plume, nous dit le même Hita, se refuse à tracer les horreurs. »

Au milieu de ces scènes de carnage, on voit partout présente la main de l'Église.

Partout les égorgeurs ont bien soin de démontrer qu'ils agissent dans l'intérêt du ciel, qu'ils obéissent aux préceptes de la religion, et que Dieu lui-même combat par leurs mains, après avoir béni leurs armes.

L'historien Hita a résumé d'un mot ces affreuses guerres : « Nous volions tous (*todos robabamos*), » dit-il candidement. Mais, si la croisade a ses profits, elle a aussi ses indulgences : elle sauve les âmes, elle lave les péchés commis ou à commettre. Pour ces champions du Seigneur, il n'y a plus de crimes possibles, ils sont tous absous d'avance. Avant de combattre, l'armée s'agenouille comme un seul homme ; les fêtes religieuses, les processions, les *Te Deum*, alternent avec les batailles. A la journée d'Ohanez, le sang a coulé par torrents, les Espagnols ne peuvent plus trouver pour se désaltérer une source qui n'en soit teinte : eh bien ! les vainqueurs, au sortir du combat, célèbrent la fête de la *Purification de la Vierge*, avec le recueillement de moines dans leur cloître. Le marquis de Loz Velez et ses officiers, un cierge à la main, conduisent la procession. Des prêtres, l'épée au côté, la rondache au dos, chantent les louanges du Seigneur. Puis, au sortir de l'église, quand on s'est mis en règle avec le ciel, à la place du chrétien, vient la bête féroce, avec tous les grossiers appétits qu'a déchaînés la victoire. La ville d'Ohanez est livrée à un pillage régulier. Les femmes, au nombre de mille six cents, sont réservées à un traitement cent fois pire que la mort. Quinze jours durant, elles sont abandonnées à la licence des soldats de la croix. Le camp, où résonnait le son des hymnes, ne retentit plus que des chants de l'orgie et des cris des victimes se débattant aux bras de leurs bourreaux. Voilà ce qu'est en Espagne la guerre sainte, au seizième siècle. »

Il ne rentre pas dans notre plan de raconter l'histoire complète de l'insurrection mauresque.

Elle se termina par l'expulsion complète de tout ce qui restait de cette race énergique, qui aurait assuré la prospérité et la grandeur de l'Espagne, et dont le départ la réduisit à la misère, à l'anéantissement pour des siècles.

Ce que nous voulions seulement, c'est montrer, par un nouvel exemple, les résultats du système suivi par l'Inquisition, et l'état de férocité, de dégradation, où l'Église avait plongé une nation héroïque et d'un génie extraordinairement vigoureux.

Encore un détail et nous nous arrêterons.

La scène se passe à Grenade, pendant que les armées ennemies s'égorgent dans les défilés des montagnes.

« Tout d'un coup, au milieu de la nuit, la tour de *la Veillée*, à l'Alhambra, retentit des sons du tocsin qui appelle la ville aux armes. En un moment, chacun est debout. On cherche l'ennemi, mais, s'il est quelque part, ce n'est que dans la prison. L'alcade qui y commande donne le signal du massacre à ses soldats et aux détenus espagnols armés par ses soins. Les Maures étaient sans armes; bon nombre, parmi eux, étaient âgés ou infirmes; mais le désespoir prête aux plus faibles les forces qui leur manquent. Barricadés dans leurs cachots, ils opposent aux assaillants une résistance non moins désespérée. Les bancs, les cruches, les pierres mêmes, que leurs ongles déchirés arrachent de la muraille, tout devient arme dans leurs mains. Cette lutte inégale ne dura pas moins de sept heures. Tous les prisonniers périrent à la fin, après avoir vendu chèrement leur vie. Deux seulement furent épargnés, non par humanité, mais par calcul; ce furent le père et le frère d'Aben Humeya[1]. Suivant le récit de Marmol, les derniers survivants, perdant tout espoir d'échapper, élevèrent un bûcher avec les débris de leurs meubles, y mirent le feu, et se précipitèrent dans les flammes, plutôt que de se rendre.

« Nous nous sommes appesanti sur cette scène d'horreur, parce que, mieux peut-être qu'aucun des événements de la guerre, elle montre l'esprit qui animait les Espagnols contre cette race proscrite. Sparte elle-même n'a jamais traité ses hilotes avec cette froide dureté. »

1. Chefs des insurgés : ils devaient servir d'otage.

CHAPITRE XVII.

L'Inquisition et le protestantisme.

I

En 1550, le protestantisme apparut, pour la première fois, en Espagne.

En 1570, il n'en restait plus trace.

L'Inquisition s'en était mêlée, vers 1560, et dix années lui avaient suffi pour extirper entièrement de la Péninsule une hérésie qui devait arracher à l'autorité de l'Église romaine plus de la moitié de l'Europe.

On ne saurait donc nier, au point de vue catholique, l'efficacité parfaite de la très-sainte Inquisition.

Elle sauva réellement l'unité de la foi et la pureté de l'orthodoxie, partout où elle étendit son pouvoir, partout où on lui laissa les moyens d'agir en pleine liberté et d'appliquer ses remèdes, — le fer et le feu.

Les peuples du Midi ne se montrèrent nullement réfractaires à la réforme. Si les peuples du Nord seuls ont pu échapper au joug de la papauté, cela a tenu moins encore à la tournure d'esprit et aux mœurs différentes de ces peuples qu'à leur éloignement de la capitale du christianisme orthodoxe.

L'Italie, comme l'Espagne, vers la seconde moitié du seizième siècle, parut disposée à recevoir le protestantisme, à écouter, à suivre la voix des nouveaux évangélistes.

Si le mouvement s'arrêta, en Italie, comme en Espagne, c'est que, dans ces deux pays, l'Église armée de tout son pouvoir, mise en garde par les progrès rapides de la réformation au delà des Alpes et des Pyrénées, put verser à loisir le sang des réformateurs, étouffer la pensée nouvelle sous des montagnes de cadavres.

On a beau dire qu'on ne tue pas les idées, — il est positif qu'en tuant, à un moment donné, tous les hommes qui représentent une idée, on arrive à réduire cette idée à l'impuissance, à arrêter absolument, pour des siècles, sa circulation à travers l'humanité.

Elle est alors, comme si elle n'était pas.

Elle compte aux yeux du philosophe, parmi les évolutions de l'esprit, — elle ne compte plus dans l'histoire.

Tel fut le sort du protestantisme en Italie et en Espagne.

Il se trouva en face de l'Inquisition, — et l'Inquisition, suivant son système, ayant envoyé au bûcher tous les protestants, un jour se leva où il n'y avait plus de protestants, ni en Italie, ni en Espagne.

Les premiers ferments du protestantisme furent importés en Espagne par Charles-Quint.

Ses armées étaient remplies de luthériens qui se trouvaient de la sorte en contact avec les soldats espagnols.

Beaucoup de gentilshommes avaient accompagné l'empereur en Allemagne : — ils avaient entendu les prêtres des réformés, assisté à l'enfantement de leur doctrine.

Qu'ils le voulussent ou non, quelque chose des nouvelles idées s'était attachée à eux, qu'ils rapportèrent, à leur insu, en Espagne.

Un nommé Rodrigo de Valer, né à Lébrija, près Séville, se mit tout d'un coup à prêcher l'Évangile dans les rues de Séville, attaquant avec violence l'autorité du pape, le culte de la Vierge et des saints.

De nombreux prosélytes, des prêtres mêmes, se laissèrent entraîner par lui ; mais l'Inquisition l'arrêta, et, pour cette fois, usant d'une sorte de clémence inaccoutumée, se contenta de confisquer ses biens et de le faire renfermer dans un couvent, où il mourut.

Il laissait des disciples, dont le plus célèbre, Juan Gil, est connu sous le nom de docteur Egidius.

A lui se joignit Constantin Ponce, prédicateur d'un grand mérite. Bientôt ils réunirent autour d'eux une foule enthousiaste.

Cependant, ils apportaient une grande prudence à l'exposé de leurs doctrines, et ne rompaient pas ouvertement avec le catholicisme, puisque Charles-Quint continua de leur montrer une grande faveur.

L'Inquisition plus clairvoyante jeta Egidius en prison, d'où il sortit après trois ans, en consentant à une abjuration publique.

D'autre part, trois jeunes Espagnols, étudiants de l'Université de Louvain, les frères Enzinas, se convertissaient à la foi luthérienne.

Le plus jeune publia une traduction espagnole du Nouveau Testament, et l'offrit à l'Empereur, qui la fit examiner par son confesseur.

On arrêta Enzinas (Francisco), mais il s'échappa, et se réfugia en Allemagne.

Néanmoins sa traduction pénétra en Espagne.

Quant à Constantin Ponce, il reprenait en 1555, à Séville, l'œuvre interrompue par la mort d'Egidius.

Peu à peu, et dans le plus grand secret, une véritable Église protestante se forma dans cette ville.

Un médecin, Lozada, en était le chef.

Des cloîtres entrèrent même dans le mouvement, et le couvent de San-Isidro del Campos, imité bientôt par d'autres communautés, adopta la religion réformée.

A Valladolid, se produisait un mouvement analogue; dès 1554, un jeune homme, appelé San Roman, périssait brûlé vif dans un auto-da-fé.

Après sa mort, une petite Église évangélique se formait en secret, dirigée par un moine dominicain, Domingo de Roxas, fils du marquis de Posa, auquel se joignit le fameux docteur Agostin Cazalla.

C'est dans la maison de sa mère que se réunit la congrégation des réformés.

Mais on ne pouvait échapper longtemps à la surveillance de l'Inquisition.

A Valladolid, à Séville, partout, elle connaissait, elle épiait les chefs de la réforme espagnole.

Elle ne frappait pas encore : — elle guettait, attendant que les ennemis de la foi catholique, enhardis par l'impunité, fissent de nouveaux prosélytes, et s'engageassent dans le piége que leur tendait son faux aveuglement.

A cette patience, elle gagnait, d'ailleurs, de voir s'augmenter chaque jour le nombre de ses victimes futures.

Cependant, il n'était que temps qu'elle agît.

L'hérésie faisait des progrès prodigieux : — la moitié de l'Espagne était atteinte.

« Il n'était guère dans plusieurs provinces (Léon, Vieille-Castille, Logrono, Navarre, Aragon, Murcie, Grenade, Valence) de noble famille qui ne comptât quelques-uns de ses membres secrètement acquis à la réforme. »

Jamais plus grand danger n'avait menacé le catholicisme espagnol.

« Si l'Inquisition n'y avait pas pris garde, s'écrie Paramo [1], la religion protestante aurait couru partout à travers la Péninsule comme un feu follet. »

« Tels étaient, dit encore Illescas [2], le nombre, le rang et l'importance des coupables que, si le remède avait été différé de deux ou trois mois seulement, toute l'Espagne aurait été en feu. »

L'Espagne n'était donc pas plus que l'Italie vouée par tempérament, condamnée par une sorte de fatalité de race, à ce catholicisme orthodoxe et stupéfiant, qui a conduit ces deux admirables peuples à l'anéantissement intellectuel, à l'atonie morale, à la décadence profonde, où nous les avons connus.

Mais l'Inquisition était là.

Elle ouvrit ses cachots, elle alluma ses bûchers ; — tout fut dit.

La conscience humaine renaissante, — bâillonnée de nouveau, — retomba dans les ténèbres de la barbarie, redevint inerte et silencieuse.

1. *Histoire de l'Inquisition*, t. Ier.
2. *Histoire pontificale*, 1578.

II

La grande préoccupation du Saint-Office était d'arrêter l'introduction de ces publications maudites qui avaient répandu le venin de l'hérésie dans toute la Péninsule.

Un hasard heureux mit ses espions sur la trace, en livrant à l'Inquisition un des principaux auteurs du mal.

C'était un pauvre paysan des environs de Séville, nommé Julianillo (Julien le petit), à cause de l'exiguïté de sa taille.

Correcteur d'imprimerie en Allemagne, la passion du prosélytisme le dévorait.

Enfin, n'y tenant plus, il se résolut à rentrer en Espagne, mais non pas seul.

Dans deux tonneaux à double fond, remplis de vin de France, il installe des Bibles et d'autres livres de controverse en espagnol, trompe la douane du Saint-Office, et pénètre avec son bagage à Séville.

C'était en 1557.

Dénoncé par un forgeron, à qui il avait donné un Nouveau Testament, il tombe entre les mains du Saint-Office.

Peut-être aurait-il pu sauver sa vie en trahissant ses complices, ses coreligionnaires.

Il fut inébranlable.

« Alors commença, entre le prisonnier et ses juges, une lutte sans exemple dans les annales de l'Inquisition. *Pendant trois ans entiers, les tortures les plus raffinées furent vainement mises en œuvre. A peine donnait-on le temps* au patient, entre deux épreuves, de reprendre ses forces. *Sans cesse ramené de son cachot à la salle de la question,* le martyr semblait puiser dans son supplice une vigueur nouvelle. Pendant que ses bourreaux épuisaient leur science infernale pour lui arracher un aveu, Julien, calme et railleur, défiait leur rage impuissante. Quand on le rapportait dans sa cellule, épuisé et sanglant, en passant devant les cachots voisins, il répétait d'un air de triomphe ce refrain populaire :

> « Vencidos van los frayles, vencidos.
> « Corridos van los lobos, corridos. »
>
> (Vaincus sont les moines, vaincus!
> Chassés sont les loups, chassés!)

Courage sublime, qui ne put racheter une seule victime.

« Tout brisé par les tortures, il marcha au supplice, un bâillon à la bouche, encourageant encore ses frères, du geste et du regard, à défaut de la voix. En arrivant au pied du bûcher, il s'agenouilla pour baiser le lieu du triomphe, où il allait être réuni à son Sauveur [1].

« Attaché au poteau, on lui ôta son bâillon pour le laisser libre de se rétracter, mais il n'usa de sa liberté que pour proclamer sa foi. Le bûcher s'alluma bientôt, sans que le courage du martyr faiblît un instant. Les gardes furieux de voir « l'Inquisition bravée par un nain, » hâtèrent sa mort en le perçant de leurs lames. »

Les Inquisiteurs ne pouvant arracher de révélations à

---

1. N'oublions pas que c'est un protestant qui parle ainsi, M. Rosseuw Saint-Hilaire.

Julien, — quoique certains du crime, — ne savaient sur qui faire retomber leur vengeance.

Cependant, le pape, Paul IV, et le roi, Philippe II, excitaient le zèle des Inquisiteurs, un instant en défaut.

Un bref papal (1558) enjoignait au Saint-Office de courir sus aux hérétiques, « fussent-ils ducs, princes, rois ou empereurs. »

Un édit royal condamnait aux flammes quiconque vendrait, achèterait, *lirait* un des livres défendus.

Charles-Quint, lui-même, au fond de son cloître, à la vieille de sa mort, retrouvait des forces, rompait le silence, pour recommander la vigilance et l'application des remèdes les plus rigoureux.

Il menaçait de sortir de sa tombe anticipée pour aller remédier lui-même au mal.

L'Inquisition répondit enfin à l'espoir des fidèles : elle se montra digne d'elle-même.

« L'heure était venue d'agir. Si le zèle de l'Inquisition avait été un instant en défaut, tout fut bien vite réparé. Jusqu'au dernier moment, rien ne trahit la muette activité du tribunal. Aucune arrestation n'avait eu lieu depuis longtemps, et les protestants étaient retombés peu à peu dans leur fatale sécurité. Des gardes furent dispersés sans bruit sur tous les chemins, pour les fermer aux fugitifs. Un admirable ensemble régna dans toutes les mesures. Enfin, le même jour, à Séville, à Valladolid et partout où l'hérésie s'était glissée, tous les suspects de luthéranisme furent enveloppés dans un même coup de filet. A Séville seulement, huit cents personnes furent arrêtées en un jour. Les prisons ne suffisant plus, on dut placer les prisonniers dans des couvents et des maisons privées. Le coup avait été porté avec tant de vigueur, de secret et de promptitude que les protestants en furent étourdis. Plus d'un, parmi ceux qu'on avait oubliés, courut se dénoncer lui-même pour s'en faire un mérite aux yeux du tribunal. Puis, tout rentra dans le silence. Une morne terreur plana sur toute l'Espagne, pendant que l'instruction se poursuivait dans l'ombre des cachots. »

Le protestantisme est fini en Espagne.

Désormais la parole appartient au bourreau.

Il va parler seul, si longtemps et si bien, que personne ne parlera plus après lui.

Les Inquisiteurs de Valladolid furent les premiers prêts : — ils célébrèrent leur auto-da-fé le dimanche 12 mai 1559.

Il n'y avait, pour cette fois, que trente condamnés, dont quatorze à mort.

L'Inquisition préludait, comme un artiste qui essaye quelques accords, et interroge son instrument avant d'entamer sa grande symphonie.

L'Inquisition interrogeait l'Espagne : — elle rendit des bourreaux et des martyrs.

L'heure de la résistance était passée.

L'ignorance, le fanatisme, la tyrannie royale et religieuse avaient anéanti dans ce peuple.... jusqu'à la pitié, jusqu'à l'instinct de la conservation.

« Les quatorze condamnés au bûcher étaient presque tous unis par les liens du sang. Sauf deux ou trois domestiques, qui avaient suivi leurs maîtres, tous appartenaient aux classes supérieures de la société. La famille Cazalla faisait presque à elle seule l'auto-da-fé. Venait d'abord l'aîné des frères, Agostin Cazalla, ex-chapelain de l'em-

pereur. Les tortures avaient fini par vaincre son courage:
sans renoncer à sa foi, il nia l'avoir prêchée à d'autres.
Il espérait sauver sa vie par cette demi-apostasie; mais
il n'y gagna que la faveur d'être étranglé avant d'être jeté
aux flammes. Avant de monter sur le bûcher, il eut la
faiblesse d'exhorter les autres condamnés à se repentir
de leurs erreurs. Parmi eux se trouvait son frère Francisco, prêtre comme lui. Son indomptable résolution
avait forcé les juges à l'envoyer au supplice, un bâillon à
la bouche. En entendant son frère l'exhorter à abjurer la
foi que lui-même lui avait enseignée, Francisco trahit sa
pensée par un geste de ses mains enchaînées, et le regard
de l'apostat s'abaissa devant celui du martyr.

« Un seul des condamnés fut brûlé vivant avec Francisco : ce fut l'avocat Herezuelo. En entendant son maître
Agostin s'unir aux moines qui le harcelaient pour le
presser de se rétracter, il ne lui répondit que par un
coup d'œil de mépris. Mais tout d'un coup, il reconnut,
dans le groupe des *réconciliés*, qui avaient racheté leur
vie en abjurant, sa femme bien-aimée, Léonor de Cisneros. Il ne pouvait lui parler ; mais il lui jeta un regard de
reproche, tempéré par l'amour. Puis il marcha à la mort,
d'un pas résolu, en homme qui n'a plus rien à regretter
ici-bas : « J'étais près de lui à son dernier moment, dit
le papiste Illescas, et je pouvais étudier jusqu'au moindre de ses gestes. Sa bouche était bâillonnée, il ne pouvait parler ; mais toute son attitude était celle d'un
pécheur endurci. Je n'ai pu saisir en lui le moindre
symptôme de crainte, ou même de souffrance. Sa physionomie était empreinte d'une expression de sérieux qui
surpasse tout ce que j'ai jamais vu ici-bas. On se sentait

frissonner, rien qu'à voir cette figure, en songeant que, dans un moment, il serait en enfer avec son maître Luther. » Enfin, le regard calme et joyeux qu'il promenait sur ses juges exaspéra un des gardes qui lui plongea sa lance dans le corps, et abrégea son supplice.

« Le courage de Léonor avait fléchi devant les tourments. Ignorant le sort de son époux, pouvant même douter de son courage, elle avait cédé…. Mais le regard d'Herezuelo entra dans son cœur, comme celui du Christ dans l'âme de l'apôtre qui l'avait renié. A dater de ce jour, ce regard ne la quitta plus.

« Cette vie qu'elle avait rachetée par une lâcheté lui devint à charge. — Elle refusa de se soumettre aux pénitences qu'on lui infligeait. — Rejetée en prison, elle y resta huit ans. Aucune puissance humaine ne put l'amener à se rétracter. Le souvenir de sa première chute la soutint contre le danger d'une seconde. En 1568, elle périt enfin dans les flammes : « Rien, dit encore Illescas, ne put émouvoir ce cœur inflexible [1]. »

Dans ce même auto-da-fé, on brûla les os de la mère des Cazalla, coupable d'avoir, de son vivant, prêté sa maison aux réunions luthériennes. Sa mémoire fut vouée à l'infamie, ses biens confisqués, sa maison rasée.

En souvenir de ce châtiment exemplaire, on éleva une colonne qui fut renversée…. par les Français en 1809.

Le 8 octobre de la même année, second auto-da-fé à Valladolid.

Philippe II y assista avec toute sa cour.

Parmi les victimes brûlées, on remarque Carlos

1. Rosseuw Saint-Hilaire, *Histoire d'Espagne.*

de Seso, gentilhomme italien, et son domestique Sanchez.

Les flammes consument ses liens, il s'élance hors du
bûcher.

« Rétractez-vous ! lui disent les prêtres : — on vous fera
grâce du bûcher. »

Mais il aperçoit son maître impassible et résolu, au
milieu des flammes.

« Non, s'écrie-t-il, je veux mourir comme ce digne
serviteur de Dieu ! »

On le rejette dans les flammes.

Le même jour mourut Domingo de Roxas, pasteur de
l'Église réformée de Valladolid, dont nous avons parlé
plus haut.

En passant devant la loge royale : — « Je meurs, dit-il
à Philippe II, pour la vraie foi évangélique enseignée par
Luther. Et vous, Sire, pouvez contempler de sang-froid les
souffrances de vos sujets innocents ?

— Oui, répondit le roi, si mon fils était un misérable
hérétique comme toi, j'apporterais moi-même le bois
pour le bûcher ! »

Et il l'eût fait !

« Tous les hommes sont frères, » a dit Jésus : —
oui, les fidèles, les enfants de Dieu, mais entre eux
et les hérétiques, les liens de famille n'existent même
pas.

On voit, du reste, par la parole de Roxas, que l'idée de
révolte n'était pas encore entrée dans le cerveau de ces
hommes, intellectuellement mutilés par les idées de soumission qu'enseigne l'Évangile.

Un homme du dix-neuvième siècle, affranchi par la

révolution, eût invoqué son *droit*, et non son *inno-cence.*

Le même bûcher dévora aussi cinq religieuses, — mais on eut soin de les étrangler avant, pour faire croire au peuple qu'elles avaient abjuré, quoiqu'il n'en fût rien.

Séville à son tour eut ses auto-da-fé, qui surpassèrent ceux de Valladolid, par le nombre et l'importance des victimes.

Le premier se célébra le 24 septembre 1559.

Cent un condamnés y figurèrent. — Vingt-un périrent sur le bûcher.

Le docteur Zafia, seul en fuite, fut brûlé en effigie.

On cite parmi ceux qui furent brûlés en personne, Arias, dit le *docteur Blanc*, réformateur du couvent de San-Isidro.

Il marcha au bûcher en appuyant sur un bâton ses pas chancelants.

Avec lui moururent trois moines du même couvent.

« L'un d'eux, frère Juan de Léon, avait été arrêté en Zélande, en compagnie d'un autre moine. Après les avoir torturés, on les envoya en Espagne, chargés de fer, *la tête enveloppée d'un casque de fer garni d'un bâillon*, qui leur ôtait la parole. »

Lazada, pasteur de l'Église de Séville, et San Juan refusèrent également toute rétractation, ainsi que Juan Gonzalès, musulman d'origine, qui supporta les tortures sans faiblir.

Au moment de voir finir ses tourments dans les flammes, une dernière épreuve plus cruelle peut-être l'attendait.

Il trouva ses deux sœurs dans le groupe des condamnés à mort.

Treize femmes, ce même jour, donnèrent l'exemple d'une constance héroïque, et, parmi elles, on doit citer Maria de Bohorques, âgée de vingt ans.

Devant les juges, elle confessa intrépidement sa foi. Les Inquisiteurs, à bout d'arguments, eurent recours aux tortures. Tout ce qu'on put arracher d'elle, ce fut l'aveu qu'elle avait parlé de ses croyances à sa sœur Juana, qui ne les avait pas combattues.

Maria de Bohorques n'était pas une coupable ordinaire. Son rang, sa jeunesse, ses rares facultés attiraient sur elle tous les regards. L'honneur du Saint-Office lui semblait engagé à vaincre son obstination. On ne la laissa pas même reposer la nuit qui précéda son supplice. Les prêtres l'assiégèrent sans relâche jusqu'à sa dernière heure. Maria supporta leurs obsessions avec une rare patience. »

Elle marcha au supplice, calme et inébranlable.

Elle chantait un psaume, — on la bâillonna.

Attachée au poteau, on voulut obtenir une rétractation.

On l'engagea à réciter le *Credo*. Elle y consentit, mais comme elle le commentait dans le sens de sa foi, on l'étrangla aussitôt, et son corps palpitant fut jeté dans les flammes.

Le second auto-da-fé de Séville eut lieu le 22 décembre 1560.

On y brûla en effigie trois contumaces, Jean Perez, Egidius et Constantin Ponce.

« Cinq femmes, appartenant à la même famille, montèrent à la fois sur le même bûcher. L'une, Maria Gomez, gouvernante de Zafra, avait dénoncé les protestants de Séville. Revenue de son égarement, la foi qu'elle avait trahie lui était devenue plus chère encore. Elle avait échappé aux soupçons, mais une de ses nièces était arrêtée. Les tortures ne purent arracher à celle-ci un mot qui accusât sa famille. Alors ses juges eurent recours à une ruse infernale. La jeune captive était, nous dit Montanus, « d'une simplicité de brebis » (*ovina simplicitate*). Un des Inquisiteurs allait la voir souvent dans son cachot, et lui témoignait un intérêt toujours croissant. Une fois maître de ce cœur sans détours, il lui persuada que « le seul moyen de sauver sa famille, c'était de tout lui révéler, comme à un père et à un ami. » L'innocente donna dans le piége : l'aveu que les tortures n'avaient pu obtenir sortit enfin de ses lèvres. Sa famille fut aussitôt jetée en prison. Les tourments ne purent vaincre leur résolution, et toutes furent condamnées à mourir dans les flammes. En face du bûcher, où elles allaient se revoir pour la dernière fois, la jeune fille se jeta à leurs pieds pour leur demander pardon. Toutes alors s'embrassèrent avec la joie sereine de martyrs, qui vont se retrouver dans un monde meilleur. La foule qui était venue se repaître de ce hideux spectacle resta muette, soit que le fanatisme eût étouffé chez elle tout sentiment humain, soit que la crainte les comprimât dans les cœurs.

Doña Juana de Bohorques, baronne de Higuera, était enceinte de six mois quand elle fut arrêtée, sur les révélations de sa sœur[1]. Elle accoucha dans la prison, et on

---

1. Maria de Bohorques.

lui ôta son enfant qu'elle ne devait plus revoir. A peine rétablie de ses couches, on la soumit à la question. Mais dans ce corps délicat vivait une résolution indomptée ; elle supporta tout sans rien avouer. Les bourreaux, irrités de son obstination, serrèrent les cordes avec tant de violence qu'elles pénétrèrent jusqu'aux os. Des vaisseaux se rompirent dans sa poitrine, et le sang sortit à flots de de sa bouche. »

Elle mourut peu de jours après, et le Saint-Office la déclara... innocente.

Ces auto-da-fé ne furent pas les seuls.

Tolède célébra le sien à propos du mariage de Phi-. lippe II, avec Élisabeth de France. Ce fut le don de *joyeux avénement* de l'Espagne à la jeune mariée.

Il y eut, en résumé, de 1560 à 1570, *un auto-da-fé au moins par an, dans les douze provinces de l'Inquisition,* soit, en tout, CENT-VINGT auto-da-fé destinés exclusivement à des protestants.

C'est ainsi que l'Espagne fut sauvée de l'abominable hérésie de Luther.

Dix ans avaient suffi à l'Inquisition pour accomplir ce nouveau travail d'Hercule.

On le voit, l'outil était bon, si bon qu'on s'explique les regrets des Joseph de Maistre, des Louis Veuillot, et de tous les catholiques conséquents avec leur foi.

CHAPITRE XVIII.

Les successeurs de Torquemada.

I

Dans les deux chapitres précédents nous avons dû interrompre la suite chronologique des événements, pour rassembler des faits éparpillés sur plusieurs années, et donner plus de clarté à notre récit, en groupant tout ce qui avait rapport à la lutte de l'Inquisition contre les Maures, puis contre les protestants espagnols.

Ce furent là, en effet, les deux plus grandes batailles, les deux plus grandes victoires du Saint-Office, — ce furent là les deux blessures mortelles qu'il ouvrit dans le flanc de l'Espagne, — blessures par lesquelles s'écoulèrent une moitié de sa population, toute son industrie, presque toute sa séve intellectuelle et morale.

Frappée à la tête et au pied, — comme un arbre géant à qui on a coupé ses racines nourricières et ses rameaux verts, — elle resta debout, immobile, inerte, et les siècles se succédèrent, sans ramener à son tronc dépouillé les bourgeons où s'élaborent les pousses vigoureuses chargées de fleurs et de fruits.

II

Deza, nous l'avons dit, remplaça Torquemada : c'est à son activité qu'on dut l'établissement de l'Inquisition en Sicile, puis dans le royaume de Grenade.

Non content d'avoir, par là, provoqué l'expulsion immédiate, dans un délai de trois mois, de tous les Maures qui refuseraient le baptême, — plus de quatre-vingt mille s'expatrièrent aussitôt, — il tourna ses efforts contre les Juifs étrangers venus dans le royaume après le départ des Juifs espagnols.

Il leur fit appliquer le décret d'expulsion de 1493.

L'Espagne se trouva encore une fois privée du concours précieux que l'activité industrieuse de ces maudits apportait à son commerce, — rejetant ainsi loin de son sein, condamné à la stérilité, et ceux de ses enfants qui l'eussent enrichie, et quiconque lui apportait du dehors des éléments de bien-être, les moyens de suivre le mouvement général de la civilisation européenne.

Deza obtint également du roi, malgré son serment de respecter les statuts du royaume d'Aragon, que les Inquisiteurs de ce royaume connaîtraient du délit d'*usure*.

La Bible ne l'a-t-elle pas classé parmi les *péchés* ?

Le péché de *sodomie* rentra également dans la juridiction du Saint-Office.

Beaucoup de prêtres et de moines ayant été arrêtés, quelques-uns même étant montés sur le bûcher pour ce crime, le Pape s'émut et ordonna qu'ils seraient renvoyés devant les juges ordinaires.

L'Inquisition n'en continua pas moins de poursuivre, pour ce fait, les laïques de toutes les classes.

Le vice-chancelier d'Aragon lui-même ne dut son acquittement qu'à son crédit auprès de la cour.

Sous les ordres de Deza travaillait l'Inquisiteur de Cordoue, Lucero.

Ce dernier avait pris l'habitude commode de déclarer les accusés coupables de *réticence*, et de les faire concondamner comme *faux pénitents*.

Les choses allèrent si loin, et les cruautés de ce misérable fanatique dépassèrent tellement la mesure, que le nouveau roi d'Espagne, Philippe Iᵉʳ, suspendit de leurs fonctions Deza, Lucero, et les autres juges du tribunal de Cordoue.

Il évoqua ensuite toutes les affaires entamées, et les soumit au conseil de la Suprême.

Malheureusement, il mourut au bout de trois mois, le 25 septembre 1506, et Deza, en apprenant la nouvelle, reprit aussitôt ses fonctions d'Inquisiteur général.

Mais Cordoue, lasse enfin, se souleva. Les habitants forcèrent les prisons, et délivrèrent les prisonniers. Lucero ne dut son salut qu'à la fuite, et Deza, effrayé lui-même, se retira dans son diocèse, où il mourut.

N'oublions pas de mentionner, à son compte, les persécutions contre l'archevêque de Grenade, Ferdinand de Talavera, et Antoine de Lebrija, qui échappèrent heureusement tous deux à sa fureur sanguinaire.

Deza avait fait brûler vifs *deux mille cinq cent quatre-vingt-douze individus*;

En effigie, *huit cent vingt-neuf*.

Trente-deux mille cent cinquante-deux avaient subi l'emprisonnement ou les galères, avec confiscation de leurs biens.

C'était un digne émule de Torquemada. — A l'abri de son pouvoir, les agents de l'Inquisition se livrèrent en paix à toutes leurs fantaisies, volant, tuant, violant les filles et les femmes qui tombaient entre leurs mains, ainsi que le rapportent unanimement tous les historiens de cette époque.

A Deza succéda un homme capable, intelligent, et qui s'était montré toujours partisan de la réforme du Saint-Office, dont il avait plus d'une fois signalé les abus. — Nous voulons parler de D. François-Ximenès de Cisneros.

Dès qu'il fut devenu Inquisiteur général, toutes ses idées changèrent, et il s'appliqua à combattre toutes les innovations, à maintenir dans leur intégrité les règlements les plus odieux de l'Inquisition.

Cependant, l'irritation contre le tribunal était arrivée à un tel degré dans l'Espagne entière, qu'il dut faire d'abord quelques concessions.

Sur son ordre on révisa les procès commencés à Cordoue par Lucero.

Ils furent abandonnés, et les prisonniers recouvrèrent leur liberté.

On leur rendit leurs biens confisqués, on rebâtit aux frais du Trésor leurs maisons rasées.

Cisneros fit même rendre une loi qui condamnait à mort toute personne attachée au Saint-Office qui serait convaincue d'avoir abusé des femmes renfermées dans les prisons, comme cela arrivait perpétuellement, car pour ces malheureuses, plus d'une fois l'outrage précédait la torture.

Cette loi, d'ailleurs, destinée à calmer l'opinion publique, ne fut jamais appliquée.

L'Espagne, cependant, respira, — elle se crut délivrée. Ce n'était qu'une trêve.

A deux reprises, Cisneros, par ses sollicitations, ou par des dons en argent, obtint du roi le retrait des réformes accordées sur l'insistance des Cortès d'Aragon, qui demandaient la publicité des procédures du Saint-Office, et se plaignaient que les immunités accordées à ses nombreux agents et *familiers*, eussent pour résultat d'augmenter considérablement les charges des contribuables obligés de payer pour tout le monde.

Les Cortès proposèrent vingt-cinq articles au roi, tous destinés à restreindre la juridiction des Inquisiteurs, à rendre leur procédure plus conforme aux règles générales de l'équité.

Le roi adopta ces résolutions, *jura* de les faire observer, puis, aussitôt, sollicita du Pape un bref qui le relevât de son serment.

Une insurrection ayant répondu à ce parjure, il sollicita du Pape le retrait du bref qu'il avait obtenu précédemment, donnant ainsi à ses peuples l'exemple du mensonge, de l'hypocrisie et de la lâcheté !

Les *nouveaux chrétiens*, à deux reprises, offrirent au monarque de fortes sommes d'argent, s'il consentait à établir la publicité de tous les procès de l'Inquisition.

Ferdinand allait accepter l'argent, lorsque Cisneros accourut au palais, lui offrit une somme plus considérable, — qu'il empocha.

Tout fut dit.

Comment trouvez-vous cette monarchie, qui mettait simplement, sans vergogne, à l'enchère la vie, la fortune et l'honneur des Espagnols ?

Il faut avouer que les enseignements de l'Église moralisaient merveilleusement les rois du droit divin, et que l'Évangile interprété par les papes et leurs agents, avait apporté un grand soulagement aux peuples, un grand adoucissement aux mœurs, une conception bien relevée du principe d'autorité, du devoir des puissants envers les faibles !

Pendant les onze années que dura le ministère de Cisneros, le Saint-Office fit brûler en personne :

Trois mille cinq cent soixante-quatre individus des deux sexes, et *mille deux cent trente-deux* en effigie.

La prison et les galères, toujours suivies de la confiscation, furent le lot de *quarante-huit mille cinquante-neuf* malheureux.

Cisneros, qui avait fait célébrer beaucoup plus d'auto-da-fé que son prédécesseur Deza, mourut le 8 novembre 1517.

Charles-Quint régnait.

III

Charles-Quint, il faut lui rendre cette justice, monta sur le trône avec la résolution, inspirée par son précepteur Guillaume de Croy et son grand chancelier Selvagio, d'abolir l'Inquisition, ou, tout au moins, de l'organiser suivant les règles du droit naturel.

Il accueillit donc favorablement les réclamations et les protestations unanimes que lui adressèrent, en 1518, les Cortès de Castille, d'Aragon et de Catalogne.

Remarquons, en passant, du reste, que les Cortès ne cessèrent jamais, chaque fois que l'occasion s'en présenta, de demander soit la suppression, soit la réforme du Saint-Office.

Malheureusement Selvagio, chargé de rédiger le nouveau code de l'Inquisition, mourut, et le quatrième Inquisiteur général, Adrien, devenu pape plus tard, changea tellement les idées du roi qu'il en fit peu à peu un protecteur passionné de l'Inquisition.

Alors commença une série d'intrigues misérables auprès de la cour de Rome, intrigues qui agitèrent l'Espagne pendant deux ans.

Léon X, en ce moment fort mal avec l'Inquisition, — il lui reprochait de fomenter des troubles et d'agiter les populations, — était disposé à soutenir les Aragonais révoltés contre l'autorité de Charles-Quint, à qui le peuple reprochait son manque de parole.

Il publia donc des brefs par lesquels il destituait tous les Inquisiteurs en fonction, et chargeait les évêques et leurs chapitres de présenter de nouveaux titulaires.

On le voit, il y avait là plutôt une question de personnes qu'une question de principes, et le soulagement, peut-être momentané, n'eût pas été considérable pour l'Espagne.

L'intention du Pape n'était pas, ne pouvait être, de mettre un terme aux persécutions enfantées par l'intolérance, d'accorder aux consciences et aux intelligences la libre disposition d'elles-mêmes : — il s'agissait seulement de modifier, dans quelques détails, les procédés de la compression morale.

Les Inquisiteurs refusèrent d'obéir au Pape, et Charles-Quint envoya un ambassadeur à Rome pour obtenir la révocation des brefs pontificaux.

Le Pape suspendit l'effet de ses résolutions, mais ne les retira point, et les trois brefs qui réformaient l'Inquisition, finalement ne furent pas révoqués.

Le peuple n'y gagna aucun soulagement.

La bulle de réforme ne fut jamais exécutée, et l'Inquisition poursuivit son œuvre.

Pendant que ces événements se passaient en Aragon, la Castille se soulevait contre l'Inquisition, sous le commandement de l'évêque de Zamora et de plusieurs prêtres.

L'évêque vaincu fut mis à mort, puis les choses rentrèrent dans l'ordre accoutumé.

Le règne inquisitorial d'Adrien ne dura que cinq ans, pendant lesquels le nombre des victimes, au lieu de diminuer, augmenta considérablement.

Pendant ces cinq années, on condamna *vingt-quatre mille vingt-cinq* personnes, dont *seize cents* furent brûlées vives, et *cinq cent soixante* en effigie.

Adrien, désigné par son zèle à la confiance des cardinaux, fut élu pape, à la mort de Léon X, et lui succéda le 9 janvier 1522.

Il attendit deux ans avant de nommer un Inquisiteur général, mais, durant cet interrègne, le tribunal continua de fonctionner.

Trois cent vingt-quatre personnes furent brûlées, à peu près une tous les deux jours, et *quatre mille quatre cent quatre-vingt-une* perdirent leur liberté et leurs biens.

Tels sont les résultats des premières années du règne de Charles-Quint, dont l'avénement au trône avait fait espérer la suppression de l'Inquisition.

IV

Le cinquième Inquisiteur général, Alphonse Manrique, qui avait appuyé, comme Cisneros, les demandes de réforme du Saint-Office, imita néanmoins ses prédécesseurs. Une fois investi du pouvoir inquisitorial, il s'appliqua à conserver intacts tous les priviléges de l'Inquisition, et notamment à soutenir énergiquement le système des *dénonciations secrètes*, contre lequel protestait l'Espagne entière.

Cependant c'était un homme bienfaisant, *charitable* au sens chrétien du mot, et relativement humain.

Il montra même de la sympathie aux Maures, fit défendre aux Inquisiteurs de les poursuivre pour des motifs légers, et ordonna qu'on terminât de la façon la plus favorable tous les procès entamés contre eux.

Mais que pouvait cette bienveillance accidentelle, cette humanité temporaire, contre un principe d'intolérance et des habitudes enracinées de persécutions, approuvées, encouragées par l'Église universelle ?

Malheureusement pour les bonnes intentions de Manrique, la guerre civile ayant éclaté dans le royaume de Valence et dans la Castille, les Maures y prirent une part active, qui irrita le roi.

Il sollicita et obtint du Pape une dispense du serment qu'il avait fait, devant les Cortès de Saragosse, de respecter la religion des Maures de Castille, d'Aragon et de Valence.

Aussitôt une ordonnance royale, de 1525, enjoignit à tous les Maures de ces provinces de se faire baptiser ou de sortir d'Espagne.

Cette ordonnance amena une insurrection formidable que Charles-Quint ne put vaincre absolument.

Il dut accorder aux insurgés une partie de leurs demandes, — qui étaient de n'être point soumis à l'Inquisition, excepté dans le cas d'apostasie certaine, de conserver l'usage de leur langue, leurs costumes et leurs armes, et de payer les mêmes impôts que les chrétiens.

A ces conditions presque tous se firent baptiser, mais comme leur conversion n'était pas sincère, l'Inquisition les poursuivait à titre de relaps, et continua de les envoyer au bûcher.

Nous n'insisterons pas à ce sujet, ayant donné dans le chapitre XVI, les détails importants de cette lutte, qui devait, après diverses péripéties et des flots de sang versés, amener la destruction complète de ce peuple, le jour où Philippe II leur retira ces dernières concessions.

Manrique eut aussi à s'occuper des luthériens, et nous n'ajouterons rien à ce que nous avons rapporté, à ce sujet, dans le chapitre précédent.

Toutefois, nous devons mentionner l'arrestation de Virues, moine bénédictin, soupçonné de luthéranisme. C'était le prédicateur habituel de Charles-Quint. Ce dernier, blessé de l'audace de l'Inquisition, exila Manrique, sans oser cependant délivrer Virues, qui resta quatre ans dans les cachots du Saint-Office.

Manrique mourut dans l'exil, à Séville, le 28 septembre 1538, après avoir exercé ses fonctions pendant quinze années.

Quoiqu'il se fût constamment opposé aux réformes de l'Inquisition, le nombre des victimes diminua sensiblement sous son ministère.

Pendant ces quinze années, en effet, l'Inquisition ne brûla vifs que *deux mille deux cent cinquante* individus, et en effigie, *onze cent vingt-cinq.*

Onze mille deux cent cinquante personnes des deux sexes subirent différentes condamnations, telles que l'emprisonnement perpétuel, les galères, l'exil, le fouet, — sans compter la confiscation des biens.

Manrique avait eu plusieurs enfants naturels, dont l'un fut plus tard Inquisiteur général.

V

Son successeur, D. Jean Pardo de Tabera, archevêque de Tolède, nommé par le pape Paul III, vers la fin de 1538, sur la désignation de Charles-Quint, continua scrupuleusement toutes les traditions du Saint-Office.

Entre la nomination et la mort de Manrique, il s'était écoulé une année, pendant laquelle le conseil de la *Suprême* avait dirigé seul les affaires de l'Inquisition.

C'est pendant cet intervalle que Charles-Quint, malgré la faveur croissante dont il entourait une institution si utile au despotisme royal, rendit une ordonnance pour défendre aux Inquisiteurs d'Amérique de mettre en jugement les Indiens.

Il fallait que les excès commis par le fanatisme religieux contre ces malheureux sans défense eussent été poussés au delà de toutes les limites, pour qu'un roi d'Espagne en vînt à édicter une pareille mesure.

Du reste, la cruauté des Inquisiteurs avait pris de telles proportions, même en Europe, même dans la Péninsule, que le conseil de la *Suprême* se décida enfin à recommander quelque modération aux agents du Saint-Office, et adressa aux tribunaux de province des instructions, dans lesquelles il était dit :

« Que si un accusé condamné à être livré au bras séculier comme impénitent, se convertissait de manière qu'on n'eût aucun doute sur son repentir, il ne serait point *relaxé* pour subir la peine de mort, et que les Inquisiteurs l'admettraient à la réconciliation et à la pénitence. »

Cette mesure, cela va sans dire, ne s'appliquait point aux *relaps*.

Ceux-ci ne pouvaient, en aucun cas, échapper à la mort.

Leur conversion leur épargnait seulement les tortures du bûcher : — on les étranglait, avant de les jeter dans les flammes.

La papauté, — émerveillée du zèle que l'Inquisition déployait pour la maintien de la foi orthodoxe, et suffisamment éclairée sur les résultats heureux que l'on pouvait attendre de cette sainte institution qui venait de débarrasser si heureusement l'Espagne de plusieurs millions de sujets infidèles et de la sauver de la contagion du protestantisme, — la papauté, par un bref en date du

1er avril 1545, fonda à Rome la Congrégation du Saint-Office.

Cette congrégation existe encore.

Plusieurs cardinaux et quelques Dominicains reçurent aussitôt le titre d'Inquisiteurs généraux de la foi.

Cette création inquiéta l'Inquisition espagnole, qui se crut menacée dans son indépendance par ces nouveaux émules. Il y eut même, par la suite, de fréquents conflits d'autorité entre les Inquisiteurs d'Espagne et la cour de Rome.

Ils résistèrent souvent aux bulles apostoliques, et firent triompher leurs prétentions avec l'appui de la royauté, à qui ils rendaient de trop grands services, pour qu'elle ne se prononçât pas toujours en leur faveur.

D'ailleurs, les Inquisiteurs, en échange de l'asservissement des peuples, savaient au besoin exiger de la monarchie espagnole la plus grande soumission, en tout ce qui touchait aux priviléges les plus monstrueux du Saint-Office.

Ils tuaient la pensée humaine, ils frayaient le chemin au despotisme politique par le despotisme moral, ils livraient au pouvoir absolu des âmes aviles, ils décimaient la nation, ils la traînaient sanglante et mutilée au pied du trône, marquée pour l'esclavage, comme un troupeau de bestiaux pour l'abattoir, — mais à condition que personne, pas même le roi, n'oserait discuter leur autorité, ni entraver leur action.

En 1535, Charles-Quint avait retiré au Saint-Office la juridiction royale, c'est-à-dire le privilége de juger les officiers, les familiers et les autres employés séculiers de l'Inquisition, pour les délits étrangers à la foi.

En conséquence le vice-roi de Catalogne se crut autorisé à poursuivre un geôlier, un familier et un domestique du grand Sergent du Saint-Office, qui avaient contrevenu à certains règlements sur le port des armes.

Les Inquisiteurs protestèrent contre cette audace, parlèrent d'attentat et d'offense grave envers le saint Tribunal de la foi, et obtinrent de Charles-Quint, au mépris des termes de sa propre ordonnance, le désaveu du vice-roi.

Ce dernier dut se soumettre à demander l'absolution *ad cautelam*, et à comparaître dans un auto-da-fé solennel, où il fut absous du crime de lèse-Inquisition.

En Sicile, le même fait se reproduisit.

Le vice-roi, pour avoir fait traduire devant les tribunaux ordinaires deux familiers de l'Inquisition, dut se soumettre aussi à une pénitence publique et solliciter l'absolution de son crime.

Le vice-roi n'avait qu'un mot à dire pour soulever la Sicile entière contre l'abominable tribunal.

Il s'exécuta, tant l'influence prolongée d'un système de terreur et d'espionnage, — qui supprimait chez les hommes jusqu'au sentiment de leur propre dignité et condamnait comme une hérésie l'usage imprescriptible des droits les plus essentiels de l'individu, — avait faussé les consciences, châtré les intelligences, abaissé les caractères.

S'il en était ainsi chez les grands personnages de ce temps, chez ceux que l'orgueil inhérent au pouvoir, à la naissance, aux richesses, aurait dû pousser les premiers à la révolte, et rendre plus sensibles à de flétrissantes humiliations, on se figure à quel degré de basse superstition, de prostration intellectuelle et morale, devaient être tombées des populations ignorantes, terrorisées par la crainte de l'enfer dans l'autre monde, de l'Inquisition dans celui-ci.

L'histoire de Jean Perès de Saavedra va nous le démontrer d'une façon éclatante.

A ce moine, sans mission, connu sous le nom de *faux Nonce de Portugal*, il suffit d'un peu d'audace et de quelques pièces supposées pour asservir tout un royaume.

« Jean Perès de Saavedra[1], doué d'un génie particulier, s'était exercé, pendant quelque temps, à forger des bulles apostoliques, des ordonnances royales, des lettres de change, etc. Il les imitait avec tant de perfection, qu'il parvint à s'en servir, sans que personne doutât de leur authenticité. Il réussit ainsi à se faire passer pour chevalier commandeur de l'ordre militaire de Saint-Jacques, dont il toucha les revenus, qui étaient de trois mille ducats, pendant l'espace d'un an et demi; il acquit en peu de temps, avec les effets royaux qu'il avait contrefaits, trois cent soixante mille ducats ; et jamais le secret de cette grande fortune n'eût été révélé, s'il ne lui avait pris la fantaisie de passer pour cardinal, et de vouloir exercer les fonctions de légat du Pape.

« Saavedra se trouvait dans le royaume des Algarves peu de temps après la confirmation de l'institut des jésuites, lorsqu'il arriva dans le pays un prêtre de cette société, muni d'un bref apostolique qui l'autorisait à fonder un collége de sa compagnie en Portugal; Saavedra l'entendit prêcher, et il en fut si content qu'il l'invita à dîner, et le retint plusieurs jours auprès de lui.

« Le jésuite, ayant reconnu, pendant ce temps-là, le

---

1. Léonard Gallois. *Histoire abrégée de l'Inquisition d'Espagne.*

talent de Saavedra, lui témoigna le désir d'avoir de sa main un *fac-simile* de son bref parfaitement imité, et qui contiendrait aussi des éloges de la compagnie de Jésus. Il exécuta ce que le jésuite désirait, avec tant de succès qu'ils avouèrent que cette pièce pourrait tenir lieu de l'original. Pour compléter le bien que pourrait faire au Portugal l'établissement d'un collége des nouveaux prédicateurs apostoliques de la compagnie de Jésus, Saavedra et le jésuite jugèrent qu'il conviendrait beaucoup que le tribunal de l'Inquisition y fût établi sur le plan de celui d'Espagne. Ce projet arrêté, Saavedra se rendit à Tabilla, ville de la même province, où, avec l'aide du jésuite, il rédigea la bulle apostolique dont ils avaient besoin pour l'objet qu'ils s'étaient proposé, et de prétendues lettres de Charles-Quint et du prince Philippe, son fils, pour le roi de Portugal, Jean III. La nouvelle bulle était supposée avoir été envoyée à Saavedra comme légat *a latere*, pour établir l'Inquisition en Portugal, lorsque le souverain y aurait donné son consentement.

« Saavedra passa ensuite la frontière, et vint à Ayamonte, dans le royaume de Séville. Le provincial des moines franciscains d'Andalousie y était arrivé depuis peu, venant de Rome. Saavedra eut l'idée de faire une expérience sur ce provincial pour s'assurer si la bulle passerait pour authentique ; il la lui montra. Le franciscain prit le parchemin pour un écrit original et pour une véritable bulle, et s'étendit beaucoup sur les avantages qu'elle devait procurer au royaume de Portugal.

« Saavedra se rendit à Séville, prit à ses gages deux confidents, dont l'un devait lui servir de secrétaire et l'autre de majordome ; il acheta des litières, et de la vaisselle d'argent, et se disposa à prendre le costume d'un cardinal romain. Il envoya à Cordoue et à Grenade ses deux affidés pour y engager des domestiques, et les chargea de se rendre ensuite avec son équipage à Badajoz, où ils se donneraient pour les familiers d'un cardinal venu de Rome, qui devait traverser cette ville pour se rendre en Portugal, et y établir l'Inquisition : ils devaient aussi annoncer qu'il ne tarderait pas à arriver, parce qu'il voyageait en poste.

« Au temps marqué, Saavedra parut à Badajoz, où le secrétaire, le majordome et ses domestiques lui baisèrent publiquement la main comme à un cardinal légat *a latere*. Il quitta Badajoz pour Séville où il fut reçu dans le palais archiépiscopal du cardinal Loaisa qui résidait à Madrid en qualité de commissaire général apostolique de la Sainte-Croisade. Les marques de respect et de dévouement lui furent prodiguées par tout le monde.

« Saavedra s'arrêta dix-huit jours dans cette ville, et mit ce temps à profit pour se faire payer, sur de fausses obligations, une somme de onze cent trente ducats par les héritiers du marquis de Tarifa.

« Il envoya ensuite son secrétaire à Lisbonne avec ses bulles et ses papiers, afin que la cour, prévenue de son arrivée prochaine, ordonnât les dispositions nécessaires pour le recevoir. L'envoi inopiné de ce légat à Lisbonne causa beaucoup d'agitation à la cour, où l'on ne s'attendait pas à une pareille nouveauté : néanmoins le roi envoya à la frontière un grand seigneur de sa cour pour y recevoir le cardinal légat, qui fit son entrée à Lisbonne où il passa trois mois, environné de la plus grande considération.

« Il entreprit ensuite un voyage dans les différentes parties du royaume, parcourant tous les diocèses et se faisant rendre compte de tout dans le plus grand détail.

« Il eût été difficile de mettre un terme à sa sollicitude apostolique, si quelques circonstances imprévues n'eussent fait soupçonner ses fourberies. L'Inquisiteur général d'Espagne, Tabera, découvrit l'imposteur et le fit arrêter pendant qu'il visitait une paroisse; on lui trouva de fortes sommes en or qu'il s'était procurées en contrefaisant des bons royaux. »

Saavedra fut condamné à dix ans de galères par l'Inquisition. *Il revint à la cour, par ordre de Philippe II, en 1562.*

« Telle est l'histoire de ce faux nonce apostolique, *auquel les Portugais doivent,* sinon l'établissement, *du moins l'organisation du Saint-Office chez eux; car presque toutes les nominations faites par Saavedra furent maintenues, sous prétexte que le Saint-Office était aussi nécessaire en Portugal qu'en Espagne.* Saavedra, escroc et faussaire, — dont les pareils, à cette époque, subissaient toujours *la peine capitale,* — en fut.quitte pour dix ans de galères, tandis que l'Inquisition condamnait tous les jours à être brûlés vifs de *nouveaux chrétiens* honnêtes et probes, parce qu'ils refusaient de s'avouer coupables des crimes, souvent imaginaires, dont ils étaient accusés par des dénonciateurs toujours suspects. »

Rien de plus naturel, de plus logique, de plus juste. Saavedra n'avait manqué qu'aux lois civiles, qu'aux lois humaines, et il avait, en somme, travaillé à la gloire de Dieu, en propageant l'institution du saint Tribunal de la foi.

Son œuvre était bonne dans ses résultats, et d'ailleurs le Seigneur, dont les voies sont impénétrables, se sert parfois des instruments les plus indignes.

C'était bien la pensée des âmes pieuses du temps, puisque Philippe II le rappela plus tard à sa cour.

VI

Le cardinal Tabera, sixième Inquisiteur général, mourut le 1er août 1545, après avoir dirigé l'Inquisition pendant sept années.

Durant ces sept années l'Inquisition condamna, en Espagne, *sept mille sept cent vingt* individus, dont *huit cent quarante* furent brûlés vifs, et *quatre cent vingt* en effigie.

Le reste subit différentes peines, et la confiscation de ses biens.

Dans ce calcul, ne sont pas comprises les victimes sacrifiées en Sicile, en Amérique, dans les Indes.

Tout ce qu'on sait, c'est que le nombre de ces malheureux fut assez effrayant, pour que Charles-Quint lui-même se crût obligé de recommander un peu de modération.

Le cardinal don Garcia de Loaisa, septième Inquisiteur général, qui succéda à Tabera, mourut au bout de dix mois, le 22 avril 1546.

Sous son court ministère, il y eut *sept cent quatre-vingts* condamnations, dont *cent quatre-vingts* au bûcher.

L'année de cette mort Charles-Quint tenta d'établir l'Inquisition espagnole dans le royaume de Naples, malgré l'échec de Ferdinand V, qui, on se le rappelle, avait dû jadis renoncer à cette tentative.

Charles-Quint ne fut pas plus heureux.

Les Napolitains se soulevèrent une seconde fois, massacrèrent une partie des troupes et tinrent le reste en respect.

Devant cette révolte qui menaçait de prendre les proportions les plus sérieuses, l'empereur renonça à son projet.

CHAPITRE XIX.

Ministère de l'Inquisiteur général Valdès. — Mort de Charles-Quint.
Avénement de Philippe II.

I

Sous les derniers Inquisiteurs dont nous venons de parler, la persécution sans cesser d'être odieuse et exécrable, avait paru prendre un caractère un peu moins sanguinaire, et l'on avait pu remarquer une faible diminution dans le nombre des exécutions.

Cela tenait exclusivement, pour une part, au hasard des événements, pour l'autre au caractère personnel des successeurs de Torquemada et de Deza.

Aucune modification, en effet, n'avait été apportée au système, et toutes les réclamations des peuples soumis au sceptre des rois d'Espagne n'avaient pu obtenir qu'on abolît le secret qui entourait les procédures du saint Tribunal,— ce secret dont la conséquence était de livrer la vie des accusés à tous les caprices de quelques moines ignares et fanatiques, de remettre l'existence, la liberté, la fortune de tous les citoyens entre les mains de quelques délateurs poussés par les plus basses passions, ou les plus honteuses cupidités.

Qu'un Torquemada revînt au monde, et le monde allait être de nouveau épouvanté par la quantité et la qualité des victimes offertes au Moloch chrétien.

Un vieillard septuagénaire, plein d'orgueil et de fiel, de nature barbare et de cœur cruel, nommé Ferdinand Valdès, fut ce second Torquemada.

Son administration dura vingt années. Pendant vingt années, ce fanatique sanguinaire put couvrir l'Espagne de bûchers, décimer toutes les populations courbées, en Europe, ou dans le nouveau monde, sous le joug de fer de Charles-Quint et de Philippe II.

L'Inquisition, depuis si longtemps s'approvisionnait de victimes chez les Juifs convertis, — les *nouveaux chrétiens*, — que cette mine commençait à s'épuiser. Sous les derniers Inquisiteurs, on avait eu déjà de la peine à en extraire, chaque année, un millier de malheureux pour les faire figurer, morts ou vifs, dans les auto-da-fé périodiques.

Valdès ne pouvait s'arranger de cette pénurie relative. Il se sentait appelé à de plus hautes destinées, et la Providence se chargea de lui livrer, à point nommé, le filon presque encore vierge du luthéranisme.

A peine investi du pouvoir, Valdès sollicita du Pape,

Paul III, *la permission de condamner les luthériens à la peine du feu, alors même qu'ils ne seraient point relaps et qu'ils demanderaient à être réconciliés.*

Cette permission, il va sans dire, fut accordée, les Papes n'ayant jamais cessé d'encourager le zèle des fidèles serviteurs de la religion, et de mettre à leur disposition tous les moyens propres à opérer le prompt triomphe de la vérité.

Ce nouveau système fit couler des torrents de sang, en ramenant les plus beaux jours de l'Inquisition.

Les savants furent aussi l'objet de la sollicitude toute particulière du nouvel Inquisiteur général, et plusieurs théologiens, qui avaient assisté au concile de Trente, se virent poursuivis par le Saint-Office.

Il suffisait alors de connaître les langues orientales pour devenir suspect de luthéranisme.

La prohibition des livres occupa également Valdès, dont l'activité n'était jamais en défaut, et se répandait sans relâche sur tous les objets à la fois.

Barthélemy Carranza, archevêque de Tolède, saint Jean de Dieu, fondateur d'un ordre hospitalier, consacré au soin et à l'assistance des malades pauvres, le docteur Egidius, dont nous avons déjà parlé, Rodriguez de Valéra, subirent de cruelles persécutions, et firent connaissance avec les cachots de l'Inquisition.

Le savoir suffisait à vous rendre suspect, et il suffisait de la volonté des juges pour faire d'un *suspect* un *coupable.*

Rien ne protégea plus contre les rigueurs du Saint-Office, dont la froide barbarie semblait augmenter chaque jour.

Un trait entre mille.

Une vieille femme, Marie de Bourgogne, fut dénoncée par un esclave, qui prétendait lui avoir entendu dire : — *Les chrétiens n'ont ni foi ni loi.*

C'était assez — on l'arrêta. — Elle avait quatre-vingt-cinq ans.

Faute de preuves, on la garda cinq ans en prison.

Au bout de cinq ans, — elle avait alors *quatre-vingt-dix ans,* — voyant qu'elle ne faisait aucun aveu, on lui appliqua la torture, et avec une telle férocité, qu'elle en mourut, quelques jours après, en protestant de son innocence.

Le conseil de la *Suprême* avait pourtant interdit d'employer la question envers les personnes trop âgées.

On continua le procès contre la morte. — Elle fut condamnée comme hérétique. — Un bûcher dévora ses ossements, et sa fortune, *qui était immense,* alla enrichir le fisc, tandis que ses descendants étaient voués à l'infamie.

Ceci se passait au moment même de l'abdication de Charles-Quint, qui laissa sa couronne à Philippe II, le 16 janvier 1556, pour se retirer au couvent de Saint-Just, où il mourut deux ans après, le 21 septembre 1558.

Il laissait à son fils des instructions où il l'engageait à imiter sa conduite, à travailler avec zèle à l'extirpation de l'hérésie, sans exempter aucun coupable quel que fût son rang.

Il exigeait de plus qu'il protégeât énergiquement le Saint-Office.

Ces exhortations, ces recommandations, tombaient sur un bon terrain, préparé de longue main par le fanatisme le plus étroit, par les enseignements les plus orthodoxes de l'Église.

Elles fructifièrent, et le catholicisme donna au monde Philippe II.

Il est donc constant que Charles-Quint, à toutes les époques de sa vie, sauf une courte hésitation au début de son règne, a énergiquement protégé l'Inquisition.

Partout où il fut maître, il l'implanta, ou tenta de l'établir, refusant, malgré mille promesses contraires et toujours parjurées, de supprimer l'horrible secret dont elle entourait ses procédures.

Il introduisit le Saint-Office en Hollande. Ce tribunal y célébra de nombreux auto-da-fé, et grâce à la sollicitude de l'empereur, il n'y eut dans les deux hémisphères aucun canton soumis à la monarchie espagnole, où l'on ne vît briller la lueur sinistre des bûchers, où l'on n'entendît éclater et grésiller la chair des victimes humaines.

II

Philippe II mérite une place d'honneur dans cette galerie des monstres que la monarchie a donnés au monde.

Il eût inventé l'Inquisition, si elle n'avait pas existé ;— il dut se contenter de lui imprimer un nouvel élan, et de publier de nombreuses ordonnances conformes aux vues du sanguinaire Valdès.

La première de ces ordonnances s'efforçait d'augmenter encore le nombre des délateurs, en *leur promettant le quart des biens de l'accusé, — s'il était condamné.*

La seconde portait la *peine de mort* contre tous *vendeurs, acheteurs,* ou simplement *lecteurs* des livres défendus.

On comprend sans peine quelles furent les conséquences inévitables de semblables dispositions chez un peuple déjà démoralisé, qui regardait les auto-da-fé comme une fête, et croyait gagner le ciel, mériter les faveurs du Dieu chrétien, en dénonçant quiconque montrait quelque indépendance d'esprit, ou se distinguait par sa science.

Désormais, à côté du fanatisme et de la convoitise des juges, il fallut placer l'avarice des citoyens, qui, pour s'enrichir à bon compte, n'eurent plus qu'à dénoncer leurs ennemis, ou leurs créanciers, sachant bien que tout dénoncé était coupable aux yeux des Inquisiteurs.

Un moment même, les Inquisiteurs, grisés par la faveur dont ils jouissaient, tentèrent de se donner une armée indépendante de l'autorité royale, en créant, sous le nom de *Sainte-Marie de l'Épée Blanche*, un ordre militaire, dont les membres eussent obéi à l'Inquisiteur général.

Mais Philippe II comprit qu'il allait ainsi se donner des maîtres, et, l'intérêt de son autorité l'emportant sur son fanatisme, il refusa de sanctionner cette mesure.

Cependant la persécution contre les hérétiques, loin de se ralentir, augmentait chaque jour. C'était à qui, du roi ou du pape, faciliterait davantage au Saint-Office l'approvisionnement en chair humaine de ses innombrables bûchers.

Nous avons vu ce que Philippe II avait décrété au sujet des délateurs.

Paul IV, à son tour, autorisa Valdès à livrer au bras séculier tous les luthériens *non relaps*, qui auraient dogmatisé.

Ainsi l'accusé, même par une conversion sincère, ne pouvait plus échapper à la mort.

Une seconde bulle pontificale révoquait toutes les permissions accordées pour la lecture des livres défendus.

Les confesseurs devaient faire déclarer à leurs pénitents s'ils ne connaissaient personne qui en eût entre les mains, ou qui en eût distribué.

Si un confesseur répugnait à cette violation de la conscience, il devait être puni *comme le coupable.*

On devine quelle extension nouvelle fut donnée par là aux délations, et de quelle heureuse façon cette bulle permit de multiplier les auto-da-fé.

Nous passerons sous silence tout ce qui touche aux poursuites exercées contre les protestants, qui furent la grande occupation de Valdès, — ayant racon'é avec quelque détail, dans un chapitre spécial, l'introduction et la destruction du protestantisme en Espagne.

On avait à cette époque poussé si loin l'abus de la torture, que les Inquisiteurs convenaient eux-mêmes que la question amenait de faux aveux, et conduisait ainsi à la mort autant d'innocents que de coupables.

Mais cette horrible conséquence ne les effrayait nullement, car ils pensaient qu'il vaut mieux faire périr cent catholiques irréprochables que de laisser échapper un seul hérétique.

Rien de plus logique que leur raisonnement, de plus conforme au principe chrétien.

Quand un orthodoxe était injustement condamné, sacrifié, qu'arrivait-il?

Il allait en paradis.

Cette mort n'était donc qu'une délivrance, un bienfait pour lui, — ainsi que l'enseigne la religion, — puisque cette terre n'est qu'une vallée de larmes, et cette vie un temps d'épreuve.

Si un hérétique au contraire eût échappé à la mort, on pouvait craindre qu'il ne corrompît par ses prédications un grand nombre de fidèles. Leur fermant de la sorte les portes du ciel, il les privait de leur part d'immortalité bienheureuse, de vie céleste, — la seule vraie vie.

L'humanité, bien entendue, au sens religieux et chrétien, voulait donc qu'on fauchât impitoyablement la bonne herbe, s'il le fallait, pour atteindre l'ivraie. — Dieu reconnaîtrait les siens.

On comprend comment avec une pareille foi religieuse des hommes purent se plonger, pendant des siècles, dans un bain de sang, promener les supplices et la désolation parmi vingt peuples, briser tous les liens de la famille, torturer des milliers de malheureux, sans jamais éprouver le moindre remords, ni la moindre hésitation.

L'Évangile interprété par l'Église avait modifié toutes les règles de la morale humaine.

Aussi fallait-il, en vérité, bien peu de chose, en ce temps où dominait l'esprit de la religion, pour attirer les sévérités du saint Tribunal.

Un mot arraché à la colère, à la douleur, une plaisanterie, suffisaient au besoin.

Guillaume Franco de Séville, homme d'une probité reconnue, — et d'un esprit sarcastique, — était marié. Un prêtre séduisit sa femme, et en fit ouvertement sa maîtresse.

Franco, ayant essayé en vain de mettre un terme à cette liaison adultère, se plaignit à quelques amis, et dit un

jour, dans une réunion où l'on parlait du purgatoire :
« *Qu'il en avait bien assez de celui qu'il trouvait dans la
société de sa femme, et qu'il n'en fallait pas d'autre pour
lui.* »

Cette phrase rapportée aux Inquisiteurs décida de son
sort. Arrêté comme suspect de luthéranisme, il fut condamné à une prison perpétuelle.... Ce qui dut faire merveilleusement les affaires de sa femme et du prêtre, son
amant.

Vers le même temps, un nommé Antoine Sanchez,
*convaincu de faux témoignage contre son père, avouait
qu'il n'avait dicté sa fausse déposition que dans le but de
le faire brûler.*

L'Inquisition le condamna.... à recevoir *cent coups de
fouet.*

Les historiens s'indignent.

Pourquoi donc ?

Guillaume Franco avait paru mettre en doute une vérité
enseignée par l'Église, au nom de Dieu.

Antoine Sanchez n'avait manqué qu'aux lois de la nature et de l'humanité.

Est-ce que le crime de *lèse-humanité* pouvait être comparé au crime de *lèse-divinité* ?

Et, d'ailleurs, on sait qu'aux yeux du Christ, la vraie
famille, c'est la communion des fidèles. Les liens méprisables de la chair ne comptent qu'en second lieu.

Notre Père.... est aux Cieux.

« Il faudrait[1] plusieurs volumes pour faire connaître
tous les procès intentés à cette époque. Non-seulement le

1. Léonard Gallois.

Saint-Office poursuivait sans relâche les personnes soupçonnées de luthéranisme, mais il avait repris toute sa fureur contre les Juifs et les mahométans. On vit alors ce tribunal, altéré de sang, usurper la connaissance d'un grand nombre de délits qui devaient naturellement être du ressort des juges civils. C'est ainsi que les Inquisiteurs de Saragosse condamnèrent plusieurs personnes à être fouettées et à rester cinq ans aux galères pour avoir fait passer des chevaux en France, ou pour avoir fait la contrebande du soufre, du salpêtre et de la poudre.

« Ceux de Valence s'occupaient de punir des individus accusés de pédérastie, et des femmes qui avaient un commerce obscène entre elles, quoique la punition de ces crimes appartînt aux organes des lois civiles.

« Parmi les personnes condamnées et punies par l'Inquisition, sous le ministère de Valdès, on trouve :

1° Des geôliers qui furent fouettés et envoyés aux galères pour dix ans, parce qu'ils avaient permis à quelques accusés de communiquer entre eux, et parce qu'ils les avaient traités avec quelque douceur.

2° Des filles publiques, pour avoir dit que la fornication n'était pas un péché mortel.

3° Un fabricant de draps qui fut brûlé pour avoir conspiré contre l'alcade des prisons du Saint-Office.

4° Plusieurs malheureux qui, après être sortis des prisons de l'Inquisition, avaient divulgué les horreurs qui s'y commettaient, tant envers les hommes qu'envers les femmes.

5° Un membre de la municipalité de Séville, pour avoir dit que les sommes immenses employées au reposoir du Jeudi saint auraient pu soulager un grand nombre de familles qui manquaient de pain, et que cet emploi serait plus agréable à Dieu. »

Enfin parmi les victimes de cette époque, il faut mentionner des archevêques, des évêques, des chanoines, des prêtres, des moines, des généraux des jésuites, beaucoup de religieuses, une immense quantité de Maures et de Juifs d'Afrique, ramenés en Espagne par l'amour du sol natal, presque tous les hommes instruits qui n'approuvaient pas les rigueurs de l'Inquisition.

Des familles entières périssaient le même jour sur les bûchers.

Au mépris du droit des gens et des traités existants, le Saint-Office arrêtait, jugeait, condamnait à mort, comme luthériens, des négociants anglais, français, génois, venus en Espagne avec de riches cargaisons, dont l'Inquisition s'emparait.

Les choses se passaient de même dans la plupart des pays soumis à la monarchie espagnole, mais, nulle part, il faut le reconnaître, les peuples ne montrèrent la même patience que dans la Péninsule.

Les Flamands se révoltèrent, entreprirent une guerre héroïque contre Philippe II, proclamèrent la République et fondèrent leur indépendance.

L'île de Sardaigne moins heureuse subit le joug de l'Inquisition espagnole, mais les Milanais la repoussèrent comme avaient déjà fait les Napolitains [1].

Quant à l'Amérique, elle avait trois tribunaux du Saint-Office, établis à Lima, Mexico et Carthagène, où

---

1. N'oublions pas de dire que l'Italie était soumise à l'inquisition romaine, et que les Italiens repoussaient seulement la suprématie et la procédure particulière de l'Inquisition espagnole.

l'on célébrait de nombreux auto-da-fé, à l'instar de la mère patrie.

Là, c'était surtout de pauvres Indiens qui alimentaient les bûchers, et des millions d'êtres humains périrent en quelques années sous le double despotisme du vice-roi et des prêtres fanatiques.

Mais ce n'était pas encore assez.

Quand les marins s'embarquaient et s'éloignaient des côtes, ils échappaient pour un moment à l'œil vigilant des Inquisiteurs.

Philippe II et Valdès comblèrent cette lacune.

Il y eut une Inquisition ambulante, désignée sous le nom d'*Inquisition des flottes et des armées*.

Il y eut aussi une *Inquisition des douanes*, chargée d'empêcher l'introduction des livres, et dont les vexations contribuèrent beaucoup à paralyser le commerce maritime de l'Espagne.

Il n'existe pas dans l'histoire, — sauf pour la Pologne peut-être, — d'exemple d'un peuple plus complétement jugulé, plus complétement privé d'air et de lumière, plus complétement déshérité de tout ce qui constitue la vie matérielle, morale et intellectuelle d'une nation.

III

Cependant une corruption profonde avait gangrené le clergé, et la débauche, une débauche particulière, — mêlée de luxure, de mysticisme et d'hypocrisie, — qu'on pourrait appeler la *débauche religieuse*, prenait dans les couvents un développement si scandaleux, que l'Inquisition dut s'appliquer à la réprimer.

Les lois de la nature méconnues se vengeaient, et l'homme privé de toute activité intellectuelle, de toute idée élevée, de toute morale saine, voyait sa torpeur hantée par les cauchemars de la bestialité.

On étouffa le plus possible ces sortes d'affaires qui venaient trop à l'appui des attaques dirigées par les réformés contre la confession auriculaire, et l'Inquisition procéda avec une grande circonspection.

Nous raconterons un seul de ces procès, — celui fait à un capucin de Carthagène, et qui suffira à donner une idée de l'état des mœurs dans les couvents. On y verra un mélange de stupidité, d'hypocrisie et de sensualité tout à fait concluant.

« Ce capucin était le confesseur de toutes les femmes réunies dans une communauté de la ville de Carthagène, au nombre de dix-sept. Il avait su leur inspirer une si grande confiance qu'elles le regardaient comme un saint homme, et comme un oracle du Ciel. Lorsque le dévot personnage vit que sa réputation était suffisamment établie, il profita de ses fréquentes entrevues au confessionnal pour insinuer sa doctrine aux jeunes béguines. Voici le discours qu'il tint à chacune d'elles :

« Notre-Seigneur Jésus-Christ a eu la bonté de se laisser voir à moi dans l'hostie consacrée, au moment de l'élévation, et il m'a dit : Presque toutes les âmes que tu diriges dans ce béguinage me sont agréables, parce qu'elles ont un véritable amour pour la vertu, et qu'elles s'efforcent de marcher vers la perfection ; mais surtout une telle (*ici le directeur nommait celle à qui il parlait*) ; son âme est si parfaite qu'elle a déjà vaincu toutes ses affections terrestres, à l'exception d'une seule : la sensualité, qui la tourmente beaucoup, parce que l'ennemi de la chair est très-puissant sur elle à cause de sa jeunesse, de sa force et des grâces naturelles qui l'excitent vivement au plaisir; c'est pourquoi, afin de récompenser sa vertu, et pour qu'elle s'unisse parfaitement à mon amour et me serve avec une tranquillité dont elle ne jouit pas et qu'elle mérite cependant par ses vertus, je te charge de lui accorder en mon nom la dispense dont elle a besoin pour son repos, en lui disant qu'elle peut satisfaire sa passion, pourvu que ce soit expressément avec toi, et qu'afin d'éviter tout scandale, elle garde sur ce point le secret le plus rigoureux avec tout le monde sans en parler à personne, pas même à un autre confesseur, parce qu'elle ne péchera point avec la dispense du précepte que je lui accorde à cette condition pour la sainte fin de voir cesser toutes ses inquiétudes, et pour qu'elle fasse tous les jours de nouveaux progrès dans les voies de la sainteté. »

Une de ces femmes, âgée de vingt-cinq ans, étant tombée dangereusement malade, demanda un autre confesseur, et après lui avoir fait une révélation entière de ce qui s'était passé, elle s'engagea à tout déclarer au Saint-Office, dans la crainte, comme elle le soupçonnait fortement, que pareille chose ne fût arrivée aux autres femmes de la communauté. Ayant ensuite recouvré sa santé, elle alla se dénoncer à l'Inquisition, et raconta qu'elle avait eu pendant trois ans un commerce criminel avec son confesseur; qu'elle n'avait jamais pu croire en son âme et conscience que la révélation fût véritable; mais qu'elle avait fait semblant d'ajouter foi à ses discours, afin de pouvoir se livrer sans honte à ses désirs.

L'Inquisition s'assura que ce commerce avait eu lieu avec douze autres béates de la même communauté.

Les quatre autres étaient ou très-âgées ou très-laides. On dispersa les religieuses dans plusieurs couvents. — Le capucin ayant manifesté son repentir, ce moine sacrilége, hypocrite, luxurieux, séducteur et parjure, fut condamné à un simple emprisonnement de cinq ans dans un couvent de son ordre.

Que voulez-vous? — Il avait abusé de la religion, il ne l'avait ni sapée, ni mise en doute.

Valdès s'occupa aussi de compléter et d'unifier les divers règlements de l'Inquisition, et, le 2 novembre 1561, il publia à Madrid un édit composé de 81 articles, qui sont devenus le code définitif de l'Inquisition.

Comme il n'y avait rien d'innové quant à l'esprit, et que nous avons fait connaître précédemment les articles décrétés par Torquemada, nous ne reproduirons pas ceux-ci.

Parmi les personnages illustres persécutés par Valdès, il faut mentionner Barthélemy Carranza, professeur de théologie, « l'homme le plus vertueux de l'Espagne. » Après plusieurs années et de longues péripéties, son innocence fut reconnue par suite d'un hasard inattendu, qui prouva la mauvaise foi et la jalousie personnelle du grand Inquisiteur dans cette affaire.

Citons encore Barthélemy de Las Casas, évêque de Chioppa, en Amérique, célèbre pour le zèle qu'il déploya en faveur des Indiens persécutés, et enfin saint Ignace de Loyola, Lainez et saint François Borgia, les trois premiers Généraux de la compagnie de Jésus.

Valdès exerça pendant plus de vingt ans les fonctions de défenseur de la foi.

Il fit condamner (en Espagne seulement) *dix-neuf mille six cents* victimes.

Deux mille quatre cents furent brûlées en personne; *douze cents* en effigie; *seize mille* périrent en prison ou aux galères après confiscation de leurs biens.

CHAPITRE XX.

Les successeurs de Valdès.

I

Nous n'entrerons pas plus longtemps dans le détail des procès et des événements auxquels l'Inquisition prit part.

Il n'y a rien de plus monotone que ce récit, où l'on voit toujours les mêmes victimes et les mêmes bourreaux.

Nous connaissons maintenant l'esprit et les pratiques du Saint-Office.

Nous savons comment il procédait.

Nous avons rassemblé et raconté, parfois avec minutie, les faits qui pouvaient édifier le plus complétement le lecteur et porter la lumière dans sa conscience.

En poussant plus loin cette analyse détaillée, nous ne

lui apprendrions plus rien d'important ou de nouveau, mais nous risquerions de lasser sa patience et d'affaiblir l'impression qu'il a reçue.

Nous avons vu l'Inquisition poursuivre les *nouveaux chrétiens*, les *marranos*, les Juifs convertis, puis exiger l'expulsion de tous les Juifs non convertis.

Nous l'avons vue étendre sa juridiction sur les Maures, les pousser à la révolte, puis amener leur destruction finale par le fer, le feu, l'exil.

Nous l'avons vue arracher jusqu'à la dernière racine du protestantisme espagnol, et, en dix années, faire table rase de tout le mouvement de la *Renaissance*.

Nous l'avons vue frapper les livres, en même temps que les hommes, traquer la pensée humaine sous toutes ses formes, dans toutes ses manifestations, entourer l'Espagne d'une muraille infranchissable derrière laquelle un peuple entier, — saigné aux quatre veines, — décimé, — allant comme à une fête au supplice de tous ses savants, de ses meilleurs citoyens, de quiconque avait une idée, une énergie, une conscience, — croupissait, ignorant, superstitieux, paresseux et misérable, entre un confesseur et un alguazil.

Cela dura sans interruption jusqu'à la Révolution française, et cela recommença, après la chute de Napoléon, jusqu'en 1820, où les Cortès abolirent enfin l'Inquisition.

Sous Philippe II, après la mort de Valdès, il y eut encore cinq Inquisiteurs.

L'un d'eux fut D. Diègue Espinosa, sous l'administration duquel eut lieu la catastrophe du prince royal, don Carlos, fils de Philippe II, qui mourut emprisonné par

les ordres de son père, et sans que l'on sût jamais au
juste s'il avait été empoisonné, étouffé ou saigné dans un
bain chaud.

Le prince succomba peut-être à la faiblesse de sa
constitution ébranlée par les excès, au désespoir furieux de se voir prisonnier et menacé sans cesse de
la mort par un père impitoyable, qu'il haïssait pour sa
dureté.

Don Carlos, d'ailleurs, n'était qu'un pauvre fou, avec
des instincts féroces, comme devait les avoir le fils de
Philippe II, élevé à la lueur des bûchers de l'Inquisition.

A-t-il conspiré la mort du roi?

Était-il entaché d'hérésie?

Était-il seulement incapable de régner, et cette dernière considération a-t-elle seule dicté la conduite de
Philippe II envers le futur héritier du trône?

C'est ce qu'on ne sait pas encore d'une façon bien
nette et bien positive.

Il fut arrêté, emprisonné, jugé, condamné, — il avait
le cerveau dérangé, les passions furieuses, — il mourut
à vingt-trois ans, après une agonie de dix mois, — voilà
tout ce que l'histoire nous donne de positif.

En réalité, son père fut son meurtrier, car il souhaitait
sa mort, et il fit tout ce qu'il fallait pour que cette mort
vînt promptement le débarrasser d'un enfant malade,
qui demandait des soins, et que la persécution devait conduire par l'exaspération jusqu'à une prompte crise finale.

Le grand Inquisiteur prit une part directe à cette catastrophe, et se fût chargé de rassurer la conscience de
Philippe II, si elle avait éprouvé quelques hésitations,
— ce qui n'arriva pas.

Comme le dit justement un historien, après avoir retracé la haine contre nature du père et du fils : — « Tant de scélératesse de la part du fils, de barbarie de la part du père, étaient dignes des siècles de Torquemada et de Valdès. »

Espinosa mourut en exil, le 5 septembre 1572, après avoir autorisé la condamnation, en six années, de *quatre mille six cent quatre vingts personnes des deux sexes,* dont *sept cent vingt* furent brûlées vives, et *trois cent soixante* en effigie.

Trois mille six cents pénitenciés finirent leur existence aux galères et en prison, laissant leur famille et leurs descendants dans l'opprobre et la misère.

Le successeur d'Espinosa, D. Pedro Ponce de Léon, mourut avant d'avoir pu entrer en fonctions, et fut remplacé par le cardinal Gaspar de Quiroga, qui devint Inquisiteur général, en 1573.

Son ministère est surtout fameux par le procès d'Antonio Pérez, premier ministre de Philippe II, dont le résultat fut la destruction des *fueros,* ou Constitution du royaume d'Aragon, et la décapitation du grand justicier.

En effet, Pérez, tombé en disgrâce et enfermé douze ans dans les prisons de Madrid, s'échappa encore brisé par la torture et vint se réfugier en Aragon, à l'abri des lois du royaume.

Philippe II, voyant qu'il ne pourrait là obtenir une condamnation, renonça à ses poursuites personnelles, mais fit intervenir l'Inquisition qui déclara Antonio Pérez suspect d'hérésie.

Les Aragonais se soulevèrent, pour délivrer leur compatriote au moment où on allait le livrer aux Inquisiteurs, et massacrèrent les troupes et les *familiers* qu'on avait rassemblés pour prêter main-forte au Saint-Office.

Antonio Pérez put gagner la France, où il mourut en 1611.

Quant aux Aragonais, vaincus après une première victoire, ils devinrent victimes des vengeances de Philippe II et de l'Inquisition.

Presque toute la noblesse de Saragosse fut immolée.

Pérez fut brûlé en effigie, et le grand justicier d'Aragon, chargé de soutenir les droits de l'Aragon et de défendre ses lois particulières, fut décapité pour avoir rempli son devoir.

C'est ce magistrat suprême, qui, avant de prêter serment au roi, lui disait au nom de la nation :

« Nous qui valons autant que toi, et qui pouvons plus que toi, nous te faisons notre roi, à condition que tu respecteras nos priviléges; sinon, non. »

Quiroga établit l'Inquisition en Galice, où elle n'existait point encore, et publia un nouvel *index* contre les livres.

Il mourut le 20 novembre 1594.

Sous son ministère, on brûla, en personne, *deux mille huit cent seize* individus, et *quatorze cent huit* en effigie.

Quatorze mille quatre-vingts subirent d'autres peines, — ce qui fait en tout *dix-huit mille trois cent quatre* victimes.

Jusqu'à la mort de Philippe II, arrivée en 1598, rien de remarquable.

C'est pendant le règne de Philippe II, que Charles IX, roi de France, ordonna le massacre de la Saint-Barthélemy.

La France, à ce moment, n'avait rien à envier à l'Espagne : — le sang des protestants y coulait à flots.

Si les Inquisiteurs manquaient aux Valois, les bourreaux ne leur faisaient pas défaut, et ne firent jamais défaut, ni à Louis XIV, au dix-septième siècle, ni à Louis XV, au dix-huitième.

Partout le fanatisme religieux fut le même, partout les mêmes actes de férocité épouvantèrent le monde, partout les plus grands citoyens et les plus belles intelligences périrent sous la hache ou sur le bûcher.

II

D. Jérôme Manrique de Lara, fils naturel du cardinal Manrique, qui avait été grand Inquisiteur sous Charles-Quint, et Pierre Porto-Carrero, furent les douzième et treizième successeurs de Torquemada.

Le règne de Philippe III fut rempli par les 14e, 15e, 16e, 17e et 18e Inquisiteurs généraux, qui se montrèrent de tous points dignes de leurs prédécesseurs.

Ils s'appelèrent D. Ferdinand Nigno de Guevara, cardinal, puis archevêque de Séville ; — D. Juan de Zugniga, commissaire apostolique de la Sainte-Croisade, et évêque de Carthagène ; — D. Juan Baptiste d'Alebedo, archevêque *in partibus infidelium*, gouverneur du conseil de Castille, etc.; — D. Bernard de Sandoval y Roxas, cardinal-archevêque de Tolède, et conseiller d'État ; — D. François-Louis de Aliaga, dominicain et confesseur de Philippe III.

Sous le ministère de Sandoval, *dix-septième* Inquisiteur général, nommé le 12 septembre 1608, les Cortès tentèrent encore une nouvelle démarche auprès du roi, et lui représentèrent :

« Qu'en 1579 et 1589, les députés de la nation avaient demandé la réforme des abus qui se commettaient dans le tribunal de l'Inquisition, pour mettre fin aux torts considérables et continuels que causait à ses sujets le droit que les Inquisiteurs avaient usurpé de connaître de certains crimes étrangers à celui d'hérésie ; que Philippe II, son père, avait promis d'appliquer le remède au mal dont on se plaignait ; mais qu'ayant été surpris par la mort, sa promesse était restée sans effet. En conséquence, ils renouvelaient auprès de Sa Majesté la même prière, attendu que le désordre avait augmenté, et qu'il était temps que personne ne pût être arrêté et mis dans les prisons secrètes de l'Inquisition pour d'autres crimes que pour l'hérésie, car le plus grand nombre des Espagnols n'étant pas en état de distinguer les motifs des arrestations, regardaient tous les prisonniers comme hérétiques, et cette prévention exposait ceux qui avaient eu le malheur d'être arrêtés par le Saint-Office, à ne pouvoir contracter de mariage, parce qu'on les croyait déshonorés comme les autres ; que le moyen de remédier à la confusion qui s'était introduite dans les lois, était de statuer que les prévenus de crimes autres que l'hérésie, seraient détenus dans les prisons ordinaires pour y attendre leur jugement. »

Philippe III promit, comme jadis Charles-Quint, de faire droit à ces plaintes, et comme Charles-Quint ne tint pas ces promesses solennelles.

Les abus continuèrent.

L'année suivante, sur les instances de D. Juan de Ribera, archevêque de Valence, à qui le Pape a, depuis, accordé *les honneurs de la béatification*, l'expulsion définitive des Maures, dont nous avons parlé plusieurs fois, fut décidée en conseil du roi, malgré l'opposition d'un grand nombre de seigneurs[1]. — Ils exposèrent en vain les dangers d'une semblable mesure, qui allait ruiner vingt provinces en pleine prospérité, car les Maures, de même que les Juifs, avant leur destruction, étaient les meilleurs cultivateurs et les seuls habitants *industrieux* de l'Espagne.

L'avis de l'Inquisiteur général l'emporta : ce qui restait de cette race vaincue et énergique, après ses terribles révoltes sous Philippe II[2], reçut l'ordre de s'expatrier.

Les Maures de Valence durent partir avant la fin de septembre 1609, et ceux des autres provinces avant le 10 janvier 1610.

L'Espagne perdit encore, de la sorte, un million d'habitants.

Ces malheureux passèrent en Afrique.

Ils enlevaient une force à la civilisation; — ils portaient un appoint à la barbarie.

Ils avaient demandé à Henri IV de venir s'établir dans les Landes.

Ils les eussent peuplées, fertilisées, — mais Henri IV ayant mis pour condition qu'ils professeraient la religion catholique, la crainte des persécutions les éloigna de la France, et pas un ne consentit à s'y établir.

---

1. Le duc d'Ossuna, s'étant opposé à cette mesure impolitique, fut poursuivi par l'Inquisition.
2. Voir chap. XVI.

Ce que l'Europe doit de bienfaits au Christianisme est incalculable !

Philippe III mourut au commencement de l'année 1621, après un règne de vingt-trois ans, pendant lequel il protégea constamment l'Inquisition.

Sous son règne et celui des cinq Inquisiteurs généraux que nous avons nommés plus haut, les seize tribunaux du Saint-Office établis en Espagne seulement, condamnèrent *treize mille deux cent quarante-huit* individus, dont *dix-huit cent quarante* furent brûlés vifs, et *six cent quatre-vingt-douze* en effigie.

N'oublions pas d'y joindre *un million* de Maures perdus pour l'Espagne.

Ainsi chacun de ces rois très-chrétiens ne quittait le trône qu'en laissant son peuple un peu diminué, un peu appauvri, plus enfoncé dans l'ignorance, la superstition et l'avilissement.

III

Le règne de Philippe IV fut inauguré par un auto-dafé qu'on célébra en l'honneur de son avénement.

Ce règne dura quarante-cinq ans, pendant lesquels se succédèrent quatre Inquisiteurs généraux, du 19e au 22e.

Ce furent D. André Pacheco, archevêque et conseiller d'État, sous lequel l'Inquisition se distingua par l'insolence de sa conduite envers les membres du clergé et les représentants de l'autorité royale ; — D. Antonio de Zapato y Mendoza, cardinal ; — D. Antonio de Sotomayor, religieux dominicain et confesseur du roi ; — D. Diegue de Arce y Reinoso.

Nous signalerons quelques faits seulement : — le soulèvement bientôt réprimé du peuple de Tolède, et le procès de trente religieuses possédées par le démon.

On arrêta le confesseur, et des *savants* déclarèrent que le diable était le coupable.

Le diable a bon dos : — son intervention sauva merveilleusement d'un scandale trop dangereux.

Les livres furent également poursuivis : — l'Espagne continua de ne pouvoir lire que les ouvrages qui convenaient au fanatisme des moines, ou qui répandaient des idées favorables à la toute-puissance de l'Inquisition.

On en vint même à proscrire les œuvres des jésuites : — jalousie de métier, inimitié de boutique.

Pour raviver l'intérêt des auto-da-fé, auxquels peut-être on avait fini par s'accoutumer et qui paraissaient peut-être fades à la longue, l'Inquisiteur général, Sotomayor, inventa un nouveau châtiment.

Dix hérétiques judaïsants entendirent la lecture de leur jugement *une main clouée sur une grande croix de bois*.

Grâce à cette mise en scène inattendue, la pièce eut le plus grand succès, et le peuple de Valladolid parla longtemps de la représentation.

A Lima, au Pérou, eut également lieu un auto-da-fé solennel, où l'on brûla *onze personnes*, — maigre régal comparé aux banquets de l'Inquisition d'Espagne.

Cependant le Saint-Office, à la même époque, éprouva une défaite.

Il avait intenté un procès à Jérôme de Villanueva, secrétaire d'État du roi en Aragon, et confident du ministre Olivarès alors tombé en disgrâce. — Villanueva en appela au Pape, qui révisa le procès, le cassa, et constata un si grand nombre d'injustices et d'irrégularités dans la procédure, qu'il en fit les reproches les plus sévères au grand Inquisiteur.

En effet, les Inquisiteurs n'avaient jamais cessé, selon leur intérêt ou leurs passions, de falsifier ou de changer les pièces authentiques qui pouvaient les gêner et amener l'acquittement d'un prévenu.

Enfin n'oublions pas de mentionner la béatification de Pierre Arbues, cet Inquisiteur de Saragosse, dont nous avons raconté la mort, en 1485, dans un chapitre précédent.

Cette cérémonie, à laquelle le roi et le Saint-Office consacrèrent des sommes immenses, eut lieu le 17 avril 1664, sous le règne pontifical d'Alexandre VIII. Les Inquisiteurs espagnols se crurent couverts d'une gloire immortelle, pour avoir placé sur l'autel de Dieu un moine de leur pays et de leur institution.

Philippe IV mourut vers la fin de 1665.

Sous son règne, l'Inquisition avait fait plus de *dix-huit mille* victimes, — qui se décomposent ainsi :

Deux mille huit cent cinquante, brûlées en personne ;

Quatorze cent vingt-huit, en effigie ;

Quatorze mille quatre-vingts, condamnées à l'emprisonnement, aux galères, à d'autres peines infamantes, à la confiscation des biens.

Sous le règne de Charles II, qui finit en 1701, après trente-six années de hontes, pendant lesquelles l'Espagne acheva de déchoir de son rang en Europe, les victimes de l'Inquisition commencèrent à diminuer environ d'un tiers, — ce qui tint, non pas à une réforme des idées des Inquisiteurs, ni à un adoucissement de leur part, mais à la disparition presque complète des nouveaux chrétiens, Juifs ou Maures convertis, qui, depuis plusieurs siècles périssaient, chaque année, par milliers, dans les cachots du Saint-Office, sur les bûchers ou aux galères.

Les victimes menaçaient réellement de manquer!

Le reste de la nation espagnole, — ce qu'on appelait *les vieux chrétiens,* — complétement abâtardi, inerte, sans vie intellectuelle ou morale, échappait, par cette léthargie même, à la persécution, et n'y donnait plus de prétexte.

Comment persécuter un cadavre?

Pendant la minorité de Charles II, Marie-Anne d'Autriche, régente, nomma le *vingt-troisième* Inquisiteur général, D. Pascal d'Aragon, auquel succéda, *vingt-quatrième,* Jean Everard de Ritardo, jésuite allemand, confesseur de la régente.

Il se retira au bout de trois ans, après avoir fait condamner *sept cent soixante-huit* personnes, dont *cent quarante-quatre* furent brûlées en personne, et *quarante-huit* en effigie.

Le règne du *vingt-cinquième* Inquisiteur général, D. Diegue Sarmiento de Villadarès, n'offre rien de remarquable, si ce n'est un grand auto-da-fé, célébré à Madrid, en l'année 1680, pour fêter le mariage de Charles II avec Marie-Louise de Bourbon, nièce de Louis XIV.

Il y figura *cent dix-huit* personnes, dont presque toutes périrent dans les flammes.

On avait fait les choses grandement pour cette solennité, — ce qui prouve que si les victimes diminuaient de nombre, la férocité des mœurs et le zèle des moines ne subissaient aucune modification.

L'esprit religieux a cela de spécialement redoutable qu'il ne s'amende jamais.

Le dernier des représentants de l'Église, dominé, entraîné par des principes immuables, convaincu qu'il agit d'après les ordres de Dieu, n'aura rien appris, rien oublié.

Sarmiento exerça ses fonctions pendant vingt-six ans, et fit brûler vives *douze cent quarante-huit* personnes, et *quatre cent seize* en effigie.

Quatre mille neuf cent quatre-vingt-douze condamnés subirent diverses peines.

Total, *six mille six cent cinquante-six* victimes.

Sous le *vingt-sixième* Inquisiteur général, Jean-Thomas de Rocaberti, général des Dominicains, Charles II réunit une grande junte pour régler les rapports des Inquisiteurs et des juges-royaux.

La Grande Junte rédigea une consultation basée sur les vraies principes, et qui aurait causé un immense soulagement à l'Espagne, si ses conseils avaient été suivis, mais Rocaberti fit échouer cette nouvelle tentative, et changea toutes les bonnes dispositions du roi.

Un historien ajoute à ce sujet des réflexions fort justes :

« Dans tous les temps et sous tous les gouvernements, même sous le despotisme des rois et de l'Inquisition réunis, toutes les fois que des assemblées nationales ont eu lieu librement, il est sorti, du sein des peuples les plus abrutis et les plus superstitieux, des hommes qui, débarrassés des entraves dont on surchargeait leur bon sens et leur philosophie naturelle, s'élevaient aussitôt au-dessus de leur siècle, écartaient d'une main hardie le voile qui couvrait les erreurs et les préjugés, et faisaient entendre aux rois et aux peuples étonnés, le langage de la raison et de l'éternelle vérité. Les consultations de la Grande-Junte contenaient des principes tellement philoso-phiques, qu'on ne pourrait les émettre au dix-neuvième siècle, sans être taxé de *perversité.* »

Rocaberti mourut au bout de cinq ans, après avoir laissé condamner *douze cent quatre-vingts* personnes, dont *deux cent quarante* furent brûlées vives.

Le dernier Inquisiteur du règne de Charles II, fut D. Balthazar de Mendoza y Sandoval.

Le roi mourut en 1701, laissant, comme trace de son passage en ce monde, *huit mille sept cent quatre-vingts victimes.*

Les bûchers en avaient dévoré *seize cent trente-deux.*

Charles II étant mort sans enfants, son neveu, Philippe de Bourbon, petit-fils de Louis XIV roi de France, monta sur le trône d'Espagne, sous le nom de Philippe V.

Suivant l'habitude, l'Inquisition voulut fêter son avé-nement par un auto-da-fé, mais Philippe V, ce qui n'était point arrivé depuis des siècles, refusa d'assister à cette barbare cérémonie. Cependant il ne faudrait pas croire que Philippe V ait cessé de protéger l'Inquisition. Louis XIV, qui se connaissait en despotisme et était digne d'apprécier les services rendus par l'Inquisition à la tyrannie sous toutes ses formes, avait fortement engagé son petit-fils à se montrer le soutien résolu du Saint-Office. Le Saint-Office de son côté prouva, dès le début du nouveau règne, de quelle utilité la religion chrétienne pouvait être à la monarchie.

Les partisans de la maison d'Autriche ayant prétendu que le serment de fidélité prêté à Philippe de Bourbon par les Espagnols n'était pas obligatoire, l'Inquisition s'empressa de faire publier un acte qui obligeait tous les Espagnols, sous peine de péché mortel et d'excommunication, à dénoncer tous les ennemis de la nouvelle royauté.

Les confesseurs étaient tenus de s'assurer si leurs pénitents s'étaient conformés à cette prescription, et ne devaient point les absoudre qu'ils n'y eussent obéi.

Philippe V pouvait-il refuser ses victimes habituelles à l'Inquisition qui maintenait sur sa tête la couronne chancelante?

Cependant Mendoza ayant poussé l'impudence jusqu'à faire arrêter et emprisonner trois conseillers du conseil royal de la *Suprême*, Philippe V fut obligé de lui retirer son emploi et de l'exiler loin de Madrid.

A Mendoza succédèrent Vidal Marin, Antonio Ibagnez de la Biva, Herrera, puis François Judice.

Sous le *trente-unième* Inquisiteur général, le tribunal du Saint-Office fut sur le point d'être supprimé.

Le procureur fiscal Macanaz ayant composé par ordre du roi un ouvrage où il défendait la couronne contre les prétentions de la cour de Rome, l'Inquisition le poursuivit et le contraignit à la fuite, malgré les protestations de Philippe V. Ce dernier, irrité de l'audace des Inquisiteurs, prépara, en 1715, l'ordonnance qui devait supprimer le Saint-Office. C'en était fait, si les intrigues de la reine, du jésuite Daubanton son confesseur, et du cardinal Albéroni, n'avaient fait renoncer le roi à sa résolution.

Il n'y a rien de remarquable à mentionner pendant le ministère des cinq Inquisiteurs généraux qui succédèrent à Judice, depuis Joseph de Molinos jusqu'à Jean de Camargo, nommé le 18 juillet 1720, et qui fut le *trente-cinquième* chef de l'Inquisition.

Camargo s'occupa spécialement de combattre les progrès de la secte de Molinos, qui, sous les apparences d'un grand mysticisme, encourageait les désordres les plus scandaleux.

« Cette doctrine présentait les apparences d'une perfection spirituelle, associées à un système qui laissait un libre essor aux désordres de l'âme. Elle séduisit beaucoup de personnes qui n'auraient jamais embrassé aucune hérésie sans le prestige dont Molinos avait entouré ses erreurs. L'évêque d'Oviédo fut déposé et emprisonné par l'Inquisition comme molinosiste; Jean de Causada, le disciple le plus intime de Molinos, périt sur les bûchers, et les Inquisiteurs de Logrogno condamnèrent à deux cents coups de fouet et à une prison perpétuelle le carme Jean de Longas, le plus zélé champion de cette doctrine.

« Elle se répandit promptement dans les couvents, ce qui donna beaucoup d'occupation aux Inquisitions, et particulièrement à celles de Valladolid et de Logrogno; car il se passait des choses si scandaleuses et si horribles dans les communautés de religieuses, entre elles et leurs directeurs, qu'on ne pourrait les rapporter sans faire frémir. Le libertinage le plus effréné, les avortements forcés et les infanticides y étaient si fréquents, que chaque couvent en fournissait un grand nombre d'exemples; mais ce qu'il y a de plus remarquable, c'est que ces horreurs s'y commettaient avec une sorte de bonne foi apparente, qui ne peut être justifiée que par le fanatisme. C'est ce fanatisme pour les sectes qui faisait croire aux esprits faibles que tout ce qui était autorisé par les confesseurs, pouvait être fait sans crime; c'est ainsi qu'on vit dans le couvent de Corella, en Navarre, une supérieure qui avait déjà eu plusieurs enfants d'un provincial des carmes déchaussés, tenir elle-même sa nièce pendant que ce même provincial faisait le premier outrage à la pudeur de cette jeune personne, afin que cette œuvre fût plus méritoire aux yeux de Dieu! C'est ainsi qu'on voyait des religieuses et des moines assister sans honte aux accouchements des autres religieuses, dont les enfants étaient aussitôt étranglés! et tout cela se faisait avec des jeûnes et mille autres signes extérieurs de dévotion.

« L'Inquisition sévit, il est vrai, contre les religieuses de ces repaires du crime; mais, à quelques exceptions près, les punitions qu'elle leur infligea se bornaient à les disperser dans plusieurs couvents. Il est surprenant qu'après tant de désordres de ce genre, dont les archives sont remplies, l'Inquisition n'ait pas pris le parti d'ôter aux moines la direction des couvents de femmes[1]. »

Camargo mourut le 24 mai 1733 après avoir exercé ses fonctions pendant 13 années.

Son successeur, André de Arbe y Larréategui, *trente-sixième* Inquisiteur général, occupa son siége jusqu'en 1740; sous son ministère l'Inquisition de Sicile fut séparée de celle d'Espagne, et bientôt supprimée en 1782.

A cette époque, en Espagne, l'Inquisition poursuivait

---

1. Léonard Gallois.

particulièrement les francs-maçons, dont un grand nombre fut envoyé aux galères.

On doit inscrire particulièrement au compte de Manrique de Lara, *trente-septième* Inquisiteur général d'Espagne, la persécution acharnée exercée contre le franciscain Bellando, auteur de l'*Histoire civile d'Espagne*. Ce malheureux ayant signalé de nombreuses irrégularités dans les procédures du Saint-Office, fut jeté au fond d'un cachot, où il souffrit les plus indignes traitements; il n'en sortit que pour être enfermé dans un couvent où il devait passer sa vie avec défense d'écrire aucun ouvrage. C'est ainsi que l'Inquisition se débarrassait de quiconque osait écrire la vérité en suivant les prescriptions de sa conscience.

Manrique étant mort en 1745, Philippe V nomma pour *trente-huitième* Inquisiteur général François Perez de Prado y Cuesta, et mourut lui-même peu de temps après.

Il avait régné 46 ans, pendant lesquels on compte sept cent quatre-vingt-deux auto-da-fé, dans lesquels figurèrent *onze mille quatre cent quatre-vingts* individus des deux sexes, dont *seize cents* furent brûlés vifs, et *sept cent soixante* en effigie.

Les princes de Bourbon ne firent donc aucun effort pour arrêter les sacrifices humains inaugurés dans le monde par la religion chrétienne, et régularisés, en Espagne, par la très-sainte Inquisition.

Ils ne lui donnèrent aucune loi nouvelle, ils ne supprimèrent aucun article de son code monstrueux, ils ne s'opposèrent à la condamnation d'aucune victime.

Si les auto-da-fé diminuèrent, si les condamnations devinrent plus rares, sous les successeurs de Philippe V, cela tient exclusivement, comme je l'ai dit plus haut, à l'extinction presque totale en Espagne des Juifs et des Mahométans, au progrès général de la civilisation en Europe, et à l'adoucissement des mœurs, auxquels la patrie de Torquemada et de Philippe II ne put échapper elle-même.

IV

Sous Ferdinand VI et Charles III, les deux fils de Philippe V, ce changement devint sensible. Le règne de ce dernier dura environ 29 années, durant lesquelles il n'y eut que trois Inquisiteurs généraux, Quintano Bonifaxe, Philippe Bertrand et Buben de Cevallos, *quarante-unième* Inquisiteur général qui remplissait encore ses fonctions en 1788, lorsque mourut Charles III.

Les auto-da-fé devinrent rares pendant les 43 années que vécurent les deux fils de Philippe et l'on ne compte pendant ce temps que 245 condamnations, dont *quatorze* à mort.

La franc-maçonnerie et le jansénisme occupèrent presque exclusivement les Inquisiteurs de cette époque. Cependant l'expulsion des jésuites du royaume d'Espagne, qui eut lieu en 1769, sous le règne de Charles III, amena un grand nombre de procès, mais qui n'eurent plus le dénouement sanglant des procès habituels du Saint-Office.

Dès à présent nous pouvons regarder l'Inquisition comme virtuellement abolie en Espagne.

Le tigre dompté, réduit à l'impuissance par la victoire de l'esprit humain, dont la Révolution française va bientôt nous donner le programme éclatant, — le tigre n'ose plus mordre, et fait patte de velours.

Les héritiers de Torquemada et de Valdès, devant qui jadis tremblait le monde, en sont réduits à de simples fonctions de police et, déchus du rôle de bourreaux au service de la cause de Dieu, deviennent les sbires de la royauté à l'agonie. Ils saisissent les livres et les journaux français ; — ils inspirent au comte Florida-Blanca, premier ministre de Charles IV, l'idée de supprimer les chaires d'enseignement de droit naturel et de droit des gens dans toutes les universités ; — ils saisissent les ouvrages des philosophes modernes ; — ils intentent des procès aux jeunes étudiants des facultés d'Espagne ; — enfin, ils font arrêter le chevalier Urquijo qui avait prémédité la suppression du tribunal du Saint-Office, le renferment dans un cachot humide et le tiennent au secret le plus rigoureux jusqu'à la mort de Charles IV. — Ils tentent encore de faire son procès à Godoï, prince de la Paix, cousin du roi et de la reine, — mais Napoléon Bonaparte, général de la République française, intercepte un courrier du Pape, à Gênes, et transmet toutes les pièces au prince de la Paix qui exile l'Inquisiteur général Lorenzana.

En 1805, ils mettent en jugement un prêtre qui avait avancé et soutenu des propositions condamnées par l'Église. L'obstination de l'accusé les force à le condamner à la *relaxation*, c'est-à-dire à la peine capitale : mais le curé mourut en prison.

Ce fut la dernière condamnation à mort, prononcée par le Saint-Office.

En un mot, ils font tout ce qu'ils peuvent pour prouver

qu'ils sont toujours animés du même esprit, et qu'ils accompliraient toujours la même œuvre, si le réveil universel de la conscience humaine, après dix-huit siècles d'effacement et d'abdication sous le joug des idées religieuses et de la morale chrétienne, n'avait désarmé leur bras homicide.

Ces exécuteurs des hautes œuvres de la papauté, après avoir effrayé et ensanglanté l'univers, sont balayés par le souffle révolutionnaire, et suivent dans son exil la monarchie de droit divin, — mêlés à ses bagages, — comme des laquais.

Seulement n'oublions jamais que dans ces laquais du despotisme veille l'âme de Torquemada.

Un décret de Napoléon, du 4 décembre 1808, rendu à Chamartin, village près de Madrid, supprima le tribunal du Saint-Office, et presque toutes les procédures qui se trouvaient dans les archives de la *Suprême*, alimentèrent un dernier auto-da-fé.

Les Cortès espagnoles réunies peu de temps après, à Cadix, sanctionnèrent cette suppression à une immense majorité et aux applaudissements de l'Espagne entière.

Cependant, Ferdinand VII, chassé du trône par l'armée française, ayant recouvré sa couronne en 1814, rétablit l'Inquisition, et nomma pour *quarante-cinquième* Inquisiteur général, François Miery Campilla, évêque d'Almeira.

Aussitôt les prisons secrètes et les bagnes se remplirent de nouvelles victimes, et les îles se peuplèrent de proscrits.

On infligea des traitements atroces à tous les membres des Cortès qui s'étaient désignés aux coups du fanatisme par leurs opinions libérales, à tous les grands citoyens qui avaient sauvé l'honneur et défendu le drapeau de la patrie pendant l'invasion.

L'Inquisition se montrait digne d'elle-même : — Philippe II n'eut rien à reprocher à Ferdinand VII.

Mais si la religion et ses agents ne changent point, la patience des peuples n'est pas éternelle.

Toutes les provinces d'Espagne se soulevèrent en 1820 ; — le pouvoir absolu s'écroula : — l'Inquisition, ses familiers et ses bûchers disparurent du sol espagnol.

Partout où il y avait un tribunal du Saint-Office le peuple en enfonça les portes, délivra les prisonniers, démolit les palais et les cachots des Inquisiteurs, brisa les instruments de torture, et érigea des trophées destinés à conserver le souvenir de cette œuvre de justes représailles et d'affranchissement.

Le Portugal suivit cet exemple. Aujourd'hui, l'Inquisition n'existe plus qu'à Rome, à l'abri du pouvoir temporel des Papes, successeurs de saint Pierre, vicaires de Jésus-Christ.

CHAPITRE XXI.

Récapitulation générale des victimes de l'Inquisition.
Procès curieux.

Dans ce chapitre nous avons cru devoir donner la récapitulation générale, d'après des chiffres officiels, du nombre de victimes de l'Inquisition, et le récit de quelques procès curieux du Saint-Office.

Nous empruntons ces pièces et les commentaires qui les accompagnent au résumé de M. Léonard Gallois. — Elles forment la conclusion, le complément nécessaire de l'histoire des fastes du fanatisme en Espagne.

Récapitulation générale des victimes de l'Inquisition d'Espagne, depuis l'année 1481 jusqu'en 1820.

	Brûlés vifs.	Brûlés en effigie.	Condamnés aux galères ou à la prison.
De 1481 à 1498, Sous le ministère de l'Inquisiteur général Torquemada..............	10,220	6,840	97,371
De 1498 à 1507, Sous le ministère de Deza.........	2,592	829	32,952
De 1507 à 1517, Sous celui de Cisneros	3,564	2,232	48,059
De 1517 à 1521, Sous celui d'Adrien...	1,620	560	21,835
De 1521 à 1523, (Interrègne).....................	224	112	4,481
De 1523 à 1538, Sous le ministère de Manrique....	2,250	1,125	11,250
De 1538 à 1545, Sous celui de Tabera	840	420	6,520
De 1545 à 1556, Sous celui de Loaisa et sous le règne de Charles V.................	1,320	660	6,600
De 1556 à 1597, Sous le règne de Philippe II	3,990	1,845	18,450
De 1597 à 1621, Sous celui de Philippe III.........	1,840	692	10,716
De 1621 à 1665, Sous celui de Philippe IV........	2,852	1,428	14,080
A reporter.	31,712	16,743	272,314

	Brûlés vifs.	Brûlés en effigie.	Condamnés aux galères ou à la prison.
Report........	31,712	16,743	272,314
De 1665 à 1700, Sous le règne de Charles II.......	1,630	540	6,512
De 1700 à 1746, Sous celui de Philippe V.........	1,600	760	9,120
De 1746 à 1759, Sous celui de Ferdinand VI.......	10	5	170
De 1759 à 1788, Sous celui de Charles III.........	4	»	56
De 1788 à 1808, Sous celui de Charles IV.........	»	1	42
Totaux........	34,658	18,049	288,214

Ainsi, le total général des victimes de l'Inquisition d'Espagne, seulement depuis 1481 jusqu'en 1826, s'élève à 340 921, non compris celles qui ont subi l'emprisonnement, les galères ou l'exil sous le règne de Ferdinand VII, dont le nombre est encore très-considérable.

Si l'on ajoutait aux condamnations qui ont eu lieu dans la Péninsule, celles des autres pays soumis à l'Inquisition d'Espagne, tels que la Sicile, la Sardaigne, la Flandre, l'Amérique, les Indes, etc., on serait effrayé de la quantité de malheureux que le Saint-Office a condamnés pour les rendre meilleurs catholiques.

Non-seulement l'Inquisition a décimé la population espagnole par ses *auto-da-fé*, mais encore elle l'a considérablement réduite en provoquant et des guerres civiles et des émeutes, et l'expulsion des Juifs et celle des Maures. Plus de cinq millions d'habitants ont disparu du beau sol de l'Espagne pendant que le Saint-Office y a exercé son terrible ministère; et l'on peut dire de cette barbare insti-

tution ce que Montesquieu a dit d'un empereur d'Orient :
« *Justinien, qui détruisit les sectes par l'épée ou par ses
lois, et qui, les obligeant à se révolter, s'obligea à les exterminer, rendit incultes plusieurs provinces. Il crut avoir
augmenté le nombre des fidèles : il n'avait fait que diminuer celui des hommes.* »

Procès curieux et extraordinaires jugés par l'Inquisition d'Espagne.

Les innombrables procès jugés par le Saint-Office,
pour cause d'hérésie, ne différant entre eux que par de
légères nuances de cruauté ou par la qualité et le rang des
personnes qui furent persécutées et qui devinrent victimes de ce redoutable tribunal, il me paraît inutile d'entrer ici dans d'autres détails que ceux que j'ai déjà donnés.
Je ne reviendrai pas non plus sur les autres procès pour
cause de bigamie, de pédérastie, d'usure, de contrebande et cent autres crimes ou délits, vrais ou réputés
véritables, dont l'Inquisition s'est emparée, et contre lesquels elle a prononcé des jugements plus ou moins sévères, plus ou moins absurdes.

Mais, parmi ces délits, il en est d'une classe particulière,
dont les procédures offrent des circonstances tellement
incroyables aujourd'hui, que je ne puis me dispenser de
les rapporter en entier. Je veux parler des prétendus sorciers et magiciens que le Saint-Office fit griller en Espagne à différentes époques, et particulièrement dans le
commencement du seizième et du dix-septième siècle. Ces
procédures donneront une juste idée de la superstitieuse

ignorance des Inquisiteurs, et démontreront combien ces moines ont retardé la civilisation et condensé les ténèbres qui enveloppaient les populations entières, en condamnant, comme convaincus de sorcellerie ou de magie, des imbéciles et des fous qu'il eût été bien plus humain d'éclairer, et des hypocrites et des jongleurs qu'il fallait démasquer pour les couvrir de honte.

Il est assez naturel que les Inquisiteurs aient accusé de magie les hommes qui s'étaient élevés beaucoup au-dessus de tous les théologiens de l'époque par leur savoir et leur science profonde, et je ne suis pas étonné que des moines ignares aient regardé comme des êtres surnaturels les Pic de la Mirandole et les Galilée, dont les systèmes furent condamnés à Rome; mais comment croire, même en se reportant à ces temps d'ignorance, que les Papes et les Inquisiteurs aient pu se persuader que des paysans grossiers, sans esprit, sans instruction, sans aucune connaissance des effets naturels de la physique, ni de ceux de la chimie, fussent de vrais sorciers ou de redoutables magiciens? Ces pauvres gens n'étaient pourtant que les dupes des illusions provoquées par quelque boisson, ainsi qu'on va en juger par les faits que je vais rapporter, et qui sont extraits littéralement de l'historien espagnol Sandoval et des archives de l'Inquisition.

Déjà, en l'année 1507, l'Inquisition de Calahorra avait fait brûler plus de trente femmes comme sorcières et magiciennes. Cette secte était alors extrêmement nombreuse; elle reconnaissait le diable pour son maître et patron, lui promettait obéissance et l'honorait d'un culte particulier. De son côté, le diable était censé donner à ses adorateurs le pouvoir d'envoyer des maladies aux animaux, de nuire

aux fruits de la terre, de lire dans l'avenir, de découvrir
les choses les plus cachées, etc.

Vingt ans après, on découvrit dans la Navarre un grand
nombre de personnes qui se livraient aux pratiques de la
sorcellerie : ce qui donna lieu au procès que je transcris
ici, en rappelant au lecteur que ce sont les historiens espagnols qui parlent.

« Deux filles, l'une de onze ans, l'autre de neuf, s'accusèrent elles-mêmes d'être sorcières, devant les membres
du Conseil royal de Navarre : elles avouèrent qu'elles s'é-
taient fait recevoir dans la secte des *Jurguinas*, c'est-à-dire
des sorciers, et s'engagèrent à découvrir toutes les femmes
qui en étaient, si l'on consentait à leur faire grâce. Les
juges l'ayant promis, ces deux enfants déclarèrent qu'en
voyant l'œil gauche d'une personne, elles pourraient dire
si elle était sorcière ou non; elles indiquèrent l'endroit
où l'on devait trouver un grand nombre de ces femmes,
et le lieu où elles tenaient leurs assemblées. Le Conseil
chargea un commissaire de s'y transporter avec ces deux
enfants et cinquante cavaliers. En arrivant dans chaque
bourg ou village, il devait y faire enfermer les deux filles
dans deux maisons séparées, s'informer auprès des magistrats s'il y avait des personnes suspectes de magie, les
faire conduire dans ces maisons, et les présenter aux
deux enfants, afin de faire l'épreuve du moyen qu'elles
avaient indiqué. Il résulta de l'expérience, que celles de
ces femmes qui avaient été signalées par les deux filles
comme sorcières, l'étaient réellement; lorsqu'elles se virent en prison, elles déclarèrent qu'elles étaient plus de
cent cinquante; que lorsqu'une femme se présentait pour
être reçue dans leur société, on lui donnait, si elle était

nubile, un jeune homme bien fait et robuste, avec qui elle avait un commerce charnel. On lui faisait renier Jésus-Christ et sa religion. Le jour où cette cérémonie avait lieu, on voyait paraître au milieu d'un cercle un bouc tout noir, qui en faisait plusieurs fois le tour; à peine avait-il fait entendre sa voix rauque, que toutes les sorcières accouraient et se mettaient à danser à ce bruit semblable au son d'une trompette; elles venaient toutes baiser le bouc au fondement, et faisaient ensuite un repas avec du pain, du vin et du fromage. Lorsque le festin était fini, chaque sorcière chevauchait avec son voisin, métamorphosé en bouc, et après s'être frotté le corps avec les excréments d'un crapaud, d'un corbeau, et de plusieurs reptiles, elles s'envolaient dans les airs, pour se rendre aux lieux où elles voulaient faire du mal. Elles avaient des assemblées générales la nuit avant Pâques et les grandes fêtes de l'année. Lorsqu'elles assistaient à la messe, elles voyaient l'hostie noire; mais si elles avaient envie de renoncer à leurs pratiques diaboliques, elle leur paraissait dans sa couleur naturelle.

« Le commissaire, voulant s'assurer de la vérité des faits par sa propre expérience, fit venir une vieille sorcière, lui promit sa grâce, à condition qu'elle ferait devant lui toutes ses opérations de sorcellerie, et lui permit de s'échapper pendant son travail, si elle en avait le pouvoir. La vieille ayant accepté la proposition, demanda la boîte d'onguent qu'on avait trouvée sur elle, et monta avec le commissaire dans une tour, où elle se plaça avec lui devant une fenêtre. Elle commença, à la vue d'un grand nombre de personnes, par se mettre de son onguent dans la paume de la main gauche, au poignet, au nœud

du coude, sous le bras, dans l'aine et au côté gauche; ensuite elle dit d'une voix très-forte : « *Es-tu là ?* » Tous les
spectateurs entendirent dans les airs une voix qui répondit : *Oui, me voici.* La femme alors se mit à descendre
le long de la tour, la tête en bas, en se servant de ses
pieds et de ses mains à la manière des lézards; arrivée
au milieu de la hauteur, elle prit son vol dans l'air, devant les assistants, qui ne cessèrent de la voir que lorsqu'elle eut dépassé l'horizon.

« Dans l'étonnement où ce prodige avait plongé tout le
monde, le commissaire fit publier qu'il accordait une
somme d'argent considérable à quiconque lui ramènerait
la sorcière. Elle fut arrêtée par des bergers, qui la lui
présentèrent au bout de deux jours. Le commissaire lui
demanda pourquoi elle n'avait pas volé assez loin, pour
échapper à ceux qui la cherchaient. A quoi elle répondit
que son maître n'avait voulu la transporter qu'à une distance de trois lieues, et qu'il l'avait laissée dans le champ
où des bergers l'avaient rencontrée.

« Cette expérience ayant convaincu le commissaire que
cette malheureuse était réellement une sorcière, il fit livrer à l'Inquisition plus de cent cinquante autres femmes
de la même secte, que le Saint-Office condamna sérieuse-
ment comme magiciennes. Elles reçurent deux cents coups
de fouet et furent emprisonnées pour longtemps. »

L'Inquisition de Saragosse jugea aussi plusieurs sorcières qui avaient fait partie de l'association de celles de
Navarre, ou qui avaient été envoyées en Aragon pour
y faire des disciples. Elles furent convaincues de sorcellerie et de magie sur de simples soupçons, et sur les dépositions des témoins qui n'avaient point vu les sorcières,

mais seulement entendu parler de leurs opérations. Ces malheureuses n'ayant point voulu avouer les crimes dont on les accusait, périrent dans les flammes, comme sorcières obstinées, et comme ayant un pacte avec le démon.

Le curé du village de Bargota, diocèse de Calahorra, fut également mis en jugement par les Inquisiteurs de Logrogno. Parmi les choses extraordinaires contenues dans son procès, on y trouve que « pendant qu'il se livrait aux plus grandes opérations de la sorcellerie dans le pays de Rioja et de Navarre, il lui prit envie d'exécuter de grands voyages en peu de minutes; qu'il vit les fameuses guerres de Ferdinand V en Italie, ainsi que plusieurs de celles de Charles-Quint, et qu'il ne manqua jamais d'annoncer à Logrogno et à Viana les victoires qui venaient d'être remportées le même jour ou la veille; ce qui était toujours confirmé dans les rapports arrivés ensuite par les courriers. On ajoute qu'il trompa un jour son démon pour sauver la vie au pape Alexandre VI, ou à Jules II. Suivant les Mémoires particuliers de sa vie, le pape entretenait un commerce scandaleux avec une dame dont le mari occupait un emploi considérable auprès de lui, et n'osait par conséquent se plaindre ouvertement; mais il n'en conservait pas moins le désir de venger son honneur, et il forma un complot contre la vie du pape. Le diable apprit au curé que le pape mourrait cette nuit même d'une mort violente. Le prêtre de Bargota prend la résolution d'empêcher cet attentat, et sans en instruire son esprit familier, il lui propose de le transporter à Rome pour y entendre l'annonce de cette mort, assister aux funérailles du pape, et être témoin de ce qu'on dira de la conspiration. Il arrive avec son démon dans la capitale du monde chrétien, et se rend tout seul au palais pontifical, où il raconte au pape tout ce qui s'est passé entre lui et le diable, et obtient pour récompense de sa bonne action l'absolution des censures qu'il avait encourues. Le curé de Bargota fut mis entre les mains des Inquisiteurs de Logrogno, qui l'acquittèrent en vertu de l'absolution du pape, après lui avoir fait promettre de rompre pour jamais tout commerce avec le démon. »

Quelque singulier que soit le procès du curé de Bargota, il l'est encore bien moins que celui du docteur Eugène Torralba, dont Cervantes a parlé dans la deuxième partie des Aventures de D. Quichotte. Voici son histoire, telle qu'elle est rapportée dans les auteurs espagnols :

« Torralba naquit dans la ville de Cuença. A l'âge de quinze ans, il alla à Rome, où il fut attaché en qualité de page à D. François Soderini, évêque de Volterre, nommé cardinal en 1503. Il y étudia la philosophie et la médecine. Parvenu au grade de docteur, il eut plus d'une fois de vives discussions avec des savants sur l'immortalité de l'âme et la divinité de Jésus-Christ, qu'ils attaquaient par des raisons si fortes, que, quoiqu'il ne pût étouffer dans son âme les principes de religion qu'on lui avait inculqués pendant son enfance, il tomba néanmoins dans le pyrrhonisme, et commença à mettre tout en doute, ne sachant plus de quel côté était la vérité.

« Parmi les amis qu'il s'était faits à Rome, se trouvait un certain moine de Saint-Dominique, appelé frère Pierre. Celui-ci lui dit un jour qu'il avait à son service un ange de l'ordre des bons esprits, dont le nom était *Zequiel*, si puissant dans la connaissance de l'avenir et des choses cachées, qu'aucun autre ne l'égalait; mais d'une nature si particulière, qu'au lieu d'obliger les hommes à un pacte, avant de leur communiquer ses connaissances, il avait en horreur ce moyen; qu'il voulait rester toujours libre, et servir seulement par amitié celui qui mettait en lui sa confiance; qu'il lui permettait même de faire part aux autres de ses secrets; mais que toute contrainte, employée pour obtenir de lui des réponses, l'éloignerait à jamais de la société de l'homme auquel il se serait attaché. Frère Pierre lui avait alors demandé s'il serait bien aise d'avoir pour serviteur et pour ami *Zequiel*, ajoutant qu'il pouvait lui procurer cet avantage, à cause de l'amitié qu'ils avaient l'un pour l'autre. Torralba témoigna le plus grand empressement pour faire connaissance avec l'esprit de frère Pierre.

« *Zequiel* parut bientôt sous la figure d'un jeune homme, vêtu d'un habit couleur de chair, et d'un surtout noir; il dit à Torralba : *Je serai à toi pour tout le temps que tu vivras, et te suivrai partout où tu seras obligé d'aller.* Depuis cette promesse, *Zequiel* se montrait à Torralba, aux différents quartiers de la lune, et toutes les fois qu'il avait à se transporter d'un endroit à un autre, tantôt sous la figure d'un voyageur, tantôt sous celle d'un ermite. *Zequiel* ne parlait jamais contre la religion chrétienne; jamais il ne lui insinua aucun principe, ni ne lui conseilla aucune action criminelle; il lui faisait, au contraire, des reproches lorsqu'il lui arrivait de commettre quelque faute, et il assistait avec lui dans l'église à l'office divin : toutes ces circonstances avaient fait croire à Torralba que *Zequiel* était un bon ange, puisque, s'il ne l'avait pas été, sa conduite eût été bien différente.

« Torralba vint en Espagne vers l'année 1502. Quelque temps après, il visita toute l'Italie, et s'étant fixé à Rome, sous la protection du cardinal de Volterre, il s'acquit la réputation d'un habile médecin, et jouit de la faveur de plusieurs cardinaux. La plupart des annonces faites par *Zequiel* étaient relatives aux affaires politiques. Aussi Torralba étant retourné en Espagne en 1510, et se trouvant à la cour du roi Ferdinand le Catholique, *Zequiel* lui dit que ce prince recevrait bientôt une nouvelle désagréable.

« Torralba se hâta d'en faire part à l'archevêque de Tolède, Ximenès de Cisneros (qui fut ensuite cardinal Inquisiteur général), et au grand capitaine Gonzalve Fernandez de Cordoue; et le même jour un courrier apporta des lettres d'Afrique, qui annonçaient le mauvais succès de l'entreprise contre les Maures, et la mort de D. Garcie de Tolède, fils du duc d'Albe, qui la commandait.

« Ximenès de Cisneros ayant appris que le cardinal de Volterre avait vu *Zequiel*, désira le voir aussi, et connaître la nature et les qualités de cet esprit. Torralba, pour plaire à l'archevêque, supplia l'ange de se montrer à lui sous la figure humaine qui lui conviendrait le mieux ; mais *Zequiel* ne jugea point à propos de paraître ; seulement pour adoucir la rigueur de son refus, il chargea Torralba de dire à Ximenès de Cisneros qu'il parviendrait à être roi, ce qui se vérifia, au moins quant au fait, puisqu'il fut gouverneur absolu de toutes les Espagnes et des Indes.

« Une autre fois, étant toujours à Rome, l'ange lui dit que Pierre Margano perdrait la vie, s'il sortait de la ville.

Torralba n'ayant pu avertir à temps son ami, celui-ci sortit de Rome et fut assassiné.

« *Zequiel* lui annonça que le cardinal de Sienne ferait une fin tragique, ce qui se vérifia en 1517, après le jugement que Léon X fit porter contre lui.

« De retour à Rome en 1513, Torralba eut une extrême envie de voir son intime ami, Thomas de Becara, qui était alors à Venise. *Zequiel,* qui connut son désir, le mena dans cette ville, et le ramena à Rome en si peu de temps, que les personnes qui faisaient sa société ordinaire ne s'aperçurent point qu'il se fût absenté.

« En 1515, l'ange lui dit qu'il ferait bien de retourner en Espagne, parce qu'il obtiendrait la place de médecin de l'infante Éléonore, reine veuve de Portugal, et depuis femme de François Ier, roi de France. Notre docteur fit part de cette affaire au duc de Béjar et à D. Étienne-Manuel Mérino, archevêque de Bari : ils sollicitèrent pour lui la place qu'il ambitionnait, et elle lui fut accordée l'année suivante.

« Enfin, le 5 mai de la même année, *Zequiel* dit au docteur que le lendemain la ville de Rome serait prise par les troupes de l'empereur. Torralba pria son ange de le conduire à Rome pour en être témoin. *Zequiel* l'ayant promis, ils sortirent ensemble de Valladolid à onze heures du soir, comme pour se promener : ils n'étaient pas encore fort loin de la ville, lorsque l'ange remit à Torralba un bâton plein de nœuds, en lui disant : « Ferme les yeux, ne t'effraye pas ; prends ceci dans ta « main, et il ne t'arrivera rien de fâcheux. » Lorsque le moment de les ouvrir fut arrivé, il se vit si près de la mer, qu'il pouvait la toucher avec la main ; la nuée noire qui l'environnait fit place aussitôt à une vive lumière, qui fit craindre à Torralba d'en être consumé; *Zequiel* s'en étant aperçu, lui dit : « Rassure-toi, grosse bête. » Torralba ferma de nouveau les yeux, et crut au bout de quelque temps qu'ils étaient arrivés à terre. *Zequiel* l'avertit d'ouvrir les yeux et lui demanda ensuite s'il savait où il était. Le docteur ayant regardé autour de lui, reconnut qu'il était à Rome, dans la *tour de Nona*. Ils entendirent alors l'horloge du château, qui sonnait cinq heures de la nuit (c'est-à-dire minuit, d'après la manière dont comptent les Espagnols); d'où il résultait qu'ils n'avaient mis qu'une heure à faire ce voyage. Torralba parcourut Rome avec *Zequiel*, et vit ensuite le sac de cette ville et tous les autres événements de cette terrible journée. En une heure et demie, il fut de retour à Valladolid, où *Zequiel* le quitta en lui disant : « Désormais, tu devras « croire tout ce que je te dirai. »

« Torralba publia tout ce qu'il venait de voir; et, comme on ne parlait plus de lui sans le qualifier de grand et véritable nécromancien, sorcier, enchanteur et magicien, l'Inquisition ne tarda pas à se mêler de cette affaire et le fit arrêter. Le docteur avoua d'abord tout ce qui regardait l'ange *Zequiel* et les merveilles qu'il avait opérées, persuadé qu'il ne serait pas question d'autre chose, comme le commencement semblait l'annoncer, et qu'on ne s'occuperait point de la dispute qu'il avait eue, ni des doutes qu'il avait exprimés touchant l'immortalité de l'ame et la divinité de Jésus-Christ. Lorsque les juges se crurent assez instruits, ils se réunirent pour donner leurs voix; mais ayant opiné diversement, le tribunal s'adressa au conseil de la *Suprême*, qui décréta que Torralba serait appliqué à la question, autant que son âge et sa qualité le permettaient, afin de savoir quelle avait été son intention, en recevant et en gardant auprès de lui l'esprit *Zequiel;* s'il croyait fermement que ce fût un mauvais ange, comme un témoin avait assuré l'avoir entendu dire; s'il avait fait un pacte pour se le rendre favorable; quel avait été ce pacte; comment s'était passée la première entrevue, et si alors ou depuis ce jour il avait employé les conjurations pour l'évoquer. Aussitôt que cette mesure aurait été prise, le tribunal devait voter et prononcer la sentence définitive.

« Torralba n'avait jamais varié jusqu'à ce jour sur ce qu'il avait dit de son *esprit familier,* qu'il avait assuré appartenir à l'ordre des bons anges; mais, lorsqu'il se vit entre les mains des bourreaux, les douleurs de la question lui firent dire qu'il voyait bien que *Zequiel* était un mauvais ange, puisqu'il était la cause de son malheur présent. On lui demanda s'il lui avait prédit qu'il serait arrêté par l'Inquisition; il répondit qu'il l'en avait averti plus d'une fois, en le détournant d'aller à Cuença où un malheur l'attendait, mais qu'il avait cru pouvoir mépriser ce conseil. Sur tout le reste, il déclara qu'il n'y avait aucune espèce de pacte, et que les choses s'étaient passées comme il l'avait rapporté.

« Les Inquisiteurs admirent comme vrais tous les détails que Torralba avait donnés; et après lui avoir fait faire une nouvelle déclaration, ils suspendirent son procès par un motif de compassion, et avec le désir de voir un si fameux nécromancien se convertir et avouer les pactes et les sortiléges qu'il avait toujours niés.

« Enfin, après avoir passé plus de trois ans dans les

prisons du Saint-Office, Torralba fut condamné à faire abjuration générale ordinaire des hérésies, et à subir la peine de la prison et du *san benito* pour tout le temps qu'il plairait à l'Inquisiteur général; à ne plus avoir ni entretien ni communication avec l'esprit *Zequiel*, et à ne jamais prêter l'oreille à aucune de ses propositions; ces conditions lui étaient imposées pour la sûreté de sa conscience et le bien de son âme. »

Vers la fin de l'année 1610, les Inquisiteurs de Logrogno célébrèrent un *auto-da-fé* des plus solennels, dans lequel figurèrent encore vingt-neuf sorciers. Leurs procès contiennent des déclarations si singulières, que, malgré tout ce que je viens de rapporter sur cette secte, je crois devoir les consigner ici.

Ces vingt-neuf sorciers étaient tous des bourgs de Vera et de Zuggarramurdi, dans la vallée de Bastan, en Navarre. Leurs assemblées avaient lieu dans un endroit appelé *Pré du Bouc*. C'est là, suivant leurs confessions, que le diable se présentait à eux sous la figure d'un gros bouc. Voici l'analyse de ces confessions :

« Les lundi, mercredi et vendredi de chaque semaine, étaient les jours marqués pour les assemblées, outre les grandes fêtes de l'Église, comme Pâques, la Pentecôte, Noël, etc. Dans chaque séance, et surtout lorsqu'il y a quelque réception à faire, le diable prend la figure d'un homme triste, colère, noir et laid; il est assis sur un siége élevé, tantôt doré, tantôt noir comme l'ébène . il porte une couronne de petites cornes, deux autres grandes cornes sont sur le derrière de la tête, et une troisième qui est pareille, au milieu du front; c'est avec celle-ci qu'il éclaire le lieu de l'assemblée. Sa lumière est plus brillante que celle de la lune et moindre que celle du soleil. Ses yeux sont grands, ronds et bien ouverts, lumineux, effrayants; sa barbe est semblable à celle d'une chèvre : il est moitié homme et moitié bouc. Ses pieds et ses mains sont ceux d'un homme, ses doigts égaux sont terminés par des ongles démesurés, qui s'allongent et finissent en pointe. Le bout de ses mains est recourbé à la manière des serres d'un oiseau de proie, et celui de ses pieds imite les pattes d'une oie. Sa voix est comme celle de l'âne, rauque, discordante et formidable. Ses paroles sont mal articulées, prononcées sur un ton bas, fâché et irrégulier, et d'une manière grave, sévère et arrogante. Sa physionomie exprime la mauvaise humeur et la mélancolie.

« A l'ouverture de l'assemblée, tout le monde se prosterne et adore le démon, en l'appelant son maître et son dieu, et en répétant l'apostasie qui a été prononcée lorsqu'on a été reçu dans la secte; chacun lui baise le pied, la main et le côté gauches, l'anus et la verge. C'est à neuf heures du soir que la séance commence; elle finit ordinairement à minuit, et ne peut être prolongée que jusqu'au chant du coq.

« A cette cérémonie en succède une autre qui est une imitation diabolique de la messe, où des diables subalternes dressent l'autel, et servent leur chef comme les enfants de chœur servent la messe des chrétiens. Le diable interrompt la célébration pour exhorter les assistants à ne jamais retourner au Christianisme, et il leur promet un paradis bien préférable à celui destiné aux chrétiens.

« Lorsque la messe est finie, le diable s'unit charnellement avec tous les hommes et toutes les femmes, et leur ordonne ensuite de l'imiter; ce commerce finit par le mélange des deux sexes, sans distinction de mariage ni de parenté. Les prosélytes du démon tiennent à honneur d'être appelés les premiers aux œuvres qui se font, et c'est le privilége du *roi* des sorciers d'avertir ses élus, comme c'est celui de la *reine* d'appeler les femmes qu'elle préfère.

« Satan renvoie tout son monde après la cérémonie, en ordonnant à chacun de faire autant de mal qu'il pourra aux chrétiens, et à tous les fruits de la terre, après s'être transformé pour cela en chien, en chat, en loup, en renard, en oiseau de proie, ou en d'autres animaux suivant le besoin, comme aussi en employant des poudres et des liqueurs empoisonnées, qui se préparent avec l'eau tirée du crapaud que chaque sorcier porte avec lui et qui est le diable lui-même obéissant à son commandement sous cette métamorphose, depuis le moment où il a été reçu dans la secte.

« Cette réception ou affiliation a lieu dans l'assemblée : le candidat renonce au culte de Dieu, et promet au démon obéissance et fidélité jusqu'à la mort. Satan marque alors l'initié avec les ongles de sa main gauche, et lui imprime la figure d'un très-petit crapaud sur la prunelle de l'œil gauche, sans lui causer la moindre douleur. C'est cette figure de crapaud qui sert à tous les sorciers de signe de reconnaissance. On livre ensuite au nouveau sorcier un petit crapaud habillé, qui possède la vertu de rendre invisible son nouveau maître, de le transporter en peu de temps et sans fatigue aux lieux les plus éloignés, et de le métamorphoser en toute sorte d'animaux.

« Avant de se rendre à l'assemblée, les sorciers ont l'attention de s'oindre le corps avec une liqueur qui a été vomie par le crapaud, et qui s'obtient en le frappant à coups de petites verges, jusqu'à ce que le démon qui est logé dans le reptile dise : C'est assez. Ce n'est qu'après s'être frotté de cette bave, que le sorcier peut s'envoler et voyager aussi vite que l'éclair; mais ces courses ne peuvent avoir lieu que durant la nuit; car dès que le coq annonce l'aube, le crapaud disparaît, et le sorcier se trouve réduit à son état naturel.

« Le diable accorde aussi aux profès le talent de composer des poisons mortels, en y employant des reptiles, des insectes, des cervelles d'hommes morts et des sucs de diverses plantes. Les sorciers se servent de ces poisons de différentes manières, et peuvent même les rendre mortels à une très-grande distance.

« De toutes les superstitions qui plaisent au démon, aucune ne le flatte autant que de voir ses adorateurs enlever des tombeaux des églises les corps des chrétiens, en manger les petits ossements et la cervelle préparés avec l'eau vomie par les capauds.

« La tendance au mal est si naturelle au démon, que si un sorcier reste longtemps sans nuire soit aux hommes, soit aux animaux, soit aux fruits de la terre, il le fait fustiger en pleine assemblée. »

Tous ces détails, ainsi que beaucoup d'autres de la même nature, furent donnés aux Inquisiteurs par dix-neuf sorciers repentants, qui évitèrent le feu en révélant tout. Le Saint-Office se contenta de leur faire porter le *san benito* pendant *l'auto-da-fé* qui suivit leur jugement. Quant aux autres dix sorciers qui furent condamnés à la *relaxation*, comme ayant dogmatisé ou présidé les assemblées, voici à peu près les déclarations que les Inquisiteurs en obtinrent, soit par les tortures, soit par l'adresse.

« Marie de Zuzaya avoua qu'elle avait causé beaucoup de mal à un grand nombre de personnes qu'elle nomma, en leur faisant éprouver, par enchantement, de vives douleurs, et en leur occasionnant de longues maladies; qu'elle avait fait mourir un homme au moyen d'un œuf empoisonné qui lui avait donné des coliques atroces; qu'elle était visitée toutes les nuits par le diable, qui lui tint lieu de mari pendant plusieurs années, et enfin, qu'elle s'était souvent moquée d'un prêtre qui aimait à chasser le lièvre, en prenant la figure de cet animal et en fatiguant le chasseur par les longues courses qu'elle lui faisait faire. » Le Saint-Office admit tous ces faits comme véritables, et condamna Marie de Zuzaya à la *relaxation*, quoiqu'elle parût repentante : elle fut étranglée et brûlée après sa mort.

« Michel Goiburu, roi des sorciers de Zugarramurdi, avoua tout ce qui se passait dans les assemblées de la secte; quant à ce qui le concernait particulièrement, il confessa qu'il était tombé très-fréquemment dans le péché le plus familier au diable; tantôt comme passif avec lui, tantôt d'une manière active avec d'autres sorciers; qu'il avait plusieurs fois profané les églises en arrachant les morts de leurs tombeaux, pour faire au diable son offrande d'os humains et de cervelles. Il déclara en outre qu'il s'était plusieurs fois réuni au démon pour jeter un sort sur des champs et sur des hommes, et qu'en sa qualité de *roi* des sorciers, il portait le bénitier rempli de bave de crapaud, dont le diable se servait pour faire ses opérations. Goiburu convint qu'il avait fait mourir beaucoup d'enfants dont il nomma les familles, et même son propre neveu, en leur suçant le sang par le fondement ou par les parties naturelles ; et tout cela pour complaire au démon, qui aimait beaucoup à voir les sorciers commettre tous ces crimes.

« Jean Goiburu, frère du *roi* et mari de la *reine* des sorciers, avoua les mêmes choses que les autres sorciers, sur les circonstances générales, et déclara que c'était lui qui faisait danser les sorciers et les sorcières au son du tambourin. Il avait également commis plusieurs crimes dans ses voyages aériens et nocturnes, et n'avait pas même épargné son propre fils, dont les ossements lui avaient servi pour donner un repas à plusieurs sorciers. Il ajouta qu'ayant un jour prolongé sa musique jusqu'au delà du chant du coq, son crapaud disparut aussitôt, et qu'il fut obligé de faire plusieurs lieues à pied pour retourner chez lui.

« La femme de Jean Goiburu était la *reine* des sorcières : elle confessa qu'ayant été jalouse d'une autre femme, à cause de l'amour que le diable avait pour sa rivale, elle la fit mourir avec du poison qu'elle avait préparé ; qu'elle avait aussi causé la mort violente de plusieurs enfants dont elle haïssait les mères, et qu'elle avait souvent préparé des repas d'ossements et de cervelles de morts déterrés.

« Sa fille déclara qu'elle avait vu souvent le démon ; que Satan avait joui d'elle comme il avait voulu, et qu'elle avait éprouvé de grandes douleurs dans son commerce avec son maître. Elle ajouta qu'elle avait fait mourir neuf petits enfants en leur suçant le sang par les parties naturelles, et que neuf autres personnes étaient mortes par l'effet du poison et des breuvages qu'elle leur avait administrés.

« Sa sœur confessa les mêmes crimes.

« Un cousin du roi des sorciers raconta aussi tout ce qui se passait dans leurs assemblées nocturnes, et il déclara que c'était lui qui jouait de la flûte pendant que le démon abusait des hommes et des femmes, car ce passe-temps lui faisait beaucoup de plaisir.

« Une autre sorcière raconta aux Inquisiteurs comment elle avait fait périr beaucoup de personnes, en les frottant avec l'onguent mortel que le diable lui avait appris à préparer; elle avait aussi empoisonné une de ses petites-filles.

« La sœur de cette femme assura que Satan l'avait fait fustiger, parce qu'elle avait manqué à une réunion.

« Le bourreau secret des assemblées du *Pré du Bouc* confessa que, lorsqu'il fut reçu novice, le diable lui imprima sa marque sur l'estomac, et que ce point devint impénétrable. Les Inquisiteurs ordonnèrent qu'on y enfonçât de fortes épingles; mais, quoiqu'elles pénétrassent aisément dans toutes les autres parties du corps, il fut impossible de les faire entrer dans le point invulnérable.

« Quelques autres sorcières déclarèrent que, dans plusieurs circonstances, des personnes étonnées de voir ce qui se passait dans leurs assemblées, ayant prononcé le nom de Jésus, tout le monde avait aussitôt disparu, et le pré s'était trouvé aussi désert que s'il n'y avait jamais eu aucune réunion.

« Enfin une autre sorcière apprit aux Inquisiteurs que, pour punir des enfants qui avaient divulgué le secret de ce qui se passait au *Pré du Bouc*, elle et plusieurs de ses compagnes avaient été chargées de les fustiger, et que toutes les nuits d'assemblée elles les enlevaient de leurs lits et les emportaient dans les airs, jusqu'au lieu destiné au supplice qu'on leur destinait, qui était celui de les fouetter cruellement. Ces enfants déposèrent devant les Inquisiteurs et confirmèrent la déclaration de la sorcière. »

Telle est l'analyse des circonstances constatées dans la procédure du Saint-Office de Logrogño. L'*auto-da-fé* eut lieu, et malgré les crapauds, les poudres et les onguents, les sorciers et les sorcières subirent les peines qui leur furent infligées.

Rien n'est plus extraordinaire, dans ces monstrueux procès, que la conviction des Inquisiteurs, qui, au lieu de chercher à soulever le voile superstitieux dont s'environnaient ces prétendus sorciers, en remontant aux causes, préféraient croire à leur pouvoir et à leurs enchantements, et donnaient ainsi une consistance à de simples illusions produites sans doute par des boissons narcotiques et assoupissantes. Plusieurs auteurs de cette époque écrivirent des volumes contre la sorcellerie, mais aucun d'eux n'osa la mettre en doute.

A une autre époque beaucoup plus rapprochée du siècle de la philosophie, c'est-à-dire, vers la fin du dix-septième siècle, l'Inquisition d'Espagne s'occupa d'un procès non moins extraordinaire. C'est celui du dominicain Froilan Diaz, évêque d'Avila et confesseur de Charles II.

La faiblesse habituelle de la santé de Charles fit naître le soupçon que ce monarque était hors d'état d'user du mariage, par l'effet surnaturel de quelque maléfice. Le cardinal Portocarrero, l'Inquisiteur général Rocaberti et le confesseur Diaz crurent au sortilége, et, après avoir persuadé au roi qu'il était maléficié, ils le prièrent de permettre qu'on l'exorcisât. Charles y consentit et se soumit aux exorcismes de son confesseur. Quelques autres prêtres se mirent à exorciser. Un Dominicain employait en ce temps-là le même moyen pour délivrer une religieuse du démon dont elle se disait *obsédée*. Le confesseur du roi, d'accord avec l'Inquisiteur général, chargea ce Dominicain de commander au démon de la religieuse *énergumène* de déclarer s'il était vrai que Charles II fût maléficié, et, dans ce cas, quelle était la nature du sortilége, et les moyens d'en détruire les effets.

Le Dominicain exécuta les ordres de l'Inquisiteur général, et parvint, dit-on, à découvrir par l'organe du démon de la possédée, qu'il y avait eu, en effet, un sort jeté sur le roi par une personne qui fut désignée. Le confesseur se mit alors à faire des conjurations pour détruire le prétendu maléfice; et il aurait, sans doute, exorcisé longtemps, si l'Inquisiteur général Rocaberti ne fût mort pendant qu'on se livrait à cette opération sur le roi.

Mendoza, qui succéda à Rocaberti, fit mettre le confesseur du roi en jugement comme suspect d'hérésie par sa superstition, et comme coupable d'avoir embrassé une doctrine condamnée par l'Église, en accordant sa confiance aux démons et en se servant d'eux pour découvrir des choses cachées. Mais telle était l'opinion des théologiens de cette époque, qu'ils déclarèrent à l'unanimité que la conduite du confesseur Diaz n'offrait aucune proposition ni aucun fait qui méritât la censure théologique. Le conseil de la Suprême décréta que Diaz serait mis en liberté et hors d'instance, attendu qu'il n'avait rien fait qui fût contraire à la religion catholique.

Que de sujets de réflexions dans la conduite du confesseur du roi, et dans celle des qualificateurs et des Inquisiteurs!

Je termine ici l'analyse de ces sortes de procès, car je crois qu'un seul doit suffire pour donner une juste idée de la superstitieuse ignorance des Inquisiteurs d'Espagne, et de tous les obstacles qu'ils ont constamment opposés aux progrès de la civilisation. Quand on voudra replonger ce beau pays dans la barbarie et les ténèbres, et corrompre de nouveau les mœurs de ce peuple héroïque, le plus sûr moyen d'y parvenir sera de rétablir dans la Péninsule le Saint-Office et ses familiers.

CHAPITRE XXII.

Conduite de la Cour de Rome. — Charles IX et la Saint-Barthélemy. — Louis XIV et les dragonnades. — Les libres-penseurs et les protestants martyrs de France.

I

Quelle que soit l'horreur qu'inspire le récit des crimes commis par le tribunal du Saint-Office, il ne faut pas que cette horreur nous abuse, il ne faut pas que l'Inquisition endosse seule l'exécration des peuples modernes.

Répétons-le, une dernière fois, parce que c'est là une

vérité importante, et presque toute la moralité de ce livre, l'Inquisition n'a pas inventé la persécution.

Nous avons démontré, dans les premiers chapitres, que le Christianisme, intolérant par son essence même, était devenu persécuteur dès qu'il avait eu le pouvoir en main, et qu'en agissant ainsi il avait été logique avec ses principes, conséquent avec la nouvelle morale apportée dans le monde par Jésus-Christ.

L'Inquisition n'a donc pas été une exception horrible, un accident exécrable, le produit d'une politique particulière à l'Espagne.

Les papes, représentants infaillibles de l'Église, qui elle-même représente le règne de Dieu sur la terre, l'ont toujours approuvée à tout instant de l'histoire.

Ce sont eux qui nommaient les Inquisiteurs généraux.

La plupart de ces derniers étaient des cardinaux, et l'un d'eux n'abandonna la direction du Saint-Office que pour monter sur le trône de saint Pierre.

Les papes ne pourraient donc, s'ils y songeaient, exciper de leur bonne foi, de leur ignorance, et prétendre qu'ils se lavent les mains de ces flots de sang versé au nom de la religion.

Les papes furent toujours au courant des moindres détails des actes commis par le tribunal du Saint-Office.

Les papes en approuvèrent tous les règlements.

Les papes les défendirent constamment contre les atta-ques dont ils étaient l'objet.

Les papes s'opposèrent à ce qu'on modifiât cette procédure monstrueuse qui reposait sur le secret, privait les accusés de tout moyen de défense, les envoyait à la mort sur la simple dénonciation des délateurs les plus vils, ou les plus acharnés à la perte d'un ennemi innocent.

Chaque fois qu'un roi d'Espagne, pressé, ébranlé par les réclamations des cortès, promit de réformer quelques-uns des articles les plus iniques, les plus impudemment barbares de ce code sauvage, un pape le releva de son serment et calma ses scrupules de conscience.

D'ailleurs la cour de Rome, dans les pays soumis à sa juridiction, eut aussi, de tout temps, son Inquisition particulière, qui différait peu de celle d'Espagne. Si cette Inquisition a laissé une trace moins marquée dans le souvenir des peuples, a fait couler un peu moins de sang, cela a tenu exclusivement à ce que l'Italie, plus uniformément peuplée de catholiques que l'Espagne, ne pouvait être une mine aussi féconde de persécution que ce dernier pays, où les moines n'avaient qu'à puiser, parmi de nombreuses populations juives et mahométanes, pour alimenter leurs hécatombes humaines.

L'Inquisition papale n'eut affaire qu'aux libres-penseurs et à un petit nombre de protestants.

Pas plus que son émule, l'Inquisition de Torquemada et de Valdès, elle ne leur pardonna, elle n'hésita à les envoyer au bûcher.

Les papes reçurent souvent, il est vrai, les appels des condamnés espagnols, et souvent encore consentirent à les *réconcilier*, à leur accorder l'absolution.

Mais ce ne fut jamais là qu'un piége tendu aux fidèles pour leur extorquer de l'argent.

La cour de Rome recevait les appels et donnait l'absolution à prix d'argent; puis, quand elle avait empoché les sommes considérables que lui rapportait ce trafic, quand elle avait enlevé aux malheureux Espagnols, déjà dépouillés par l'Inquisition, les derniers débris de leur fortune, elle annulait ses absolutions, et laissait retomber ses dupes entre les griffes du tribunal de la foi.

Accorder à des chrétiens effrayés des grâces ou des commutations de peine dont elle empêchait l'effet, telle fut la pratique constante de la cour de Rome, ainsi que je pourrais le démontrer par des faits nombreux et incontestables, si les bornes prescrites à ce travail me le permettaient.

Elle faisait un commerce, voilà tout, et s'enrichissait aux dépens de la crédulité publique.

D'après une pratique constante des papes, elle se faisait payer très-cher un service qu'elle ne rendait pas, et ne livrait rien en échange de ce qu'elle recevait.

Elle avait élevé l'abus de confiance à la hauteur d'une institution, soit en vendant des indulgences, soit en accordant des absolutions qu'elle retirait le lendemain.... sans restituer l'argent.

Pour les indulgences, elle était bien tranquille.

Si les chrétiens étaient volés, ils ne s'en apercevaient que dans l'autre monde, et il est sans exemple qu'un mort se soit plaint.

Pour les absolutions, le métier, quoique bon, présentait de plus grands inconvénients, et ceux qu'on brûlait, malgré l'absolution du Saint-Père, eurent quelquefois l'audace de trouver le procédé indélicat.

Ainsi donc, à quelque point de vue qu'on se place et qu'on interroge l'histoire, la papauté reste la complice constante et absolue de l'Inquisition, — mieux que cela, sa promotrice et son organisatrice.

Mais les papes n'agissaient pas seuls.

Ils s'appuyaient sur les canons des conciles, ils marchaient d'accord avec les évêques et leur clergé tout entier ; ils n'étaient, à proprement parler, que le pouvoir exécutif de l'Église, chargé de veiller à l'application la plus efficace des rigueurs unanimement décrétées contre les hérétiques.

L'Inquisition est donc bien la fille de l'Église, et non le produit monstrueux du fanatisme de quelques moines ignares et de quelques despotes avares autant que sanguinaires.

Elle est sa fille, et la mère n'a jamais renié son enfant.

Les catholiques sincères, logiques, ne l'ont jamais reniée non plus.

Joseph de Maistre, Louis Veuillot se sont faits ses apologistes, et avec raison.

Qui veut la fin, — l'unité de la foi, — veut le moyen, — l'Inquisition.

Quant aux habiles, qui, — sachant qu'on n'attrappe pas les mouches avec du vinaigre, — ont inventé de nos jours un catholicisme de circonstance, plein de mansuétude et de pardon, et déclarent que l'Inquisition fut une œuvre avant tout politique, contraire à l'esprit du Christianisme, aux enseignements de l'Église ; — quant à ceux qui assurent que l'Inquisition a dû son caractère d'atrocité au caractère même du peuple espagnol, à son fanatisme sombre, à ses haines nationales contre les Juifs et les Maures, nous allons leur répondre par quelques faits pris au hasard dans l'histoire de France.

Ils montreront que la persécution fut partout égale-

ment sauvage, et que le peuple français, si doux, si
affable, si humain, surpassa souvent, dans ses fureurs
religieuses, les Espagnols eux-mêmes.

Ils montreront que l'atrocité particulière aux persécutions religieuses tient à l'esprit de la religion, et que les
hommes, aveuglés par l'enseignement de l'Église, conduits par ses principes, n'ont pas plus deux façons d'agir
qu'ils n'ont deux morales.

II

Veut-on un tableau de la Saint-Barthélemy ?

Pendant que le peuple, dans les rues, faisait la chasse
aux huguenots, le roi Charles IX ordonnait, sous ses
yeux, le massacre, par la garde suisse, de deux cents
seigneurs, *ses hôtes* au Louvre.

D'O, mestre de camp de la garde du roi, une liste à la
main, faisait l'appel. Chaque seigneur appelé sortait entre
deux rangs de soldats et était tué à coups d'épée, de hal-
lebarde ou de couteau[1].

De son côté, le duc d'Anjou, frère du roi, se portait
sur le pont Notre-Dame, et là présidait aux exécutions.

Écoutons le récit d'un témoin oculaire, l'historien de
Thou, qui avait alors dix-neuf ans :

« La ville n'est plus qu'un spectacle d'horreur ; toutes
les places, toutes les rues retentissent du bruit de ces en-
ragés qui tuent et pillent de tous côtés, et des hurlements des gens qu'on égorge ; partout des corps morts

---

1. « Les plus hideuses journées de la Terreur, remarque M. Co-
querel, ne furent que la reproduction du massacre royal. »

jetés par les fenêtres, et les cours des maisons pleines de cadavres que l'on traîne dans la fange des carrefours; partout des lacs et des ruisseaux de sang.... Çà et là, des monceaux de morts, de mourants, parmi lesquels des vivants pouvaient se trouver ensevelis.... »

C'est ainsi que fut sauvé le jeune Caumont-Laforce, sur qui on avait jeté les cadavres de son père, de son frère, d'autres encore....

Une petite fille fut trempée toute nue dans le sang de son père et de sa mère massacrés, avec d'horribles menaces de mort si elle devenait jamais huguenote.

Une femme renommée par sa beauté, fille d'un zélé protestant, fut poignardée et jetée à l'eau avec sa servante. Elles n'étaient pas mortes, et se retinrent aux piliers du pont Notre-Dame.

On les assomma avec des pierres; mais le corps de la maîtresse resta, pendant quatre jours, accroché aux pieux des pilotis par son épaisse chevelure.

Au bout de ce temps, le cadavre de son mari, jeté du haut du même pont, emporta le sien au fil de l'eau.

Rue Saint-Germain, une femme, sautant par la fenêtre pour fuir, se cassa les deux jambes. — Les catholiques la traînèrent par les cheveux dans les rues. — Pour lui ôter plus vite ses bracelets d'or, ils lui abattirent les deux poignets à coups de hache, et l'abandonnèrent toute sanglante devant la porte d'un rôtisseur, qui, las enfin d'entendre ses hurlements, la perça d'une broche, et la lui laissa dans le corps.

On finit par jeter ses restes dans la rivière.

Des chiens rongèrent ses mains restées sur place.

Dans le quartier de la rue de l'Arbre-Sec, tous les

habitants furent égorgés avec leurs femmes, leurs enfants, leurs domestiques.

Sur la rive gauche, dans la Cité, l'Université, le faubourg Saint-Germain, mêmes scènes.

Quelques huguenots purent s'enfuir et gagner la campagne.

D'autres, plus naïfs, s'embarquèrent sur la Seine, pour aller réclamer la protection du roi.

Ils rencontrèrent des bateaux pleins de soldats, criant : *Tue ! tue !* — et qui les fusillèrent sous les yeux de Charles IX.

Ce dernier, enthousiasmé, grisé par la vue du sang, prit son arquebuse et tira sur ces malheureux, en criant : « Tirons, mort-Dieu, ils s'enfuient ! »

Jean Goujon, l'immortel sculpteur, et Pierre Ramus, que ses ennemis eux-mêmes proclamaient « l'homme le plus savant de France et quasi de la chrétienté, » périrent dans cette journée, où coulait le plus pur du sang de la France. Le pillage était distribué par le roi à ses courtisans, et quand ceux-ci trouvaient dans la maison d'un huguenot quelque objet rare ou d'un prix exceptionnel, ils en faisaient cadeau au monarque, ou à sa mère, Catherine de Médicis.

Salviati, nonce du Pape, écrivait ce jour même au cardinal secrétaire d'État :

« On ne voit dans les rues que croix blanches aux chapeaux et aux bonnets, — signe de reconnaissance adopté par les catholiques, — de toutes les personnes que l'on rencontre, sans distinction, et *cela est d'un bon effet.* »

Voilà ce qui frappait ce prélat, dans le carnage dont il était témoin.

Pas un mot qui révèle cette fameuse charité évangélique, dont il est fait si grand bruit dans les livres des
apologistes de la religion chrétienne.

On sait, du reste, que le Pape envoya ses félicitations
à Charles IX, et ordonna des actions de grâces en apprenant le massacre de la Saint-Barthélemy, dont il voulut
immortaliser l'heureux anniversaire en faisant frapper
une médaille commémorative de ce grand jour.

III

Ceci se passait en 1572, et le peuple, accoutumé depuis
bien des années aux supplices des protestants et des hérétiques de toutes sortes, auxquels il assistait comme à des
fêtes, n'avait fait qu'appliquer lui-même, sur une large
échelle, les principes qu'on lui enseignait du haut de la
chaire, qu'imiter les procédés de la justice royale.

On sait quels « grands feux » François Iᵉ avait allumés
dans sa bonne ville de Paris pour la purifier de l'hérésie.

Henri II marcha sur ses traces, et, un beau jour, en
1547, la fantaisie lui prit d'assister au supplice d'un lu-
thérien, — en compagnie de sa maîtresse, la duchesse
de Valentinois, Diane de Poitiers, qui servait au fils
après avoir servi au père.

On leur offrit le martyre d'un pauvre tailleur qui fut
brûlé vif rue Saint-Antoine, devant la rue Culture-
Sainte-Catherine. Pour que le plaisir durât plus longtemps, on avait attaché le malheureux à des chaînes de
fer. On le plongeait dans le feu, et on l'en retirait pour

l'y replonger encore, lui faisant ainsi savourer, avec une lenteur savante, la plus effroyable des agonies.

Le roi croyait si bien accomplir une œuvre chrétienne en ordonnant ces exécutions, qu'en juillet 1549, il faisait adresser à *son ambassadeur auprès du Pape* une lettre où, après avoir raconté qu'il a assisté à une procession et à une messe solennelle, il déclare que pour mieux démontrer la pureté de sa foi, il a fait exécuter le même jour un certain nombre d'hérétiques.

« Voilà, — ajoute la lettre en forme de conclusion, — le debvoir ou ledit seigneur (le roi) s'est mis pour continuer la possession de ce nom et titre de Très-Chrestien. »

En 1525, à Nancy et à Metz, se passèrent des scènes qui ne nous permettent de rien envier à l'Inquisition espagnole.

Les exécutions furent nombreuses, éclatantes, effroyables, et rivalisèrent avec celles de Paris.

Un seul exemple.

Jean Leclerc, cardeur de matelas, accusé d'avoir brisé des images consacrées, et déjà marqué, l'année précédente, d'un fer rouge au front, comme hérétique, eut le poing coupé, le nez, les chairs des bras, des cuisses, les mamelles, arrachés avec des tenailles rougies au feu.

Les restes de son corps, vivant encore, furent jetés dans les flammes.

Si nous passons au dix-septième siècle, — siècle de lumière, de progrès, de civilisation, — nous constaterons que pendant que tout marche autour d'elle, l'Église conserve son même esprit, réclame les mêmes victimes, et leur fait subir toujours les mêmes supplices, dont la férocité sans nom dépasse l'imagination.

Les mœurs commencent à s'adoucir, mais les bourreaux qui travaillent pour venger la cause de Dieu et réprimer l'erreur religieuse, n'ont point changé leurs façons.

A Toulouse, le 16 février 1619, Vanini est mis à mort. Son crime était l'athéisme et le blasphème du nom de Dieu.

Il mourut en héros.

On le lia sur une claie, et on le traîna par les rues jusqu'à l'église métropolitaine.

On lui mit une torche allumée entre les mains, et on le força de s'agenouiller.

Un prêtre essaya d'obtenir de lui une rétractation, une conversion. — Vanini refusa.

On le hissa sur un tombereau, on le conduisit à son bûcher.

Là, le bourreau lui ordonna de livrer sa langue au couteau, mais l'instinct lui fit fermer les lèvres.

Alors le bourreau prit des tenailles, et lui ouvrant de force la bouche, *lui arracha la langue* qu'il jeta à son chien.

Vanini poussa un cri effroyable de douleur.

Le feu acheva son supplice.

Sous François Ier, une jeune fille de seize ans, d'une admirable beauté, subit un supplice analogue.

Son crime ?

Elle avait chanté un psaume !

Le bourreau lui coupa la langue, puis, la dépouillant de tous ses vêtements, exposant son corps nu de vierge à tous les regards, saisit l'enfant et lui brûla les pieds dans une fournaise.

Ensuite, retournant le léger fardeau, il plongea la tête de sa victime dans les flammes, et quand les flammes eurent fait de ce beau visage et de ces longs cheveux une horrible bouillie, le corps fut jeté sur un bûcher qui le consuma bien vivant encore.

Les exhumations des hérétiques morts ne furent point non plus particulières à l'Inquisition espagnole.

Elles furent de règle dans tous les pays catholiques, d'après les ordres exprès des papes, et sur les instances unanimes du clergé.

En France, partout où des réformés avaient été enterrés dans les cimetières catholiques, on déterra leurs corps qui furent jetés à la voirie.

Par une déclaration de 1689, Louis XIV ordonnait que ceux qui, pendant leur maladie, refuseraient les sacrements, seraient condamnés aux galères, s'ils recouvraient la santé.

Dans le cas où ils mourraient, on devait faire le procès à leurs cadavres, les traîner sur la claie, et les jeter à la voirie.

On vit alors des corps de femmes et de vieillards traînés judiciairement dans les rues, jetés parmi les immondices.

Quelquefois leurs lambeaux, déterrés par des forcenés, allaient pendre aux gibets publics, ou devenaient la proie des chiens et des loups.

IV

Nous avons vu plusieurs fois, dans le courant de l'histoire de l'Inquisition d'Espagne, les rois Très-Catholiques placer des millions de leurs sujets, soit juifs, soit mahométans, entre la mort, le baptême ou l'exil.

Nous avons vu ces mesures, aussi impolitiques qu'elles étaient contraires au droit et à la justice, dépeupler l'Espagne, appauvrir son agriculture, tuer son industrie et son commerce, la livrer à la misère en même temps qu'à l'ignorance.

La France, de ce côté également, n'a rien à reprocher à l'Espagne, et Louis XIV, le roi Soleil, chanté par Boileau, encensé par Bossuet, marcha d'un pas ferme dans la voie ouverte par les Ferdinand V, les Charles-Quint, les Philippe II et leurs successeurs.

La révocation de l'édit de Nantes, accordée sur les instances unanimes de l'Église de France, décrétée aux applaudissements de toute la partie catholique de la nation, eut pour notre pays des conséquences aussi désastreuses que les proscriptions ordonnées au delà des Pyrénées sur les instigations du Saint-Office. Des populations entières furent dépouillées de leurs droits, de leurs biens, décimées avec une fureur savamment calculée, livrées en proie aux moines, aux soldats, aux bourreaux.

Pendant les dix-septième et dix-huitième siècles, au moment où les fêtes de Versailles éblouissaient la France de leur luxe, où les œuvres de Molière, de Racine et de la Fontaine charmaient les loisirs des grands seigneurs, où Montesquieu, Diderot, Voltaire, Jean-Jacques Rousseau, préludaient par d'éclatantes victoires au triomphe définitif de l'esprit moderne, — jusqu'à la veille même de 1789, — à tous les bouts de la France coulait le sang des protestants, soit qu'ils fussent tenaillés, écartelés ou rompus vifs, soit que, par le caprice d'un juge plus humain, ils fussent étranglés ou pendus, après avoir été soumis à la question ordinaire et extraordinaire.

Pendant près de cent ans, de 1685 à 1780, on fit la chasse aux huguenots, rançonnant, pillant des provinces entières, enlevant les enfants à leurs parents, livrant les filles et les femmes aux outrages des dragons du roi, les enfermant .dans des prisons fétides ou dans des couvents, envoyant aux galères les pères et les maris, traînant à l'échafaud les pasteurs héroïques de ce troupeau martyr.

C'est qu'à cette époque, comme aujourd'hui, l'Église, inaccessible au mouvement des esprits, immobile au milieu du monde qui marche, en possession d'une doctrine et d'une morale proclamées il y a deux mille ans, comme une vérité absolue émanant de Dieu même, ne peut, ne veut, ni ne doit rien changer à ses allures, à ses principes et à leur application.

Entourée de toute part par le flot montant de la civilisation, elle reste le moyen âge avec ses violences odieuses, avec ses négations hardies du droit de la pensée, de la conscience de l'individu. Agent des colères et des justices célestes, elle fauche sans pitié les méchants, c'est-à-dire ceux qui pensent par eux-mêmes ou croient autrement qu'elle, — elle ouvre le ciel aux fidèles, c'est-à-dire à ceux qui abdiquent et sont entre ses mains comme des cadavres, — *sicut cadaver*.

Nous n'entrerons pas dans le détail de cette dernière persécution exercée en France au nom du catholicisme.

Nous citerons seulement quelques faits de nature à démontrer que, si l'Inquisition ne régnait pas en France au dix-huitième siècle, son esprit, qui est l'esprit même de la religion, y dictait la conduite du pouvoir, et animait les parlements de nos rois.

En 1705, des femmes détenues à Bordeaux exposaient au marquis de la Vrillière, secrétaire d'État, qu'elles étaient enfermées dans une prison étroite et malsaine, depuis dix-huit années. Une d'elles venait de mourir faute de soins et de secours, les autres, fort âgées et accablées d'infirmités, voyaient approcher leur mort.

Deux d'entre elles, deux sœurs, l'une âgée de quatre-vingt-deux ans, et l'autre de quatre-vingts ans, étaient tombées dans la démence depuis dix ans. Celles qui avaient conservé leur bon sens demandaient qu'on leur ouvrît la prison, ou, tout au moins, qu'on remît entre les mains de leurs parents les deux pauvres folles.

La même année, quatre protestants camisards, lieutenants de Jean Cavalier, les nommés Ravanel, Catinat, Jonquet et Vilas, étaient rompus et brûlés vifs, le 22 avril.

Pour s'emparer de Catinat, l'intendant du roi faisait publier à son de trompe dans la ville de Nîmes, que celui qui dénoncerait ce malheureux aurait cent louis, mais qu'on raserait la maison de celui chez qui on le trouverait et qui ne l'aurait pas déclaré, que le chef de la famille serait roué devant sa porte, que tous les domestiques, les femmes et les enfants, s'il y en avait, seraient pendus.

Pendant huit années, de 1700 à 1708, les massacres ne cessèrent pas un seul jour dans les Cévennes.

En 1728, un pasteur, nommé Alexandre Roussel, fut pendu, le 30 novembre, pour avoir prêché ses coreligionnaires.

En 1745, un nommé Louis Ranc était pendu pour avoir porté la parole dans diverses assemblées de protestants. L'arrêt ordonnait que sa tête serait coupée et placée sur un poteau.

Dans une liste de prédicateurs exécutés — que j'ai sous les yeux, — on peut voir que le bourreau fonctionnait, pour cause de religion, jusque dans l'année 1767. L'un de ces martyrs, rompu vif peu d'années avant la Révolution française, brisé par un bourreau ivre, *râla plus de onze heures* sur la roue, avant d'expirer.

Ces quelques faits choisis entre mille semblables, — nous n'avons pas cherché les plus horribles, et nous avons laissé de côté Jean Calas et tant d'autres, — prouvent surabondamment que ni la race, ni le siècle n'exercent une influence quelconque, en matière de religion, sur le zèle et la férocité des persécuteurs.

En ces matières, on ne peut distinguer le Français de l'Espagnol, le parlement de Paris et de Toulouse du Saint-Office de Madrid ou de Séville, l'homme du dix-huitième siècle de l'homme du douzième.

Un seul personnage est en scène : — l'Église.

Nous n'avons pas parlé non plus des innombrables condamnés qui ramaient sur les galères du roi, et dont les deux derniers, âgés de soixante-six ans et de soixante-quinze ans, y gémissaient encore en 1775, *quatorze ans avant la Révolution française.*

Une apostille mérite d'être relevée, c'est celle relative à un malheureux enfant condamné aux galères *à vie*, y est-il dit par M. de Basville, *pour avoir, étant âgé de plus de douze ans, accompagné son père et sa mère au prêche.*

N'oublions pas de faire remarquer que toutes ces condamnations sans exception, pour cause de religion, sont des condamnations *à vie*, tandis que la plupart des criminels ordinaires, même les meurtriers, ne sont condamnés *qu'à un petit nombre d'années seulement.*

Nous avons déjà constaté le même fait en Espagne, à l'occasion de divers jugements de l'Inquisition.

Or sait-on ce qu'était alors le régime des galères?

Les galériens, enchaînés deux à deux sur leurs bancs, faisaient mouvoir de longues et lourdes rames, service excessivement pénible. Au milieu de l'espace occupé par le banc des rameurs, régnait une longue galerie, sur laquelle se promenaient continuellement des surveillants, armés d'un nerf de bœuf dont ils frappaient les épaules des malheureux qui, à leur gré, ne ramaient pas avec assez de force.

Les galériens passaient leur vie sur leurs bancs, ils y mangeaient, ils y dormaient, sans pouvoir changer de place, plus que ne le leur permettait la longueur de leurs chaînes, sans autre abri contre la pluie, le soleil, le jour, le froid, la nuit, qu'une toile tendue au-dessus de leur banc, quand la galère n'était pas en marche et que le vent n'était pas trop violent.

Une lettre de l'année 1700 rapporte comment on traitait les protestants condamnés aux galères, lorsqu'ils refusaient de se découvrir la tête pendant la célébration de la messe.

Voici le texte même du passage :

« On les faisait étendre à corps nu, et on les faisait frapper à force de bras par un Turc des plus robustes, avec un gourdin goudronné et trempé dans l'eau de la mer, pour le rendre plus dur, dont on leur donnait aux uns cinquante, à d'autres quatre-vingts et même jusqu'à cent-vingt coups, de sorte qu'ils avaient la chair toute meurtrie, sanglante, déchirée jusqu'aux os, et qu'on les levait plus qu'à demi morts. Que si après les avoir ensanglantés et tout noircis de coups, on prenait quelque soin de les panser, on peut dire que c'étaient des compassions cruelles pour la douleur cuisante que causaient le sel ou le vinaigre avec quoi on frottait leurs plaies, quelquefois les incisions aussi que l'on faisait pour faire sortir le sang caillé ; et d'ailleurs si l'on ménageait ce quelque peu de leur misérable vie qui leur restait, ce n'était que pour les réserver à de nouveaux tourments, en renouvelant le même supplice dès le lendemain, car il y en a eu à qui on a donné jusqu'à deux cents et trois cents bastonnades de cette nature à diverses reprises, jusque-là qu'on a vu leur poitrine et leur ventre nager dans le sang qui ruisselait de leur dos et des côtés du ventre ! »

Tel est, preuves en main, — malgré les affirmations banales et fausses des historiens qui veulent lier les progrès de la civilisation et de l'humanité à l'introduction dans le monde des doctrines du Christianisme, — tel est l'apport du Christianisme à la civilisation et à l'humanité.

Ainsi que je l'ai démontré dans les premiers chapitres, il n'abolit aucune des iniquités sociales du monde païen, il combattit tous les progrès du monde moderne, et sa seule œuvre indiscutable fut d'avoir créé une nouvelle variété de la bête fauve, — le fanatique religieux.

La raison humaine, substituée enfin à la loi divine, — les droits de l'homme succédant aux droits du ciel, — la philosophie détrônant la foi, — la science abolissant la vérité révélée, — la Révolution, en un mot, maudite, excommuniée par l'Église, — la Révolution a seule mis un terme à tant d'horreurs.

CHAPITRE XXIII.

Conclusion.

Faut-il vraiment une conclusion à ce livre ?

Elle est écrite à chacune de ses pages, et le lecteur saura bien la tirer lui-même.

Pendant quatorze siècles, la société, mise en coupe réglée, a vu périr les meilleurs, les plus énergiques de ses enfants, — tous ces génies porte-flambeaux qui pouvaient la guider et l'éclairer, la mener au bonheur par le progrès, par la guerre contre le préjugé, la routine et l'ignorance.

Pendant quatorze siècles, tous ceux qui voulurent penser par eux-mêmes, tous ceux qui découvrirent une vérité nouvelle, tous ceux qui dressèrent un front orgueilleux au-dessus de la masse, tous ceux qui parlèrent, — à cette masse enchaînée, — de liberté, de droit, de justice, de dignité, tous ceux qui l'appelèrent à l'indépendance, réformateurs, philosophes, savants, lettrés, révolutionnaires de tous les temps, messies de la vérité humaine, — tous ceux-là furent mis à mort.

Pendant quatorze siècles, il ne resta de vivant que les lâches, les silencieux, les indifférents ou les abrutis.

On est effrayé, on est saisi d'une immense douleur et d'une pitié profonde, quand on songe à tout ce sang héroïque versé, à toutes ces nobles paroles étouffées sous le bâillon, à toutes ces belles intelligences supprimées par la force, à tous ces grands génies fauchés sur l'ordre d'un clergé fanatique, donnant blanc-seing de violence et de meurtre aux brigands couronnés de l'Europe, tandis qu'il enseignait la soumission aux victimes et prêchait la résignation aux vaincus.

S'est-on demandé ce que serait devenu le monde, si tous ces *sauveurs*, si tous ces chefs par droit de génie de l'humanité avilie, étouffée, abâtardie, avaient pu jeter dans l'air le : *Sursum corda?*

Et faut-il s'étonner de toutes ces défaillances, de tous ces tâtonnements qui nous affligent et nous font parfois douter de l'avenir, lorsqu'on se rappelle que tout ce qui fut noble, fier, grand, élevé par le cœur, élevé par le cerveau, a péri misérablement?

A force de tuer les hommes, on tue les idées.

Les dragonnades et les persécutions ont supprimé le protestantisme en France, en Espagne, en Italie.

L'échafaud a tué la Révolution française le jour où, cessant de faucher seulement les ennemis de la Révolution, pour abattre à leur tour les têtes de ses meilleurs

fils, il l'a livrée, — veuve de ses Girondins et de ses
Montagnards, de ses Danton, de ses Robespierre, de
ses Saint-Just, de tous ses géants, de tous ses *voyants*,
— exsangue et sans vigueur désormais, — à la merci
du premier soldat sans scrupule.

Nous pouvons conclure de la partie au tout, du petit au
grand, et dire hardiment que les persécutions religieuses, les flots de sang versé par le fanatisme, ont abâtardi
la race humaine entière, suspendu la marche de la civilisation, dévoyé pour plus de deux mille ans, — depuis le
jour où s'est jouée la tragédie du Golgotha, — l'évolution
logique et splendide de l'homme en possession de lui-
même.

FIN.

TABLE DES MATIÈRES.

FIN DE LA TABLE DES CHAPITRES.

10440. — Imprimerie générale de Ch. Laure, rue de Fleurus, 9, à Paris.

www.ingramcontent.com/pod-product-compliance
Ingram Content Group UK Ltd.
Pitfield, Milton Keynes, MK11 3LW, UK
UKHW021849070726
13613UKWH00001B/66